李彬　佟飞 ◎ 著

财务管理
经典案例研究

——分析、评价、借鉴与应对

首都经济贸易大学出版社

Capital University of Economics and Business Press

· 北 京 ·

图书在版编目（CIP）数据

财务管理经典案例研究：分析、评价、借鉴与应对 /
李彬，佟飞著. -- 北京：首都经济贸易大学出版社，
2025. 4. -- ISBN 978-7-5638-3873-8

Ⅰ. F275

中国国家版本馆 CIP 数据核字第 2025J81P33 号

财务管理经典案例研究——分析、评价、借鉴与应对
CAIWU GUANLI JINGDIAN ANLI YANJIU——FENXI，PINGJIA，JIEJIAN YU YINGDUI

李彬　佟飞　著

责任编辑	薛晓红
封面设计	砚祥志远·激光照排 TEL：010-65976003
出版发行	首都经济贸易大学出版社
地　址	北京市朝阳区红庙（邮编100026）
电　话	（010）65976483　65065761　65071505（传真）
网　址	https：//sjmcb. cueb. edu. cn
经　销	全国新华书店
照　排	北京砚祥志远激光照排技术有限公司
印　刷	北京建宏印刷有限公司
成品尺寸	170 毫米×240 毫米　1/16
字　数	319 千字
印　张	16.25
版　次	2025 年 4 月第 1 版
印　次	2025 年 4 月第 1 次印刷
书　号	ISBN 978-7-5638-3873-8
定　价	82.00 元

推 荐 语

　　本书框架思路清晰,逻辑性强。作者通过多案例分析,系统总结企业成功的经验,向读者展示了财务管理的核心逻辑及其对企业价值创造和可持续发展所起的作用,并在此基础上对未来财务管理发展提出建议。学习本书对全面提升企业财务管理水平会大有帮助。

——中国五矿集团有限公司原审计部部长赵晓红

　　本书基于实际经营业务情况和管理要求,将现代财务管理理论应用于财务管理实践。通过分析问题,阐述关键财务管理方法,提出财务管理解决方案。本书案例分析理论性强,成功经验具有可复制性和可推广性。可供高等学校会计学专业本科、硕士研究生学习使用,也可供实务届财务人员参考借鉴。

——中国国新控股有限责任公司金融事业部副总经理薛贵

　　本书系统梳理财务管理创新实践,结合前沿理论,深入剖析战略财务、业财融合、成本控制、财税合规等关键领域的相关案例,提供实用指导。书中探讨数智化赋能财会监督,契合数字化转型趋势,前瞻性强,助力企业提升财务管理水平,实现高质量发展。

——北京博星证券投资顾问有限公司董事长兼总裁袁光顺

前　言

在快速变化的商业环境中,财务管理的重要性日益突出。它不仅是企业运营的基石,而且直接关系到企业的盈利能力、市场竞争力,以及可持续发展的潜力。鉴于此,本书旨在通过深入剖析一系列精选的财务管理案例,向读者展示财务管理的核心逻辑、策略及其在实践中的应用路径。

编写本书的初衷是搭建一个理论与实践相结合的桥梁,使读者能够从成功与失败的财务管理实例中吸取经验和教训,洞察财务管理的核心价值。我们期望读者通过阅读本书,不仅能系统地掌握财务管理知识,还能在实际工作中提升解决问题的能力,以在各自的领域内发挥更大的作用。

全书共分为十二章,内容涵盖了财务管理的理论基础、关键概念、研究方法,以及 A 集团、HR 集团等企业的案例分析。每一章节都围绕财务管理的重要概念、策略和实践展开,并通过案例解析,展现这些理论和策略在现实中的具体应用与成效。具体章节的分工如下:第 1、第 2、第 3、第 7、第 9、第 10、第 11 和第 12 章由李彬撰写,第 4、第 5、第 6 和第 8 章由佟飞执笔。

在撰写过程中,我们广泛参阅了前辈学者的研究成果和经典案例,并在其基础上进行了深度分析和评价,力求在传承中寻求创新。在此,我们对这些学者的贡献表示衷心的感谢。

我们也要感谢所有为本书出版付出努力的个人和机构,特别感谢首都经济贸易大学会计学院的袁小勇教授,他为本书的框架设计及案例选取提供了非常关键的帮助与建议;特别感谢中国五矿集团有限公司原审计部部长赵晓红老师、中国国新控股有限责任公司金融事业部副总经理薛贵老师、北京博星证券投资顾问有限公司董事长兼总裁袁光顺老师三位业内专家,他们对本书案例的研究方向和内容提出了很多中肯务实的建议;特别感谢出版社编辑团队的大力支持,没有他们的辛勤工作和鼓励,顺利完成本书是不可想象的。

本书适合以下读者群体阅读:

- 财务管理专业的学术研究人员和研究生;
- 企业的财务主管、财务经理、分析师、财务总监;
- 旨在优化财务管理策略以提升企业绩效的高层决策者。

对于专业人士,本书是提升财务管理技能的宝贵参考资料;对于研究生群体,本书是学习财务管理实务、撰写专业学位论文的优质教材。建议读者遵循章节顺序阅读,并分析思考各章的讨论思考题,以获得最佳的学习体验。

　　本书的研究聚焦于 21 世纪企业财务管理的实践经验,时间跨度 20 多年。案例选择覆盖从财务管理体系建设到财务管理细节运用(如应收账款),尽管我们力求全面,但受限于时间和篇幅,某些领域的探讨深度或有不足。我们期望本书能够助力读者深入理解财务管理的重要性,增强其实践能力,进而推动企业乃至行业的健康发展。

　　财务管理是一门科学,也是一门艺术。它要求我们兼备严谨的逻辑思维和敏锐的洞察力。愿本书能够为读者提供灵感,快速帮助其掌握财务管理的核心要义,并在财务管理实际工作中大放异彩。

李彬　佟飞

2025 年 2 月

目　录

1 绪 论

1.1 研究背景与意义

1.1.1 研究背景

在全球化和数字化时代背景下,财务管理作为企业运营的核心部分,正面临着前所未有的挑战和机遇。本书的主要研究背景有:

(1)全球化经济环境。随着经济全球化的不断深入,企业不仅要面对来自本土市场的竞争,还要应对国际市场的竞争压力。这要求企业必须具备全球视野,理解不同国家和地区的经济环境、法律法规、文化差异,以及如何在多变的全球市场中进行有效的财务规划和管理。

(2)数字化转型。技术的快速发展,尤其是信息技术的革新,为企业提供了新的财务管理工具和手段。数字化转型不仅改变了企业的运营模式,也对财务管理提出了新的要求。企业需要利用大数据、云计算、人工智能等技术优化财务决策、风险管理和内部控制。

(3)金融市场的波动。全球金融市场的波动性加剧了企业财务管理的复杂性。汇率变动、利率调整、股市波动等因素都直接影响企业的财务状况和经营成果。企业必须建立有效的财务风险管理体系,以应对金融市场的不确定性。

(4)监管要求的提高。各国政府和监管机构对企业的财务透明度和合规性要求越来越高。例如,国际财务报告准则(IFRS)和美国通用会计准则(US GAAP)等会计准则的实施,要求企业必须提供真实、准确、透明的财务报告。

(5)竞争压力的增加。在激烈的市场竞争中,企业必须寻求创新和差异化的财务管理策略,以提高自身的竞争力,这包括优化资本结构、降低成本、提高资金使用效率、增强盈利能力等。

(6)可持续发展的需求。随着社会对环境保护和社会责任的重视,企业的可持续发展也成为财务管理的重要内容。企业需要在追求经济效益的同时,考虑环境保护和社会责任,实现企业的长期可持续发展。

（7）技术创新的驱动。技术创新为企业财务管理提供了新的可能性。区块链、物联网、人工智能等技术的应用，正在改变传统的财务管理模式，提高财务数据的准确性、安全性和实时性。

（8）内部管理的挑战。企业内部管理的复杂性也在不断增加，随着企业规模的扩大和业务的多元化，如何建立有效的内部控制体系、提高管理效率、防止财务舞弊等问题，成为企业财务管理面临的挑战。

（9）企业社会责任的重视。企业不仅要追求经济利益，还要承担社会责任。企业的财务决策和行为需要符合社会伦理和环境标准，这要求企业在财务管理中融入社会责任的考量。

综上所述，本书的研究背景立足于当前企业财务管理面临的主要挑战和发展趋势，旨在通过案例研究，深入分析和探讨在新的经济环境和技术条件下，企业如何进行有效的财务管理，以实现可持续发展和价值最大化。

1.1.2　研究意义

深入研究财务管理的理论与实践，分析成功企业的财务管理经验，可以为其他企业提供宝贵的借鉴和启示，具有重要的现实意义和理论价值。

1.1.2.1　研究的现实意义

（1）提升企业财务管理水平。通过分析财务管理的成功案例，可以系统地了解企业如何通过财务管理提升核心竞争力，帮助企业优化资源配置，提高资金使用效率。

（2）指导企业实践。案例研究提供了实践中可行的财务管理策略和方法，能够为企业在实际操作中提供指导，避免在财务管理过程中出现重大失误。

（3）增强风险管理能力。通过对财务管理案例的分析，企业可以更好地识别和评估财务风险，制定有效的风险管理措施，提高企业的抗风险能力。

（4）促进企业可持续发展。财务管理的核心目标之一是支持企业的长期可持续发展。研究财务管理的创新实践有助于企业实现长期战略目标。

（5）提高决策质量。财务管理案例研究有助于提供更准确的财务数据和更深入的财务分析，为企业管理层提供更高质量的决策支持。

（6）推动财务管理创新。随着经济环境的变化和技术的进步，财务管理也需要不断创新。研究财务管理的新理念和新方法，可以推动企业财务管理的创新。

（7）培养财务人才。案例研究的成果可以作为财务人才培养的重要内容，帮助培养更多具有实战能力和创新精神的财务人才。

（8）应对未来挑战。财务管理案例研究有助于企业提前识别和准备应对未来可能出现的各种挑战，如经济波动、技术变革等。

1.1.2.2 研究的理论意义

（1）丰富财务管理理论。通过对财务管理实践的深入分析，可以发现新的理论问题和理论视角，进一步丰富和发展财务管理理论体系。

（2）完善研究方法。案例研究作为一种重要的研究方法，在财务管理领域的应用可以进一步完善和提高其研究方法的科学性和实用性。

（3）提供研究素材。成功的财务管理案例为学术界提供了丰富的研究素材，有助于推动财务管理领域的学术研究和探讨。

（4）促进跨学科研究。财务管理案例研究往往涉及经济学、管理学、会计学等多个学科，有助于促进不同学科之间的交叉融合和跨学科研究。

（5）加深对财务管理职能的理解。通过案例研究，可以更深入地理解财务管理在企业中的作用和职能，为财务管理职能的发挥提供理论支持。

（6）促进知识共享和学术研究。财务管理案例研究为学术界和业界之间的知识共享提供了平台。向学术界和业界介绍研究结果和案例分析，可以促进学术研究的进展和实践经验的传播，推动财务管理领域的发展和创新。

此外，对经典财务管理案例的深入分析，可以助力企业借鉴成功经验，规避潜在风险，从而在复杂的市场环境中保持优势。

本书旨在探讨财务管理的创新实践，分析不同企业在财务管理方面的成功案例，揭示其背后的理论基础与实践意义，以期为企业提供有益的借鉴和指导。

1.2 研究方法与步骤

1.2.1 案例研究方法

为实现上述研究目的，本书采用以下研究方法：

（1）案例研究法：选择具有代表性和典型性的企业财务管理案例进行深入分析，通过收集和分析相关的财务数据、管理报告、公司文件等信息，探索和解决特定的财务管理问题。

（2）比较研究法：对多个财务管理案例进行比较和对比来进行研究，选择不同企业、行业或地区的案例，比较它们在财务管理方面的差异和相似之处。

（3）纵向研究法：通过跟踪和观察一个财务管理案例在一段时间内的演变和发展来进行研究，了解财务管理决策的长期影响和效果。

（4）横向研究法：在同一时间点上对多个财务管理案例进行比较和分析来进行研究，了解不同企业之间的差异和共同点。

（5）文献综述法：广泛搜集和分析财务管理领域的相关文献，包括学术著作、研究报告、专业论文等,了解财务管理的最新研究成果和发展趋势。

(6)实地调研法:对部分案例企业进行实地访问,与财务管理人员进行深入交流和访谈,获取第一手的财务管理实践资料和经验。

(7)专家咨询法:邀请财务管理领域的专家学者,对案例分析和研究结果进行咨询和评审,获取专业意见和建议。

通过上述方法的综合运用,本书从多角度、多维度深入探讨财务管理的实践和创新,力求为企业财务管理提供全面、深入的见解和建议。

1.2.2 案例研究步骤

本书案例研究遵循以下步骤。

1.2.2.1 定义问题

定义问题即明确研究的目标和问题,这是案例研究的起点。我们需要确定研究的范围和具体问题,这可能涉及资金管理、投资决策、财务报告、风险控制等财务管理的各个方面。在定义问题的过程中,我们将识别关键的财务指标和成功要素,为后续的案例选择和数据分析奠定基础。

1.2.2.2 选择案例

根据研究目标和问题,选择适合的财务管理案例进行深入研究。案例的选择基于多个标准,包括但不限于:

(1)典型性。案例应具有代表性,能够反映某一类财务管理问题的普遍性。

(2)新颖性。案例应具有一定的创新性,能够提供新的理论视角或实践启示。

(3)可获取性。案例相关数据和资料应易于获取,确保研究的可行性和准确性。

(4)有趣性。案例应具有一定的趣味性,能够激发读者的兴趣和思考。

1.2.2.3 收集数据

数据收集是案例研究的核心环节。我们将通过多种途径收集与案例相关的数据和信息,包括但不限于:

(1)公开财务报告,包括年报、季报和其他财务公告。

(2)内部文档,如公司内部的战略规划、会议记录等。

(3)访谈,即与公司管理层、财务人员、员工等进行访谈。

(4)观察,即直接观察企业的运营和财务流程。

1.2.2.4 数据分析

收集到的数据需要进行系统的分析,以回答研究问题。数据分析将采用定性和定量相结合的方法,包括:

（1）财务比率分析：使用财务比率来评估公司的财务状况。

（2）趋势分析：分析财务数据的时间序列，识别趋势和模式。

（3）比较分析：将案例公司的财务表现与行业标准或竞争对手进行比较。

（4）案例内部逻辑分析：分析案例内部的逻辑关系和因果关系。

1.2.2.5　经验总结

基于数据分析的结果，提炼出财务管理的经验教训和最佳实践。这一步骤将关注：

（1）成功因素：哪些因素导致了案例中的成功。

（2）失败原因：哪些因素导致了案例中的失败。

（3）策略建议：基于经验总结，提出财务管理的策略建议。

1.2.2.6　案例简评

最后，对每个案例进行简评，提供对案例的总体评价和结论。简评将包括：

（1）案例亮点：案例中财务管理的亮点和创新之处。

（2）改进建议：基于案例分析，提出改进财务管理的建议。

（3）启示：案例对其他企业或行业的启示。

1.3　本书结构安排

本书共分为 12 章，具体安排如下：

第 1 章 绪论。本章主要介绍研究背景、目的、方法及本书结构安排。本章将探讨财务管理在现代企业中的重要性，以及本研究旨在解决的核心问题和研究的预期目标。本章将概述所采用的研究方法，包括案例研究、比较研究、纵向和横向研究等，并介绍本书的整体结构和各章节内容的安排。

第 2 章 相关概念及理论基础。本章探讨财务管理的相关概念及基本理论，为后续案例分析提供理论支撑。本章将详细定义财务管理的关键术语，阐述财务管理的主要内容和目标，并介绍财务管理理论、公司金融理论、经济学理论和管理学理论等，帮助读者奠定扎实的理论基础。

第 3 章 A 集团构建战略型和价值型财务管理体系的探索。本章通过分析 A 集团的案例，探讨如何构建与企业战略相匹配的财务管理体系，并评价其对企业价值创造的影响。本章将详细介绍 A 集团的财务管理实践，包括存在的问题、改进措施和取得的成效。

第 4 章 B 公司支持价值创造的财务战略与财务规划创新。本章分析 B 公司如何通过财务战略和规划创新支持企业价值的增长。本章将探讨 B 公司的财务战略实施、创新实践和取得的成效。

第5章 业财融合模式下C集团全面预算管理数字化转型成功之路。本章分享C集团在全面预算管理数字化转型方面的经验。本章将分析C集团的转型背景、实施步骤、关键环节和成功经验。

第6章 D公司价值链整合与成本控制优化的成功经验与启示。本章探讨D公司如何通过价值链整合和成本控制优化提升市场竞争力。本章将详细介绍D公司的成本控制策略、实施过程和效果评估。

第7章 E公司应收账款管理创新的经验分享。本章分析E公司在应收账款管理方面的创新做法。本章将探讨E公司的管理创新、策略实施和取得的成效。

第8章 F集团财税合规转型的成功启示。本章介绍F集团如何通过财税合规转型恢复企业信誉并成功挂牌。本章将分析F集团的转型过程、面临的挑战和转型后的启示。

第9章 G集团数智赋能推动财会监督加力提效的经验与启示。本章探讨G集团如何利用数智化技术提升财会监督的效率和效果。本章将介绍G集团的数智化转型战略、实施过程和取得的成效。

第10章 HR集团以价值引领数智赋能、构建世界一流财务管理体系的经验分享。本章分析HR集团如何构建世界一流的财务管理体系。本章将探讨HR集团的财务管理体系建设、实施策略和成效评估。

第11章 企业财务管理成功的关键因素及借鉴。本章总结成功企业财务管理的关键因素,并提供借鉴。本章将概述成功企业的财务管理特征、关键因素和企业如何借鉴这些经验。

第12章 企业财务管理面临的挑战与建议。本章讨论当前企业财务管理面临的挑战,并提出建议。本章将分析财务管理的当前挑战、未来发展趋势和为企业财务管理工作提供的建议。

通过以上结构安排,本书将系统地分析财务管理的创新实践,提供理论与实践相结合的研究成果,为企业的财务管理提供有益的指导和借鉴。

2 相关概念及理论基础

2.1 相关概念

2.1.1 财务管理案例研究的定义与特点

财务管理案例研究是指通过对实际发生的财务管理事件或现象进行深入、系统的分析,以探索和解释财务管理理论与实践中的问题,从而为财务管理决策提供参考和指导。

其特点主要有:

(1)实践性。案例研究紧密联系实际,以真实的企业财务管理事件为研究对象,具有强烈的实践指导意义。

(2)具体性。案例研究关注具体的企业和个人,通过详细的数据和事实描述,揭示财务管理决策的特定背景和过程。

(3)多维度。案例研究从多个角度分析问题,包括财务、市场、战略、组织等多个角度,以获得全面的理解。

(4)动态性。案例研究关注财务管理事件的发展过程,分析其演变规律和影响因素,有助于理解财务决策的长期效应。

2.1.2 财务管理案例研究的主要内容

财务管理是指组织或企业在经营过程中对财务资源进行有效管理的一系列活动和决策。财务管理案例研究的主要内容涵盖以下几个方面:

(1)财务规划。

财务规划是指制定长期和短期的财务目标,并确定实现这些目标所需的财务策略和计划。财务规划包括资本预算、资金筹集、投资决策、融资决策等方面,旨在确保组织资金的有效配置和利用。

(2)资金管理。

资金管理是指有效管理组织的现金流量,包括实现资金的收入和支出的平衡、优化资金的运用和管理。资金管理涉及资金流动性管理、现金预测、储备资金的管理等,以确保能够满足组织日常运营和长期发展所需的资金需求。

(3)资本结构管理。

资本结构管理涉及选择合适的融资方式和资本结构,以平衡债务和股权的比例,优化融资成本和资本回报率。财务管理者需要权衡债务和股权的风险和收益,确定适当的融资结构,以最大程度地提高股东权益价值。

(4)财务风险管理。

财务风险管理是指对组织面临的各种财务风险进行评估、控制和管理,以降低不确定性对财务状况和绩效的影响。其中包括市场风险、信用风险、流动性风险、汇率风险等各种类型的风险管理。

(5)财务报告和分析。

财务报告和分析是指对组织的财务状况和经营绩效进行监控、评估和沟通。财务报告包括资产负债表、利润表、现金流量表等财务报表。财务分析则通过对这些报表的数据进行分析、比较和解释,帮助管理者和利益相关者理解和评估组织的财务状况和经营绩效。

(6)财务共享平台建设。

财务共享平台是指为不同组织或个人提供共享财务资源和信息的平台。它提供了一个集中管理财务数据、促进财务合作和协作的虚拟空间。在财务共享平台上,组织或个人可以共享各种财务资源和信息,包括财务数据、财务报表、财务工具和模型、财务政策和流程等。通过这些平台,用户可以更加便捷地获取和共享财务信息,加强财务合作和协作,提高财务决策的准确性和效率。

2.1.3 财务管理案例研究的分类与案例选择标准

2.1.3.1 案例研究的分类

(1)按研究目的分类:教学型案例研究、研究型案例研究、决策型案例研究。

(2)按研究范围分类:微观案例研究、中观案例研究、宏观案例研究。

(3)按研究性质分类:正面案例研究、负面案例研究、中性案例研究。

本书的案例研究属于决策型案例研究。

2.1.3.2 案例选择标准

本书案例选择遵循以下标准:

(1)实践可行性:案例应具有实际操作的可行性。

(2)信息可得性:案例相关的数据和信息应可获取。

(3)多样性与广泛性:案例应涵盖不同的行业、规模和地区。

(4)问题复杂性:案例应具有一定难度和挑战性。

（5）知名度和重要性：案例在业界应有一定的知名度和重要性。

（6）可比性和对比性：案例之间应有一定的可比性。

（7）法律和道德合规性：案例应符合相关法律法规和道德准则。

2.1.4　本书案例选取理由及作用

根据上述标准，本书共选择八个案例。各案例在本书整体中的选取理由和作用如下：

案例一：A 集团构建战略型和价值型财务管理体系的探索（第 3 章）。

选取理由：A 集团的案例反映了企业在快速发展中遇到财务管理瓶颈的普遍问题，提供了一个从问题诊断到系统改革的全过程分析，为读者展示了如何构建战略型和价值型财务管理体系，这对于理解财务管理在企业战略中的作用至关重要。

作用：此案例展示了财务管理的改革和创新如何使企业走出基础薄弱的财务管理困境，最终支持企业的整体发展。

案例二：B 公司支持价值创造的财务战略与财务规划创新（第 4 章）。

选取理由：B 公司的案例着重于财务战略和规划在价值创造中的重要性，展示了财务规划如何支持企业的长期发展和价值最大化。

作用：通过分析 B 公司的财务战略与规划，读者可以了解到如何通过财务手段促进企业价值的增长和实现可持续发展。

案例三：业财融合模式下 C 集团全面预算管理数字化转型成功之路（第 5 章）。

选取理由：C 集团的案例突出了数字化转型在全面预算管理中的作用，体现了现代技术如何推动财务管理的创新和效率提升。

作用：该案例为读者提供了预算管理数字化转型的实践经验，展示了如何利用信息技术改进预算管理流程和提高决策质量。

案例四：D 公司价值链整合与成本控制优化的成功经验与启示（第 6 章）。

选取理由：D 公司的案例聚焦于价值链整合和成本控制，展示了如何通过优化价值链活动来降低成本并提高市场竞争力。

作用：通过 D 公司的案例，读者可以学习到如何在企业内部实施成本控制策略，并通过价值链管理来提升整体的财务绩效。

案例五：E 公司应收账款管理创新的经验分享（第 7 章）。

选取理由：选取此案例是为了提供应收账款管理的创新视角，帮助企业了解如何通过建立客户信用评估机制、优化收款流程等手段，提高现金流管理和风险控制能力。

作用：该案例为读者提供了应收账款管理的创新方法，帮助企业改善现金流管理和增强财务稳定性。

案例六:F集团财税合规转型的成功启示(第8章)。

选取理由:此案例提供了从失败到成功的转型故事,展示了企业如何通过财税合规转型来恢复信誉,吸引投资,并最终实现市场挂牌,对企业管理者具有重要的启示作用。

作用:通过F集团的经历,读者可以了解到财税合规的重要性以及如何通过改善财务管理来提升企业的市场价值和吸引投资。

案例七:G集团数智赋能推动财会监督加力提效的经验与启示(第9章)。

选取理由:G集团的案例展示了数智化技术在财会监督中的应用,以及如何通过技术赋能来提高监督效率和效果。

作用:该案例为读者提供了数智化在财务管理领域的应用实例,展示了如何利用现代技术提升财务管理的质量和效率。

案例八:HR集团以价值引领数智赋能、构建世界一流财务管理体系的经验分享(第10章)。

选取理由:HR集团是大型央企的典型代表,其案例展示了大型集团企业如何构建一个与国际接轨的世界一流财务管理体系,体现了财务管理的全球化视野和高标准。

作用:通过分析HR集团的财务管理体系建设,读者可以了解到如何打造一个高效、透明、风险可控的财务管理体系,以及如何通过财务管理来支持企业的全球竞争和长期发展。

综上所述,每个案例都在本书的整体框架中发挥着不同的作用,共同构成了一个全方位、多角度的财务管理案例研究集合,旨在为读者提供丰富的实践经验和理论支持。

2.2　理论基础

财务管理案例研究建立在财务管理理论、公司金融理论、经济学理论、管理学理论、整合理论等理论的基础之上。

2.2.1　财务管理理论

财务管理理论是研究企业在不确定性条件下,如何进行资金筹集、使用和管理,以使企业价值最大化的科学。它涵盖了投资决策、融资决策、资本结构、股利政策、风险管理等领域。财务管理理论的核心目标是支持企业做出合理的财务决策,优化资源配置,提高企业价值。财务管理主要理论有:

（1）资金时间价值理论。该理论认为资金具有时间价值,即一定量的货币在不同时间的价值是不同的。

（2）风险与收益权衡理论。该理论认为高收益往往伴随着高风险,企业在追求收益的同时需要考虑风险。

（3）资本结构理论。该理论研究企业在不同融资方式下资本成本和企业价值之间的关系。

（4）有效市场假说。该假说认为证券价格已经充分反映了所有可获得的信息,投资者不可能持续获得超额收益。

（5）代理理论。该理论主要研究企业所有者（股东）与经营者（管理层）之间的关系,以及如何通过激励机制使管理层代表股东利益行事。

2.2.2　公司金融理论

公司金融理论专注于企业层面的财务决策,包括资本预算、资本结构、股利政策、并购重组等方面。它结合了财务管理理论和公司治理结构,旨在解释和指导公司如何有效地利用财务资源,实现长期稳定发展。其主要理论有：

（1）净现值（NPV）理论。

净现值是评估投资项目盈利能力的一种方法。它通过将未来现金流量折现到当前时点,计算出项目的总价值,然后从这个总价值中减去项目的初始投资成本。如果净现值为正,意味着项目的预期回报超过了资本成本,因此通常被认为是可接受的。净现值理论是资本预算决策中最常用的评估工具之一。

公式：
$$NPV = \sum_{t=0}^{T} \frac{C_t}{(1+r)^t} - I_0$$

其中,C_t 是第 t 期的现金流,r 是折现率,I_0 是初始投资成本。

（2）资本资产定价模型（CAPM）。

资本资产定价模型是用于评估风险资产预期回报的理论模型。它提供了衡量单一资产风险（β 系数）的方法,并将其与市场整体风险（市场风险溢价）联系起来。CAPM 帮助投资者和公司确定一个资产或项目的预期回报率,以便进行投资决策。

公式：
$$E(R_i) = R_f + \beta_i \times [E(R_m) - R_f]$$

其中,$E(R_i)$ 是资产 i 的预期回报率,R_f 是无风险回报率,β_i 是资产 i 的 β 系数,$E(R_m)$ 是市场的预期回报率。

（3）期权定价理论。

期权定价理论,尤其是布莱克-斯科尔斯模型（Black-Scholes model）,是用于估算欧式期权价值的数学模型。这个理论考虑了标的资产价格波动、无风险利率、期权到期时间和执行价格等因素。期权定价理论对于金融衍生品市场至关重要。

布莱克-斯科尔斯模型的公式较为复杂,涉及偏微分方程的解。

（4）自由现金流（FCF）理论。

自由现金流理论是评估企业价值的一种方法，它关注企业产生的现金流量，这些现金流量可以自由地分配给所有投资者，包括股东和债权人。自由现金流是企业经营活动产生的现金流量减去资本支出和增加的工作资本。计算公式：

$$FCF = 经营活动产生的现金流量 - 资本支出 - 增加的工作资本$$

这些理论为公司金融领域的决策提供了重要的分析工具和方法论基础，帮助企业和投资者做出更明智的财务决策。

2.2.3 经济学理论

经济学理论提供了对市场环境、供求关系和利益冲突等经济因素的理解，在财务管理案例研究中，经济学理论可以用于分析市场结构、供需关系、货币政策等对企业财务决策的影响。其主要理论有：

（1）供需理论。

供需理论是经济学的基础，它解释了商品和服务的价格是如何由市场上的供给和需求决定的。在财务管理的背景下，供需理论可以帮助企业预测产品价格、成本和市场容量，从而影响定价策略、生产计划和投资决策。其关键概念包括：

需求曲线：表示消费者在不同价格水平下愿意购买的商品或服务数量。

供给曲线：表示生产者在不同价格水平下愿意提供的商品或服务数量。

市场均衡：需求和供给曲线交叉点，确定了市场上的均衡价格和数量。

（2）宏观经济理论。

宏观经济理论关注整个经济系统的行为和决策，包括经济增长、通货膨胀、失业、货币政策、财政政策等。这些因素对企业财务决策有重要影响，如：

货币政策：中央银行通过调整货币供应量和利率来影响经济活动，这会影响企业的借款成本和投资决策。

财政政策：政府的税收和支出决策会影响经济活动水平和个人消费能力，进而影响企业的销售额和利润。

（3）行为经济学。

行为经济学是一门研究人类行为和心理因素如何影响经济决策的学科。它挑战了传统经济学中理性经济人的假设，认为人们在做出决策时可能会受到认知偏差、情感和社会因素的影响。

在财务管理中，行为经济学帮助解释了：

①投资者为何会做出非理性决策，如羊群效应和过度自信。

②管理者在决策时如何受到框架效应和损失厌恶的影响。

行为经济学的概念包括前景理论、心理账户、启发式和偏差等。

这些经济学理论为财务管理人员提供了一个更全面的视角,帮助他们理解和预测外部经济环境的变化,以及这些变化如何影响企业的财务状况和决策。通过将这些理论应用到实践,财务管理人员可以更好地规划企业的长期战略和短期运营。

2.2.4　管理学理论

管理学理论强调企业内部管理对财务决策的影响,包括组织结构、领导力、战略规划等方面。在财务管理案例研究中,管理学理论有助于分析企业决策的制定、执行和评估过程,并理解管理者对财务目标的追求。其主要理论有下面三种。

2.2.4.1　战略管理理论

战略管理理论关注企业如何制定和实施长期目标,以及如何通过资源配置和竞争优势来达成这些目标。它包括对市场环境的分析、竞争对手的评估以及企业内部资源和能力的考量。其关键概念包括:

(1)波特五力模型:分析行业的竞争力度和盈利潜力。

(2)SWOT 分析:评估企业的优势(Strengths)、劣势(Weaknesses)、机会(Opportunities)和威胁(Threats)。

(3)核心竞争力:企业独特的资源和能力,为其提供竞争优势。

2.2.4.2　组织行为理论

组织行为理论探讨个体、群体在组织中的行为以及这些行为如何影响组织的运作和效率。它涉及沟通、权力、政治、文化、结构等方面,并关注如何提高组织内部的协作和绩效。其关键概念包括:

(1)霍桑实验:揭示工作环境中的社会因素对员工行为的影响。

(2)组织文化:包括组织内部的共享价值观、信仰和行为模式。

(3)组织结构:包括组织内部的角色、职责和层次结构。

2.2.4.3　激励理论

激励理论关注如何激发和维持个体或群体的动机,以达成组织目标。这些理论帮助企业设计激励计划,提高员工的工作积极性、生产效率和满意度。其关键理论包括:

(1)马斯洛的需求层次理论:认为个体有生理、安全、社交、尊重和自我实现的需求。

(2)赫茨伯格的两因素理论:区分了激励因素(如成就、认可)和保健因素(如工资、工作条件)。

(3)麦克利兰的成就需求理论:强调成就需求、权力需求和亲和需求对个体行为的影响。

这些管理学理论为财务决策提供了内部视角,帮助管理者理解组织结构和行为如何影响财务状况和业绩。通过应用这些理论,管理者可以更有效地制定战略规划、优化组织结构和设计激励机制,从而提高企业的财务表现和竞争力。

2.2.5　整合理论

财务管理案例研究往往需要综合应用多个理论来解决复杂的问题。整合理论的目标是将不同领域的理论知识整合在一起,以提供更加全面和准确的解决方案。整合理论可以帮助研究者将财务管理案例中的各个要素和变量联系起来,形成一个系统性的分析框架。整合理论强调不同理论之间的相互联系和综合应用,以解决复杂的财务问题。

2.2.5.1　战略整合

战略整合是指将财务决策与企业整体战略规划紧密联系起来,确保财务目标与企业的长期发展和竞争优势相一致。实践应用包括:

(1)在制定财务计划时考虑企业的战略目标。

(2)通过财务分析来评估战略执行的财务影响。

(3)确保投资决策与企业的核心竞争力和长期愿景相匹配。

2.2.5.2　流程整合

流程整合关注优化和自动化财务管理流程,以提高效率和减少错误。实践应用包括:

(1)通过流程再造或改进来简化财务操作。

(2)采用标准化和统一化的财务流程来减少冗余和提高一致性。

(3)使用财务软件和工具来自动化日常的财务任务。

2.2.5.3　信息系统整合

信息系统整合是指利用信息技术来整合和管理财务数据,以便为决策提供及时、准确的信息。其实践应用包括:

(1)实施企业资源规划(ERP)系统来整合不同部门的财务信息。

(2)使用数据仓库和商业智能工具来分析财务数据。

(3)利用云计算和移动技术来提高财务信息的访问性和共享性。

2.2.5.4　风险管理整合

风险管理整合涉及建立和维护一个全面的风险管理体系,以识别、评估、监控和应对财务风险。其实践应用包括:

(1)实施风险管理框架,确保财务决策考虑了潜在风险。

（2）定期进行风险评估和审计,以监控财务风险。

（3）结合财务和战略规划来制定风险缓解策略。

通过这些整合实践,企业能够更加有效地利用资源,提高决策质量,降低风险,并最终提高其财务健康水平和市场竞争地位。整合理论强调了跨学科方法的必要性,以应对现代商业环境的复杂性和不确定性。

2.3　本章总结与探索思考

2.3.1　本章总结

本章深入探讨了财务管理案例研究的相关概念和理论基础,通过分析财务管理的核心理论和实践应用,从定义、特点、主要内容、分类与选择标准四个维度提炼出财务管理案例研究的关键要素,以及全书各案例选取的理由和作用。

这些内容展示了财务管理案例研究在理解企业财务决策、分析财务问题、评估财务绩效和提出解决方案中的重要性。通过深入的理论分析和实践案例的结合,读者能够提高对财务管理理论的理解和应用能力,优化财务决策过程、增强市场适应性和竞争力。同时,对财务管理理论的深入解析和案例的实践应用,为读者提供了丰富的理论支持和实践指导,帮助他们在不断变化的市场环境中把握机遇、应对挑战。

2.3.2　探索思考

（1）财务管理案例研究的多维度特性如何帮助理解复杂的财务决策?

（2）在财务管理案例研究中,为何需要考虑资金的时间价值?

（3）代理理论如何影响企业的财务管理实践?

（4）整合理论在财务管理案例研究中扮演什么角色?

（5）如何通过财务管理案例研究提升企业的财务风险管理能力?

3 A集团构建战略型和价值型财务管理体系的探索

3.1 案例背景

A集团自1994年成立以来,以200万元的注册资本起步,专注于电子玩具制造领域。凭借多年的稳健经营和战略布局,A集团不仅实现了业务的多元化发展,还成功转型成为在国内外市场拥有多个子公司的大型集团。2019年后,面对市场挑战,A集团展现出强劲的增长势头,经营规模实现了显著的跨越式增长。这一卓越表现在2022年得到了业界的高度认可,集团获得"中国企业500强"的荣誉称号,充分证明了A集团在电子玩具制造及相关领域的竞争力和市场地位。

然而,在2018年之前,A集团的财务管理面临诸多挑战。尽管业务发展迅速,但集团的财务管理水平尚未跟上步伐,与国内一流企业相比存在明显差距。

2019年初,A集团管理层发生变更。新一届管理层紧紧围绕"高质量发展"主题,大力进行改革。在财务管理方面,管理层引进优秀的财务管理团队,针对财务管理中存在的问题,不断完善顶层设计,围绕"战略规划+运营管控+统一领导+分级管理"的管理理念,采取了一系列措施,初步建立了以战略型和价值型为导向的集团财务管理体系。

3.2 财务管理存在的问题与原因分析

3.2.1 存在的问题

3.2.1.1 财务管理与战略脱节

(1)财务目标过于关注短期利润和成本削减,而忽视了企业长期的战略目标,忽视技术研发方面的投入,从而阻碍创新和市场扩张。

(2)对财务的重视程度不够,财务部门未能参与到企业战略规划的过程中,导致财务决策与企业的整体战略方向不一致。

（3）财务风险管理不足，财务决策没有充分考虑到战略风险，如市场变化、技术进步或竞争对手的行动。

（4）绩效评估体系只关注财务指标，如收入、利润和成本，而忽视了非财务指标，如客户满意度、市场份额和员工满意度。

（5）资本配置没有根据企业的战略优先级进行，导致资源浪费或关键领域投资不足。

3.2.1.2　财务组织结构僵化

（1）由于管理层级过多，且流程繁琐，财务决策需要经过多个层级的审批，导致决策过程缓慢，无法迅速响应市场变化。

（2）思维保守，财务人员不愿意或不敢提出新想法，不愿意尝试新的工作方法或技术，担心改变现状会带来风险或不被接受。

（3）财务部门未能及时采用或更新技术，依赖过时的系统和工具，导致工作效率低下，无法满足现代业务需求。

（4）未建立人员轮岗机制，人才的流动和发展受限，财务人员缺乏提升技能和承担新角色的机会。

3.2.1.3　预算管理水平落后

（1）预算编制过程缺乏统一的标准和流程，导致预算编制的随意性和不准确性。

（2）预算编制没有充分考虑企业的战略目标和长期规划，导致预算与企业发展方向不一致。

（3）预算缺乏灵活性，无法适应市场变化和业务发展的实际需要。

（4）预算执行不严格，经常性地出现预算超支或预算目标未能实现的情况。

（5）预算缺乏闭环管理，缺乏有效的反馈和调整机制，导致预算执行结果不能及时反馈到预算编制过程中。

（6）预算编制和执行过程中缺乏有效沟通机制，导致预算信息不能有效传达给所有相关方。

3.2.1.4　会计核算基础薄弱

（1）会计科目体系不完善，部分会计科目设置不全面，不符合企业多元化实际业务需求，导致无法准确反映企业的财务状况。

（2）缺乏统一的会计核算指导手册，各分子公司会计科目使用不规范，导致财务数据混乱，无法真实反映企业的财务状况。

（3）会计人员素质不齐，在会计核算过程中，存在数据录入错误或遗漏，会计分录的逻辑关系不清晰、勾稽关系不准确，影响财务报表的准确性和内部控制的有效性。

(4)内部控制薄弱,无法及时发现和纠正会计核算过程中的错误。

3.2.1.5　财务信息化建设滞后

(1)业财一体化程度低,业务系统和财务系统分离,数据共享和流转不畅,导致信息孤岛现象。

(2)财务管理软件使用效率不高,已使用的财务管理软件功能不完善,操作复杂,难以满足实际需求。

(3)财务系统与业务系统之间缺乏有效的接口,数据交换和同步存在障碍。

(4)由于系统不对接,财务数据更新滞后,无法及时反映业务活动。

(5)财务报告依赖手工编制,耗时长,效率低下。

(6)财务数据的及时性和精确性不足,削弱了其对管理层决策的支持力度,间接降低了财务部门在企业战略中的地位。

3.2.1.6　财务分析能力不足

(1)财务分析深度和广度有限。财务分析只关注基本的财务指标,如利润、成本和现金流,而忽视了更深层次的分析,如成本结构、资金使用效率和风险评估。

(2)财务分析方法单一,缺乏多维度的分析框架,无法提供多角度的视角,限制了对问题的全面理解。

(3)财务数据和业务数据之间缺乏有效的整合,导致分析结果无法反映业务活动的全貌。

(4)由于财务人员缺乏对业务流程和市场环境的深入理解,财务分析过于注重数字,而忽视了业务背后的动因和逻辑,无法充分反映业务实质。

(5)因为缺乏前瞻性思维和工具,财务分析主要集中在历史数据上,而缺乏对未来趋势的预测和战略规划。

(6)由于上述问题,财务分析结果缺乏洞察力和前瞻性,财务分析可能无法为管理层提供足够的信息来帮助其做出明智的决策。

3.2.2　原因分析

(1)战略意识与组织文化欠缺。

①管理层没有充分认识到财务管理与企业战略之间的密切联系,导致财务决策与企业长期目标不一致。

②企业文化保守,限制了创新思维和新方法的采纳,特别是在财务领域。

③管理层对财务管理缺乏应有的重视。

(2)组织架构不健全。财务内部组织架构层级多,且财务管理职责不明确,管理流程混乱。

（3）流程和制度不健全。企业缺乏规范的财务管理流程和制度，并且现有流程和制度已多年未做修订，未能与时俱进。

（4）技术投入和应用不足。企业未能在财务信息系统和相关技术上进行足够的投资，导致技术落后，无法满足现代财务管理的需求。

（5）专业培训和人员素质提升不足。财务团队缺少必要的专业培训和继续教育，难以适应现代财务管理的需求。

（6）信息共享和沟通不畅。由于信息技术手段落后，企业缺乏有效的信息共享机制，财务部门与其他业务部门之间的沟通可能存在障碍，导致形成信息孤岛和出现协作不足等问题，影响数据整合和决策准确性。

（7）风险管理机制不健全。企业没有建立全面的风险管理框架，缺少系统的风险评估和管理机制，无法及时有效识别、评估和应对财务风险。

（8）监管和考核体系不完善。监管和考核机制的不足，以及对绩效评估的单一关注，导致财务管理的松懈和对企业全面绩效的片面理解。

3.3　改进思路和措施

战略型与价值型财务管理是现代企业管理中财务管理的两个重要方向，它们在企业资源配置、决策支持和价值创造方面发挥着关键作用。

战略型财务管理主要关注以下方面：①财务管理与企业的整体战略紧密结合，确保财务资源的配置和使用能够支持企业战略目标的实现。②注重企业的长期发展而非仅仅关注短期利润，进行长期财务规划和投资决策。③合理分配财务资源，以支持企业的关键战略举措，如研发投入、市场扩张等。④评估和管理与企业战略相关的财务风险，制定相应的风险控制和缓解措施。

价值型财务管理则侧重于：①强调价值创造，提倡通过各种财务管理活动，如成本控制、资本结构优化、现金流管理等，直接或间接地为企业创造价值。②强调决策支持，财务部门提供深入的财务分析，帮助管理层做出能够提升企业价值的决策。③考虑所有利益相关者的利益，包括股东、员工、客户、供应商和社会等，以实现综合价值最大化。

战略型财务管理与价值型财务管理两者之间的联系在于，战略型财务管理为价值型财务管理提供了方向和框架，而价值型财务管理是战略型财务管理实施的结果和目标。一个企业若能有效结合这两种财务管理方式，就能够在确保战略目标实现的同时，持续创造和提升企业价值。

为了建立以战略型和价值型为导向的集团财务管理体系，A集团决定从以下几方面改进思路，采取措施。

3.3.1　提升战略意识,培养创新文化

(1)提升管理层的战略意识。

新一届管理层通过战略管理培训和自身的行为和决策,展示对财务管理的重视,强化管理层对财务与战略结合重要性的理解,确保财务决策与企业的长期目标同步。同时,建立一个战略导向的绩效考核体系,将战略目标融入其中,确保员工的个人目标与企业战略一致。

(2)开展组织文化重塑活动。

明确传达新的价值观和行为准则,尤其是对创新和战略思维的重视。定期邀请外部财务和战略管理专家举办讲座或研讨会,鼓励创新思维,为员工提供实验新想法和方法的空间,尤其是在财务领域促进更有效的财务管理实践。鼓励员工参与到战略规划和财务管理的讨论中,并提供反馈,增强他们对企业战略的认同感和归属感。设计激励机制,奖励那些在财务管理中提出创新想法和实践的个人或团队。

(3)促进跨部门协作。

特别是财务与其他业务部门之间的合作,对于战略的整合和执行至关重要。通过内部沟通渠道,如会议、简报、内部网站等,定期传达企业战略和财务目标,提高信息的透明度和共享水平。

(4)学习与借鉴。

分析和学习其他企业在财务管理与战略整合方面的成功案例,从中吸取经验。实施持续的变革管理流程,确保组织文化和战略意识的转变是持续和深入的。

(5)强化财务部门在战略规划过程中的角色。

确保财务战略规划能力与企业整体战略同步发展。通过这些措施,企业可以逐步改善战略意识与组织文化,促进财务管理与企业战略的紧密结合,提高企业的竞争力和市场适应能力。

3.3.2　更新管理理念,加强财务管理与整体对接

A集团提出的"战略规划+运营管控+统一领导+分级管理"的管理理念是一种综合性的管理思想,它强调在企业的不同管理层级和职能领域中实现战略与执行、集中与分散的有机结合。

(1)战略规划:企业需要制定清晰的长期目标和战略方向,包括市场定位、业务发展、产品规划等。战略规划是企业发展的蓝图,为企业指明未来的发展路径。

(2)运营管控:在战略规划的基础上,企业还需要对日常运营进行有效管控,确保各项业务活动与战略目标一致,并且能够高效、有序地进行。运营管控关注流

程优化、成本控制、质量管理等。

（3）统一领导：企业应有一个统一的领导核心，确保所有决策和行动都能够围绕企业战略进行。统一领导有助于在企业内部形成共同的目标和方向，提高决策效率和执行力。

（4）分级管理：在统一领导的基础上，企业还需实施分级管理，将管理职责和权限下放到不同的管理层级。分级管理能够激发基层的主动性和创造性，同时确保企业对市场变化做出快速响应。

这种管理理念的优势在于：

（1）注重灵活性与控制力的平衡：通过分级管理，企业能够保持对业务的灵活控制，同时赋予下属单位一定的自主权。

（2）强调战略与执行的一致性：战略规划与运营管控的结合确保了企业战略得到有效执行。

（3）提高效率：统一领导有助于快速决策，而分级管理能够提高日常运营的效率。

（4）分散风险：通过分级管理，企业能够分散风险，因为不同层级和单位可以根据自身情况做出适应性调整。

将这一理念应用于财务管理，意味着财务部门不仅要参与战略规划，提供财务视角的战略建议，还要在运营层面进行严格的预算控制和成本管理，确保战略目标的实现。同时，财务部门需要在统一领导下，通过分级管理，确保各级单位的财务管理既符合集团整体要求，又能够灵活应对市场变化。

3.3.3　改革组织架构，提升管理效能

为提升集团的财务管控能力，Ａ集团对集团财务管理部内设机构进行改革，取消原来的成本组、收入组、报表组、税务资产组，改革设立了综合管理室、会计核算室、资金管理室和财务信息室四个内设部门，赋予各科室更加丰富的管理内涵，使集团的财务管理职责更加清晰。同时，不断推动下级财务机构改革，在各级子公司设立独立的财务管理部门，并向主要子公司委派财务负责人，建立财务负责人例会制度，定期对财务负责人进行考核，通过对子公司财务负责人的垂直管理，加大集团整体的财务管控力度。

3.3.4　完善财务管理制度，规范财务行为

财务制度是企业管理最为关键的制度之一，是开展财务管理工作的行为规范。根据企业经营发展需求，2019年至今，Ａ集团制定、修订财务制度20余项，并要求子公司参照集团财务制度，结合公司实际情况完善自身的财务制度建设。通过建

立健全财务管理制度,对各类财务相关事项进行规范,显著提高了集团会计政策的一致性、会计处理方式的标准性,完善了财务管理的长效机制。

3.3.5 加强财务信息化数字化建设,推动业财融合

搭建业财一体化信息系统,实现财务系统与业务系统的对接。在支出模块,打通采购审批、合同审批、发票管理、款项支付等各个环节,形成支出合同台账;在收入模块,打通合同审批、收入确认、开票申请、货款回笼等各个环节,形成收入合同台账;通过业财一体化信息系统,实现采购、销售业务的全生命周期管理。

通过搭建成本费用预算控制系统,建立分别以成本中心和利润中心为主体,以科研项目、基建项目、销售项目、部门费用及部门专项费用为管理维度,统筹与灵活兼顾的预算管控模式,将预算管控关口前移,以事前审批代替事后分析,有力地加强了集团预算管控。

通过开展财务信息化、数字化建设,提高了财务管理效率及标准化程度,同时为实现业财融合提供了便利。

3.3.6 加强人才队伍建设

逐步建立分层次分类别的财会人才培养与选拔机制,提高财务团队综合素质。引进外部高级财务管理人员,输入新鲜管理思路,加强集团财务管理的顶层设计;坚持外部引进与内部培养相结合,不断提高中高级会计师、注册会计师在人才队伍中的占比,提高财务人员整体素养;加大优秀年轻干部选拔培养力度,加快人员岗位流动,通过财务负责人定期轮换、基层财务人员定期轮岗等,提升财务人员综合能力和财务团队的执行力、凝聚力、战斗力;举办会计技能大赛,利用外部培训、内部业务交流等形式提升财务人员的专业能力。

3.3.7 夯实会计核算基础,提高会计信息质量

(1)统一核算标准,夯实会计基础。

A 集团对会计科目体系进行了重新梳理,基本实现了往来科目和损益类科目在集团范围内的统一,同时加强会计科目管控,实现了一级至三级会计科目由集团统一管理;组织各级子公司梳理业务场景,编制并发布了会计核算手册,对集团各类主要业务的收入确认要件及记账规则进行规范,统一了收入确认方法。

(2)创新决算管理方法,提高财务决算质量。

A 集团通过增加决算系统审核公式,将填报要求嵌入决算系统中,加强系统的自动审核能力,从源头上保证报表填报的质量;在验审阶段,组织集中会审,抽调各子公司人员参与,能够及时发现并解决各公司填报的问题,同时提高了各级财务机

构对决算工作的认识和了解,培养和锻炼了更多的决算工作人才;通过建立信息平台开展内部对账,在快报阶段即实现了内部交易应抵尽抵,使最终的决算结果与快报的差异率显著降低。

(3)建立成本收入匹配监控体系,准确反映经营成果。

A集团采取加强事前、事中、事后控制的方式,建立了成本收入匹配的监控体系,事前财务人员通过合同审核及与业务人员的交流,了解各项业务可能发生的成本构成和费用支出的进度,尽可能对收支情况做到心中有数;事中严格按照会计核算手册要求进行收入确认和成本费用核算,确保会计信息的准确性;事后针对可变成本占收入比重建立了六西格玛模型,及时发现成本的异动,并对异动进行溯源分析,有效识别收支不匹配带来的重大风险,使会计信息更加可靠、完整。

3.3.8　完善全面预算管理体系,优化资源配置

(1)完善预算管理制度建设,夯实预算根基。

A集团制定并发布了《全面预算管理办法》,提出全面预算管理理念和实施模式,强化主体责任,规范预算管理流程,形成分工明确、责任清晰、相互协同、高效配合以及涵盖预算决策、组织、编制、执行、控制、分析、调整、考评的工作机制和责任机制。

(2)完善各级预算机构建设,提供组织保障。

A集团在集团层面成立了全面预算管理领导小组。该领导小组作为全面预算管理的领导机构,负责预算的统一规划、统一管理,下设预算管理办公室,履行预算编制、实施、监督检查的组织、指导等管理职责。推动子公司建立健全全面预算管理机构,配备相关管理人员,建立以业务流程为导向、以责任分工为基础、各相关职能部门相互协调、各预算管理层级密切联动的预算管理工作体系。

(3)建立多样化的预算指标体系,优化考核机制。

A集团对利润中心和成本中心采用不同的预算指标进行管控,对于利润中心,主要按照关键指标进行考核,并将集团预算指标层层分解,压实预算责任;对于成本中心,按照部门专项进行预算管控,根据下一年度即将开展的具体业务设置预算项目,细化预算管控颗粒度,严控成本费用支出。逐步推动经营指标考核与预算管理挂钩,以考核指标为基础,据此分解、编制年度财务预算,建立预算管理与绩效考评联动机制,以考核为抓手,促进年度预算目标的实现。

(4)加强预算过程控制,发挥预算导向作用。

A集团按季度对预算指标进行滚动,动态监测预算执行进度,及时发现预算偏差,分析偏差原因并采取相应的解决措施,确保年度预算目标的实现。

3.3.9 加强资金管理,严控资金风险

(1)实施资金集中管理,提升资金运营效率。

A集团通过与金融机构的合作,建立了集团资金管理系统,目前已经实现了对集团下属所有全资、控股公司的非受限银行账户、资金流动的动态监测管理,对所有全资公司的资金实现了每日定时上收,按日预算需求审批下拨,对控股公司非受限资金按集团需求上收下拨,集团资金集中度超过90%。在此基础上,进一步推进集团日常闲置资金规划安排,在董事会授权范围内,适度扩大资金运营规模,优化资金运营模式,充分发挥规模效应,提高资金运营效益,使集团资金运营收益连续几年实现稳定增长。

(2)积极开展资金池、票据池业务,优化资金管理模式。

在"管好钱、理好财"的同时,A集团利用资金池开展集团内部短期融资,方式和经验日趋成熟,能够有效解决下属全资公司短期流动资金需求,降低外部融资成本,保障集团各层级企业经营发展资金需求,有效解决"存贷双高"问题。

(3)推进司库体系建设,提高集团层面资金集中管控能力。

统一资金结算方式,所有资金支付均由集团资金管理平台支付;将资金监控、票据管理、债务融资管理、融资担保管理等功能纳入集团资金管理平台,及时监控各公司的资金动态及票据、融资、担保情况,切实防范资金舞弊风险、资金合规性风险。

3.3.10 加快财务职能转型

(1)完善内部报表管理,满足集团管理要求。

围绕企业战略目标和年度经营计划,建立与经营考核协同一致的内部管理报表体系,并从内容、结构、形式上不断优化。在财务管理系统中设置一整套内部管理报表,通过建立管理树形结构、内置取数规则,实现大部分管理数据的自动化抓取,提高内部管理报表的编制效率。

(2)推进业财分析管理,延伸财务管理触角。

基于业务财务一体化数据分析,加强财务服务和对前端趋势的预研预判;积极参与重大决策,初步建立决策支持体系,主动、及时提出财务专业性、建设性意见。

(3)丰富指标体系,科学监控经营情况。

充分结合集团经营发展特点,初步建立"五维"财务分析指标体系,即盈利能力、营运能力、偿债能力、发展能力以及绩效指标五大维度,打破传统以财务数据作为主导的指标体系,吸收各类表外因素作为"五维"财务分析指标体系的组成部分;同比期间延伸至近三年,建立三年同期对比分析模式,最大程度地将客观因素

摒除,通过三年数据趋势判断财务指标质量;区分集团内不同业务特点,探索差异化指标分析体系;建立集团定期财务经营分析机制,科学监控和分析集团整体和各部门的财务经营情况,挖掘指标背后的逻辑关系与问题,实现分析主体层级化、分析视角多维化、分析颗粒精细化、分析结果及时化。

3.4　取得的成效

经过三年的改革,A集团的财务管理改革取得了较大的成效,具体表现在以下方面。

3.4.1　组织架构优化

(1)明确职责分工。通过改革,A集团对财务管理部门的职责进行了重新梳理,确保每个部门和岗位的职责清晰,避免职责重叠或缺失。

(2)强化内部协调。组织架构的改革加强了不同部门之间的协调和合作,促进了信息流通和资源共享,提高了整个集团的运作效率。

(3)加强垂直管理。A集团通过委派财务负责人到主要子公司,并建立财务负责人例会制度,加强了对子公司的垂直管理,提高了集团对下属公司的财务管控力度。

(4)提升管理效能。通过设立综合管理室、会计核算室、资金管理室和财务信息室等内设部门,A集团提升了财务管理的专业化和系统化水平。并且,优化后的组织架构缩短了决策流程,提高了决策效率,使得财务管理决策能够更快地响应市场和业务需求。

(5)推动下级财务机构改革。A集团鼓励或指导下属子公司根据集团的财务管理理念和制度,进行相应的组织架构调整,以实现集团内部管理的一致性和协同性。

(6)促进人才发展和流动。组织架构的优化伴随着人才发展计划和岗位流动机制的建立,促进了财务人才的培养和合理配置。

这些改革成果有助于A集团建立起一个更加高效、透明、响应迅速的财务管理体系,为集团的持续发展和市场竞争力提供了坚实的组织保障。

3.4.2　制度建设完善

A集团制定和修订了一系列财务管理制度,增强了制度的执行力,规范了财务行为,提高了会计政策的一致性和会计处理的标准性。

(1)建立了较为健全的制度体系。经过三年的探索,A集团建立了一套相对完整的财务管理制度体系,涵盖了会计核算、资金管理、预算管理、成本控制、风险管理等多个方面。制度的完善使得 A 集团的会计政策和会计处理方式更加规范和统一,减少了会计信息的不一致性,提高了会计信息的可靠性。

(2)制度执行力度加强。通过加强制度的宣贯和培训,A 集团提高了员工对制度的认识和理解,增强了制度的执行力。

(3)内部控制强化。A 集团通过制度建设加强了内部控制,明确了关键控制点和控制措施,提高了风险防范能力。

(4)监督机制落实。随着制度的完善,监督机制也得到了落实,通过定期的审计和检查,确保制度得到有效执行。

(5)透明度提升。通过制度的公开和透明,A 集团提高了财务管理的透明度,增强了利益相关者的信任度。

(6)合规性增强。完善的制度有助于确保 A 集团的财务管理活动符合国家法律法规和行业标准,降低了合规风险。

(7)流程优化。制度的完善也引导着流程的优化,简化了不必要的步骤,提高了财务管理的效率。

(8)决策支持。制度的完善为管理层提供了更加准确和及时的财务信息,支持更加科学和合理的决策。

通过制度建设的完善,A 集团不仅提高了财务管理的专业性和规范性,而且为集团的稳健运营和可持续发展奠定了坚实的基础。

3.4.3 信息化和数字化水平得到较大提升

通过加强财务信息化和数字化建设,A 集团初步实现了财务系统与业务系统的对接,提高了报销流程和账务处理的效率。

(1)系统集成。A 集团初步实现了财务系统与业务系统的有效对接,消除了信息孤岛,实现了数据的无缝流动。

(2)自动化流程。通过自动化技术,A 集团简化了报销流程和账务处理,减少了人工操作,降低了错误率。

(3)实时数据处理。信息化建设使 A 集团能够实时处理和分析财务数据,提高了决策的时效性和准确性。

(4)数据分析能力提升。通过数字化工具,A 集团加强了对财务数据的分析能力,能够更深入地洞察业务运营和财务状况。

(5)决策支持系统。A 集团利用先进的信息技术建立了决策支持系统,为管理层提供了更加丰富和直观的决策依据。

(6)成本控制。通过信息化手段,A 集团能够更有效地控制运营成本,提高了资源配置效率。

这些成效的取得,不仅提高了A集团的财务管理效率和质量,而且为集团的长远发展提供了强有力的技术支撑。

3.4.4 业财融合深化

通过业财一体化信息系统的建设,A集团实现了业务流程、财务流程和管理流程的有机融合,促进了财务与业务数据的整合。

(1)流程优化。通过业财一体化信息系统,A集团实现了业务流程和财务流程的优化,减少了冗余步骤,提高了工作效率。

(2)数据一致性。信息系统的建设确保了业务数据和财务数据的一致性,减少了数据差异和对账的工作量。

(3)决策支持。A集团构建了业财融合的财务报告分析体系,提高了财务决策支持能力,使财务管理更加科学和精准,能够为管理层提供更加全面和及时的信息,支持了基于数据的决策制定。

(4)成本管理。通过业财一体化,A集团可以更有效地管理成本,实现了成本的实时跟踪和控制。

(5)客户和供应商管理。业财融合改善了客户和供应商的管理,通过集成的信息系统,提高了与外部合作伙伴的协同效率。

通过业财融合,A集团不仅提高了运营效率和决策质量,而且加强了对企业整体运营的控制和优化。

3.4.5 人才队伍建设加强

A集团建立了分层次、分类别的财会人才培养与选拔机制,提高了财务团队的专业能力和综合素质。

(1)专业能力提升。通过系统的培训和发展计划,A集团的财务团队在专业知识和技能方面得到了显著提升。

(2)人才梯队建设。经过三年的打造,A集团建立了不同层级的人才培养体系,确保了从初级到高级各个层级都有足够的人才储备。

(3)选拔机制优化。通过科学合理的选拔机制,A集团能够更有效地识别和选拔具有潜力的财务人才。

(4)多元化培训。A集团实施了包括内部培训、外部培训、在线课程、研讨会等多元化的培训方式,以满足不同员工的学习需求。

(5)岗位轮换制度。A集团实行岗位轮换制度,让财务人员有机会接触不同的工作内容和挑战,促进了综合能力的提升。

（6）团队协作能力强化。通过团队建设活动和协作项目，A 集团加强了财务团队的协作能力和团队精神。

这些成果表明，A 集团的财务团队不仅在专业技能上得到了提升，而且在综合素质、团队协作、创新能力和领导力等方面也得到了全面发展，为公司的稳健运营和持续发展提供了坚实的人才支持。

3.4.6 会计核算基础夯实

A 集团统一了核算标准，加强了会计科目管理，提高了会计信息的准确性和可靠性。

（1）统一核算标准。A 集团制定了一套统一的会计核算标准，确保了不同子公司和部门在会计处理上的一致性。

（2）优化会计科目体系。A 集团对会计科目体系进行了梳理和优化，确保了科目设置的合理性和适用性，满足了业务和管理的需要。并且，A 集团实现了对一级至三级会计科目的集团统一管理，提高了科目使用的规范性和控制力。

（3）编制会计核算手册。A 集团编制并发布了会计核算手册，对收入确认要件及记账规则进行了规范，统一了收入确认方法。

（4）提升自动化核算能力。A 集团通过信息系统的建设，提高了会计核算的自动化水平，减少了人工操作错误。

（5）规范信息披露。A 集团规范了会计信息的披露流程，提高了信息披露的透明度和合规性。

这些成果表明，A 集团不仅提高了会计核算的准确性和可靠性，而且为整个财务管理体系的稳健运行和企业的长期发展打下了坚实的基础。

3.4.7 全面预算管理优化

A 集团完善了预算管理制度，建立了全面预算管理体系，优化了资源配置，提高了预算的执行效率和效果。

（1）制度完善。A 集团制定了一套全面的预算管理制度，明确了预算管理的原则、流程和责任。

（2）组织架构建立。A 集团建立了专门的预算管理组织架构，包括领导小组和预算管理办公室，确保预算管理工作的顺利进行。

（3）流程规范化。规范了预算编制、审批、执行、监控和调整的流程，提高了预算管理的系统性和规范性。

（4）主体责任强化。明确了各级管理层和部门在预算管理中的主体责任，增强了预算执行的责任感和主动性。

（5）资源配置优化。通过预算管理，A集团实现了对资源的合理配置，确保了资源的有效利用和优化分配。

（6）预算执行监控。建立了预算执行的监控机制，通过定期的预算执行分析，及时发现偏差并采取调整措施。

（7）预算与绩效挂钩。A集团将预算管理与绩效考核相结合，通过考核激励机制，提高了员工执行预算的积极性。

（8）预算透明度提高。增强了预算管理的透明度，使得各级管理层和员工都能够清晰地了解预算情况。

（9）预算分析能力提升。通过加强预算分析，A集团能够更深入地了解预算执行情况，为决策提供支持。

（10）战略目标对接。通过全面预算管理体系，确保预算管理与企业战略目标紧密对接，使预算成为实现战略目标的重要工具，提高了整体运营效率。

这些成果表明，A集团的全面预算管理不仅提高了预算编制和执行的效率，而且增强了预算对企业战略实施和资源配置的支撑作用，为企业的稳健发展和市场竞争力的提升提供了有力保障。

3.4.8　资金管理得到加强

通过资金集中管理和资金池、票据池业务的开展，A集团提升了资金运营效率，降低了资金风险。

（1）资金集中管理。A集团初步建立了集团资金管理系统，实现了对下属公司资金的集中监控和管理，提高了资金使用效率。

（2）动态资金监控。通过资金管理系统，A集团实现了对资金流动的实时监控，能够及时发现并处理资金使用中的异常情况。

（3）资金池业务。利用资金池，A集团优化了内部资金配置，平衡了不同子公司的资金需求和盈余，降低了整体资金成本。

（4）票据池管理。通过票据池业务，A集团加强了对商业票据的管理，提高了票据的使用效率和流通性。

（5）资金调度优化。A集团实现了对资金的高效调度，确保资金在需要时能够及时到位，支持业务发展。

（6）融资成本降低。通过内部资金的优化配置，A集团减少了对外部融资的依赖，从而降低了融资成本。

（7）资金运营收益提升。通过资金集中管理和资金池、票据池业务，A集团提高了资金运营的收益，增强了资金的盈利能力。

这些成果表明，A集团财务部门不仅提升了资金运营的效率和效果，而且加强了对资金风险的控制,为集团的财务稳定和业务发展提供了坚实的资金保障。

3.4.9 风险控制能力提高

A集团建立了与公司治理架构及管控要求相适应的财务内控体系,提高了风险识别、预警和处置能力。

(1)建立内控体系。A集团初步建立了一套与公司治理架构和管控要求相适应的财务内控体系,明确了内控的目标、原则和方法。

(2)制定风险管理策略。根据企业战略和业务特点,A集团制定了全面的风险管理策略,涵盖市场风险、信用风险、操作风险等各类风险。

(3)建立风险识别机制。通过内控体系,A集团提高了对潜在风险的识别能力,能够及时发现风险信号并进行评估。

(4)建立风险评估体系。A集团建立了系统的风险评估体系,定期对企业面临的风险进行评估,确定风险等级和影响程度。

(5)开发风险预警系统。A集团开发了风险预警系统,通过设置风险阈值和指标,初步实现对风险的实时监控和预警。

(6)明确风险处置流程。A集团明确了风险处置的流程和措施,确保一旦发现风险能够迅速有效地进行应对。

(7)制订应急预案。针对可能的风险事件,A集团制订了相应的应急预案,确保在风险发生时能够迅速响应。

(8)建立风险报告机制。A集团建立了风险报告机制,定期向管理层报告风险管理情况,为决策提供支持。

(9)强化内部审计。A集团加强了内部审计工作,通过审计发现内控缺陷和风险点,提出改进建议。

这些成果表明,A集团不仅提高了风险的识别、预警和处置能力,而且加强了对企业整体风险的控制,为企业的稳健运营和可持续发展提供了保障。

3.4.10 财务职能作用显著提高

A集团初步实现了财务职能从核算型向管理型和战略支持型的转型,增强了财务在企业战略决策中的作用。

(1)战略参与度提升。财务部门在A集团战略规划和决策过程中的参与度显著提高,能够提供财务视角的专业建议。

(2)管理会计应用。A集团加强了管理会计的应用,利用预算管理、成本控制、绩效评估等工具来支持管理决策。

(3)决策支持加强。财务部门通过提供及时、准确的财务数据和深入的财务分析,增强了对企业决策的支持能力。

(4)业务伙伴关系建立。财务职能转型促进了财务部门与业务部门之间的紧密合作,建立了业务伙伴关系。

(5)风险管理整合。财务部门在企业风险管理中扮演了更加核心的角色,整合了财务风险和其他业务风险的管理。

(6)技术应用创新。随着财务职能的转型,A集团加大了对新兴技术如大数据分析、云计算、人工智能等的应用,以提高财务工作效率和质量。

(7)价值创造导向确立。财务职能的转型,使得财务部门更加注重价值创造,通过各种财务管理活动直接或间接地为企业增加价值。

以上成效的取得,标志着A集团在财务管理方面的改革取得了实质性进展,为企业的持续健康发展奠定了坚实的基础。

3.5 案例简评与探索思考

3.5.1 案例简评

A集团的财务管理改革案例展示了一家成熟企业如何通过战略性转型实现财务管理的现代化。自1994年成立以来,A集团从一个小规模的电子玩具制造商发展成为国内外市场的重要参与者,并获得"中国企业500强"的荣誉称号。然而,随着业务的快速扩张,A集团的财务管理体系面临诸多挑战,包括会计核算基础薄弱、财务分析能力不足、预算管理不规范和财务信息化建设滞后等问题。

2019年初,新的管理层组建后,迅速采取行动,引进优秀的财务管理团队,以"战略规划+运营管控+统一领导+分级管理"的管理理念为指导,实施了一系列改革措施。这些措施涵盖了组织架构的优化、财务管理制度的完善、财务信息化和数字化水平的提升、业财融合的深化、人才队伍的加强、会计核算基础的夯实、全面预算管理的优化、资金管理的加强以及风险控制能力的提高。

通过这些改革,A集团不仅解决了财务管理中存在的问题,还建立了一个以战略型和价值型为导向的财务管理体系,显著提高了财务职能在企业战略决策中的作用。这些成效的取得,得益于A集团管理层的远见卓识和坚定决心,以及对财务管理重要性的深刻认识。A集团的案例为其他企业提供了宝贵的经验,即在快速变化的市场环境中,企业必须不断审视和优化其财务管理体系,以支持企业的持续发展和竞争力的提升。

3.5.2 探索思考

(1)A集团在财务管理改革中提出了"战略规划+运营管控+统一领导–分级管

理”的管理理念。请讨论这种管理理念如何帮助 A 集团实现财务管理的战略性和价值性。

（2）A 集团在财务管理改革中强调了财务信息化和数字化的重要性。请讨论信息化和数字化如何提升财务管理的效率和质量。

（3）A 集团在改革中提到了业财融合的重要性。请探讨业财融合如何促进企业的整体运营效率和决策质量。

（4）A 集团通过财务管理改革，人才队伍建设被提到了重要位置。请讨论如何通过人才队伍建设加强财务管理的专业能力和综合素质。

（5）请讨论 A 集团在财务管理改革中如何通过全面预算管理优化资源配置。

4 B公司支持价值创造的财务战略与财务规划创新

4.1 案例背景

B公司于2008年6月由我国制造业两大著名企业集团联合组建而成,注册资本200亿元,总资产高达2 600多亿元,公司员工12万人,海外员工1.2万余人,是全国制造业规模较大的上市公司之一,拥有控股公司和参股公司累计13个。B公司2018年荣登《财富》世界500强。近年来,B公司通过技术、管理、服务等一系列创新,在价值创造方面取得了很好的成绩,赢得了亚投行总部、雄安新区市民管理中心等多个国家重点项目。

B公司的成功因素是多方面的,本案例仅介绍B公司财务战略与财务规划的创新及其取得的成效。

4.2 创新实践做法

B公司是一个拥有国际化品牌的制造企业,其所处的行业从2016年开始,就由增量阶段转变为存量阶段,为实现公司高质量发展,B公司创新制定了与战略和资源能力匹配的财务策略。

4.2.1 增长战略与长期规划

B公司的增长战略与长期规划体现了一种全面且审慎的增长管理方法,其核心要点包括:

(1)稳健增长:B公司追求的是一种稳健的增长方式,避免过度扩张带来的风险,确保增长的可持续性。

(2)高质量增长:B公司强调销售增长必须伴随着盈利和经营净现金流的增长,确保收入的增长是有质量的,而不仅仅是数量上的增加。

(3)内涵式增长:B公司注重销量的内涵增长率,即不仅仅追求销量的绝对数值增加,更注重增长的效率和效益,以及市场占有率的提升。

(4)现有产业强化:在保持现有产业竞争力的同时,逐步提升市场占有率,并通过提高效率和优化成本结构来增强盈利能力。

(5)多元化战略:通过投资新产业实现业务的多元化,这不仅能够分散风险,还能为公司带来新的增长点,实现动能转换。

(6)财务支持:在增长战略的实施过程中,B公司利用财务数据和分析来支持决策,如使用基于杜邦分析体系的希金斯可持续增长模型,来评估盈利能力、资产效率和股利政策等因素对可持续增长率的影响。

4.2.2 盈利战略与规划

B公司的盈利战略与规划反映了一种以提升核心竞争力和盈利效率为目标的财务管理方法。该战略规划的关键是:

(1)稳定增长基础:B公司的盈利策略建立在销售稳定增长的基础上,追求的是一种可持续的盈利模式。

(2)主业盈利能力提升:B公司专注于提高主营业务的盈利能力,涉及成本控制、产品定价策略、市场定位和产品创新等方面。

(3)资金的有效配置:将营业产生的剩余资金优先用于产业投资,而不是短期的股利分配,以实现更高的投资回报率。

(4)竞争性盈利目标:设定净利润增长率目标,使之至少不低于主要竞争对手的平均水平,确保公司在行业中保持竞争力。

(5)战略管理利润表模型:在传统利润表的基础上,B公司创新构建了战略管理利润表模型,更深入地分析经营和金融活动的盈利情况。

(6)多维度盈利分析:通过"五维度"盈利分析系统,B公司能够对不同单位、业务、产品、市场和区域五个维度的盈利能力进行细致的动态分析。

(7)盈利质量和结构优化:不仅关注盈利的数量,更注重盈利的质量,通过分析和决策支持,优化盈利结构。

(8)战略经营决策支持:盈利分析的结果用于支持公司的战略经营决策,帮助公司在资源配置上做出更合理的选择。

4.2.3 投资战略与资本性支出规划

B公司的投资战略与资本性支出规划体现了一种审慎且具有前瞻性的财务管理方法,旨在确保公司的长期增长和市场竞争力。

(1)匹配整体战略:B公司实行与整体战略和资源能力相匹配的投资战略,确保投资决策与公司目标和资源能力相匹配。

（2）聚焦主业：公司专注于对主业的产业投资，通过专业化和相关多元化发展策略，增强核心竞争力。

（3）提升投资回报率：通过精心选择和管理投资项目，提高投资的效益，增加投资回报率。

（4）风险管理：通过多元化投资和审慎的资本预算，降低单一投资项目的风险。

（5）资本预算匹配：B公司坚持资本预算与投资需求相匹配，优先使用政府补贴和自有资金，减少对外部融资的依赖。

（6）滚动调整的支出规划：B公司制定了未来三年的资本性支出规划，规划涵盖并购整合、工厂新建搬迁扩建、技术改造等相关内容，并根据内外部环境的变化进行年度滚动调整。

（7）明确的规划要素：规划中明确了投资项目、资金来源、支出预算、时间和目标等要素，为公司提供清晰的投资路线图。

（8）财务分析支持：财务部门通过深入了解业务需求和投资项目特点，建立投资测算模型，为投资决策提供科学的财务分析，包括现金流预测、企业估值、投资回报率分析等。

（9）决策模型创新：通过创新的投资测算模型，B公司能够更准确地评估投资项目的潜在价值和风险。

4.2.4　营运资金战略与规划

B公司的营运资金战略与规划展现了一种旨在优化现金流和资本效率的管理方法。

（1）积极的管理策略：B公司采取积极的营运资金管理，以提高资金使用效率和减少不必要的资金占用。

（2）最小化资金占用：通过有效管理应收账款和存货，B公司力求资金占用最小化，释放更多资金用于价值创造活动。

（3）有效利用无息负债：B公司有效利用经营性流动负债，如应付账款等，以无息或低成本的方式增加运营灵活性，将更多的资金用于创造价值的投资与经营活动，获得最大的收益。

（4）增长与效率目标结合：B公司将营运资金管理与增长目标和营运效率目标相结合，确保资金规划与公司整体战略一致。

（5）动态测算与规划：根据业务增长和市场变化，B公司动态测算营运资金需求，及时调整资金计划。

（6）业务人员共同参与：营运资金管理不仅是财务部门的职责，还需要业务部门的共同参与，以确保资金规划与业务实际需求相匹配。

4.2.5 收益分配战略与规划

B公司的收益分配战略与规划反映了一种旨在平衡投资者回报和公司长期发展需求的财务管理方法。

(1)稳定的现金股利政策。B公司采取稳定的现金股利分配政策,这有助于建立投资者对公司的信心,并在资本市场上塑造良好的财务形象。

(2)股利分配通常基于净利润的一定比例,这一方面有利于公司在资本市场塑造良好的财务形象,给投资者以稳定合理的回报,促进公司股价与市值提升;另一方面公司保留一定的利润作为内部资金的来源,促进可持续发展。

(3)盈利规划与股利分配相结合。B公司根据盈利规划和预计的股利分配比例,进行详细的股利分配规划。通过测算和规划,公司确保有足够的资金满足股利分配的需求,避免资金短缺对股利政策造成影响。

(4)增强市场竞争力。通过合理的股利政策,B公司增强了在资本市场的吸引力,提高了市场竞争力,维护公司的声誉,吸引更多的投资者关注和投资。

通过这种综合性的收益分配战略与规划,B公司能够在确保投资者得到稳定回报的同时,也为公司的长期发展和市场地位的提升提供了支持。

4.2.6 融资战略与规划

B公司的融资战略与规划是一种以稳健性和前瞻性为核心的财务规划方法,旨在确保公司在满足当前及未来资金需求的同时,保持财务的灵活性和稳定性。

(1)融资战略与发展战略相匹配。B公司实行与发展战略相匹配的稳健的融资策略,确保融资活动支持公司的业务目标和扩张计划。

(2)自有资金优先。B公司优先使用自有资金进行投资和经营活动,这有助于降低外部融资成本和减少风险。

(3)现金流预测。通过预测未来三年的经营和投资活动现金流,B公司能够更好地规划和管理资金流动。

(4)制定融资规划。B公司通过将预测资金结余与最低资金需求进行比较,测算融资需求;根据融资需求,B公司制定详细的融资规划,包括融资的时间、规模、成本和结构。

(5)灵活性与稳定性。融资规划注重灵活性,以适应市场变化,同时确保公司在不同经济环境下的财务稳定性。

(6)资本结构优化。通过融资活动,B公司寻求优化资本结构,平衡债务和股权比例,提高资本效率。

通过这种综合性的融资战略与规划,B公司能够在确保资金安全和财务稳健的基础上,支持公司的持续发展和市场竞争力。

4.2.7　现金流量管理策略与规划

B公司的现金流量管理策略与规划是一种以现金流为核心的财务规划方法,强调现金流的健康对企业增长和盈利质量的重要性。

(1)现金流支持增长。B公司要求销售和利润增长必须由经营净现金流的增长来支撑,确保增长的可持续性。

(2)提升盈利质量。通过优化现金流,B公司致力于提高收入和盈利的质量,避免过度依赖账面利润。

(3)现金流量表创新。在传统现金流量表的基础上,B公司创新构建了战略管理现金流量表规划分析模型。

(4)经营活动现金流分析。分析经营净利润和营运资金效率对经营活动净现金流量的贡献,确保增长和盈利有现金流的实际支撑。

(5)自由现金流量测算。根据经营活动净现金流量与资本性支出,测算企业的自由现金流量,通过自由现金流量分析,促进公司优化投资决策,确保投资活动与现金流状况相匹配。

(6)统筹规划现金流。根据增长规划、盈利规划和营运资金规划等,编制经营活动现金流规划,确保现金流的合理分配和使用。

(7)投资活动现金流规划。根据资本性支出规划,编制投资活动现金流规划,以支持公司的资本支出和投资需求。

(8)筹资活动现金流规划。根据融资规划和分配规划,编制筹资活动现金流规划,以满足公司的融资需求和股利分配计划。

(9)未来现金流预测。对公司未来三年的现金流进行预测,包括经营、投资和筹资活动,为公司的长期发展提供财务支持。

4.2.8　资本结构策略与规划

B公司的资本结构策略与规划体现了一种旨在优化财务杠杆和资本效率的财务管理方法。

(1)创建战略管理资产负债表。B公司在传统资产负债表的基础上,创新构建了战略管理资产负债表规划分析模型,以更好地理解公司的财务状况。

(2)区分资产与负债类型。明确区分经营资产与金融资产、经营负债与金融负债,以更精确地管理和配置资源。

(3)财务分析。分析经营资金周转效率、营运资金效率、经营负债杠杆、金融负债杠杆等,促进公司优化资本结构与资产结构,提升资产效率与价值创造能力。

（4）未来规划。B公司对未来的资产负债结构、资本结构与资源配置情况进行统筹规划：一方面为达成公司战略目标提供充足、低成本的财务资源支持；另一方面为保持稳健合理的资本结构，提升财务资源配置能力，促进企业可持续发展。

4.3　取得的成效

B公司实行创新财务战略与财务规划取得了以下成效：

（1）实行与公司战略相匹配的投融资策略，低成本筹集资金，促进公司快速发展。在扩张发展阶段，B公司合理利用资本市场融资，通过增发股票与发行可转债等举措，有力支持公司收购兼并重大投资项目，促进公司快速扩张与发展。

（2）支撑公司战略，促进公司持续增长，提升盈利能力与市场竞争力。财务为公司提供有力的财务战略、财务规划、财务决策与财务资源支持，促进公司价值创造与业绩提升。

B公司2021年营业收入比2018年增长49%，利润总额比2018年增长116%，持续做优做强。

（3）营运资金效率行业领先，加快资金周转。通过营运资金管理模式创新，B公司的现金周期由2018年的165天降为2021年的45天，加快了资金周转速度，节约了资金成本。

（4）资金管理增值，提升财务的盈利贡献。通过一系列资金管理增值举措，2021年公司资金增值收益为6.6亿元，占利润总额的15%，财务系统为公司盈利提升做出重要贡献。

（5）实行稳健的资本结构，支持可持续发展。公司盈利能力和留存收益稳定提升，具有充足的自有资金，能有力支持公司的投资与发展需求；公司财务杠杆低，有利于促进公司稳健经营与可持续发展。

4.4　案例简评与探索思考

4.4.1　案例简评

B公司的案例是一个财务战略与规划创新在支持企业价值创造中发挥关键作用的典范。自2008年成立以来，B公司通过技术、管理和服务创新，在激烈的市场竞争中取得了显著的价值创造成果，尤其在赢得国家重点项目方面表现突出。

面对行业从增量向存量的转变，B公司采取了一系列创新的财务策略和规划，以实现高质量发展。这些策略包括稳健的增长规划、盈利能力的提升、精准的投资决策、积极的营运资金管理和资本结构优化。公司财务部门基于杜邦分析和希金斯模型,创新构建了可持续增长分析模型,为增长策略和资源配置提供决策支持。

B公司的盈利战略着重于提升主业盈利能力,并通过战略管理利润表模型,深入分析盈利来源,优化盈利结构。

在投资战略上,公司聚焦主业,通过专业化和多元化发展策略,有效降低投资风险,同时确保资金来源与投资需求的匹配。

在营运资金管理方面,B公司通过减少资金占用和有效利用无息负债,提升了资金使用效率。

在收益分配上,公司采取稳定的现金股利政策,平衡了投资者回报和内部资金需求。

在融资战略上,B公司优先使用自有资金,并通过精准的融资规划,保持了稳健的资本结构。

在现金流量管理策略上,B公司注重经营活动现金流的增长,通过创新的现金流量表规划分析模型,提升了现金流量管理水平。

在资本结构和资产负债规划上,公司通过战略管理资产负债表规划分析模型,优化了资本和资产结构。

成效方面,B公司通过与战略相匹配的投融资策略,有效促进了公司的快速发展。财务战略和规划的有力支持,促进了公司盈利能力和市场竞争力的持续提升,营运资金效率的显著提高,资金周转速度的加快,以及资金管理增值举措的实施,均为公司节约了成本,提升了盈利能力。

总体来看,B公司的案例表明,财务战略与规划的创新是企业适应市场变化、实现可持续发展的重要手段。通过财务部门的积极作为,B公司不仅优化了资源配置,还显著提升了企业的价值创造能力。

4.4.2　探索思考

(1)B公司在增长战略中强调了"高质量增长"的概念,请思考这一概念在B公司的财务规划中是如何体现的,并解释其对公司长期发展的重要性。

(2)B公司在盈利战略中提到了"多维度盈利分析"方法,请思考如何通过这种分析方法帮助B公司优化盈利结构和提升盈利质量。

(3)B公司在投资战略中实行了与整体战略和资源能力相匹配的投资战略,请思考这种匹配是如何影响公司的资本性支出规划和投资回报率的。

(4)B公司在营运资金战略中采取了积极的管理策略,请思考这种策略如何帮助B公司提高资金使用效率和减少资金占用。

(5)B公司在收益分配战略中采取了稳定的现金股利政策,请思考实施这一政策时如何平衡投资者回报和公司长期发展的需求。

5 业财融合模式下C集团全面预算管理数字化转型成功之路

5.1 案例背景

5.1.1 集团公司基本情况

C集团是由国资委直接监管的中央骨干能源企业,成立于2017年,该集团是集央企联合重组、国有公司治理示范企业、国资资本投资改革、创建世界一流示范企业四个试点于一身的综合型大型能源央企。

C集团的业务范围涵盖煤炭、电力、运输、化工、金融、科技环保等全产业链,拥有3 000余家基层生产单位,其中包括21家科技企业、2家A+H上市公司、5家A股上市公司、14家科研院所。集团的产业分布在全国31个省市以及10多个境外国家,拥有全球规模最大的火力发电公司、煤炭生产公司、煤制油煤化工公司和风力发电公司四个世界之最。

在财务方面,C集团的全面预算管理工作由集团总部财务部统筹安排,由预算处直接负责。集团在财务部的领导下,于2020年前后实施"136"发展战略①,贯彻"41663"总体工作方针②,提出"14355"财务发展目标框架(图5-1),开展财务数智化转型提升专项行动,以构建世界一流的综合能源集团财务管理体系为终极目标。

---

① "136"发展战略中的"1"指的是一个目标,即全面建设世界一流清洁低碳能源科技领军企业和一流国有资本投资公司;"3"指的是三个作用,即发挥科技创新、产业控制、安全支撑三个作用;"6"指的是六个担当,即担当能源基石、担当转型主力、担当创新先锋、担当经济标兵、担当改革中坚、担当党建示范。

② "41663"总体工作方针中的"4"指的是"四保",即实施以煤炭保能源安全、以煤电保电力稳定、以多元快速保可再生能源规模化发展、以一体化数字化保公司综合实力提升;"1"指的是"一大",即全力推进重大项目建设;第一个"6"指的是"六个到位",即做好凝心聚力铸魂、安全责任落实、供保责任履行、提质增效深化、重大项目推进、发展环境营造;第二个"6"指的是"六个突出抓实",即做到安全环保、能源保供、提质增效、可持续发展、世界一流企业建设、全面从严治党;"3"指的是"三支队伍",即建设"优秀专家、大国工匠、青年人才"三支队伍,大力弘扬企业家精神。"41663"对C集团建设世界一流企业提出了更加细化的要求和举措。

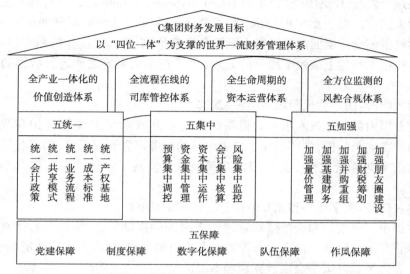

图 5-1　C 集团"14355"财务发展目标框架

作为世界前 100 强的大型央企,C 集团积极响应国家双碳战略和央企高质量发展改革的双重使命,推进传统产业与数字技术、能源技术的深度融合创新,秉持"数字驱动转型发展、智慧引领国家能源"的发展理念,落实"四保一大"①的发展路径,推动数字革命与能源革命,夯实数据基础,发挥数据价值,开启经济稳健增长和社会可持续发展新篇章。

集团面临的挑战包括推进数字化转型升级、深化改革提质增效的复杂性,以及需要更高维度和更细颗粒度的数据整合和分析能力,以满足经营决策对深层次数字价值的需求。

预算管理是企业实现战略目标、提高经营效益和风险控制能力的重要手段,是财务管理中最重要的工作环节。C 集团的全面预算管理系统经历了从基础的财务预算逐渐扩展到全面、集成、智能化、数字化管理体系的历程,为企业提供了有力的决策支持和风险控制,促进了企业的持续健康发展。

5.1.2　集团预算管理发展历程

C 集团全面预算管理系统的发展历程主要经历了四个阶段:

第一阶段:信息化阶段(2017—2019 年)。

---

①　"四保一大"指的是实施以煤炭保能源安全、以煤电保电力稳定、以多元快速保可再生能源规模化发展、以一体化数字化保公司综合实力提升,全力推进重大项目建设。

在这个阶段,C 集团使用 OHP(Oracle Hyperion Planning)预算管理系统软件来进行预算工作。由于重组的原因,集团在合并后执行了两套不同的标准和系统。这导致在集团合并层面需要进行大量的数据调整、汇总、核对、分析和考核工作,而这些工作很大程度上依赖于线下的 Excel 模板在不同系统之间进行数据的导入和导出。

第二阶段:国产替代阶段(2019—2020 年)。

随着国内数字化技术水平的提高和自主可控的需求,C 集团开始实践国产替代行动。在这个阶段,集团搭建了自主可控的财务预算管理系统,用以替换原有的 OHP 预算管理系统软件。此阶段的主要成就是实现了预算编制工作核心功能的国产化。

第三阶段:数字化转型 1.0 阶段(2020—2021 年)。

在国企深化改革和全面预算管理体系政策的推动下,C 集团开始认真贯彻落实预算管理的全面性。这个阶段需要业务人员的参与,初步尝试了业财融合,将财务预算管理系统升级为全面预算管理系统。

第四阶段:数字化转型 2.0 阶段(2022 年以后)。

2022 年 3 月,国务院国资委印发《关于中央企业加快建设世界一流财务管理体系的指导意见》,要求央企构建世界一流的全面预算管理体系,并创建新一代 ERP 系统,建立数据驱动型的管控体系。C 集团在这个阶段通过数字化与信创国产化相结合的转型模式,搭建了以多维数据技术为基础的全面预算数智化管理平台。这个平台从内核上实现了 OHP 预算管理系统的价值替代或升级,并在数字化 2.0 阶段持续创新与优化,实现了精细化管理,推动企业高质量发展。

由此可见,C 集团的全面预算管理系统发展历程体现了从依赖外部软件到建立自主可控系统的转变,从初步的信息化到深度的数字化转型的进步。这个过程不仅反映了信息技术的进步,也体现了 C 集团的管理理念和实践的不断创新和发展。

5.1.3　数字化转型前的预算管理状况

C 集团数字化转型前的预算管理状况指的是 2020 年前的情况。预算管理存在的主要问题表现在以下方面。

5.1.3.1　数据整合能力不足

(1)缺少集团级全面预算数据管理体系。C 集团尚未建立一个统一的集团级数据管理体系,这导致了全面预算管理在数据收集、整合和分析方面存在缺陷。这种分散的数据管理方式不利于形成集团层面的数据视角,影响了数据的全局性和整体性。

（2）数据质量不高。由于缺乏有效的数据管理和质量控制机制，C 集团的数据质量存在问题，这包括数据的准确性、完整性和一致性。数据质量问题会直接影响预算编制的准确性和预算执行的有效性。

（3）数据指标业财口径和管理颗粒度不统一。C 集团的业务部门和财务部门之间存在数据口径和管理颗粒度的差异，这导致了数据的不一致，增加了数据整合的难度。这种差异性阻碍了数据的有效流转和深度分析。

（4）数据间存在壁垒。信息孤岛现象在 C 集团内部普遍存在，不同系统和部门之间的数据共享机制不健全，导致数据壁垒。这些壁垒限制了数据的流动性和可用性，影响了数据的整合和应用。

（5）数据维度不支持多维组合应用。现有的预算管理系统数据维度单一，不支持多维数据的自由组合和深入分析，这限制了 C 集团在预算管理中进行多角度、多层次的数据分析和价值挖掘。

（6）数据获取和处理效率低下。由于数据源分散、数据处理流程繁琐，并且缺乏先进的数据分析工具，C 集团在数据获取和处理方面效率较低。

（7）数据应用能力不足。由于上述问题的存在，C 集团在数据应用方面能力不足，难以将数据转化为决策支持和价值创造的工具。

（8）数据安全和隐私保护问题。在数据整合的过程中，C 集团可能还面临着数据安全和隐私保护的挑战，需要确保在数据共享和整合过程中遵守相关法律法规。

5.1.3.2 预算管理与企业战略脱节

C 集团在数字化转型过程中遇到的第二个主要问题是预算管理与企业战略之间的脱节。这个问题的具体表现和影响如下：

（1）预算目标未与集团发展战略衔接。预算管理活动未能与企业的长期战略目标和中长期发展规划相对应，导致预算管理在支持企业战略实施方面的作用受限。

（2）缺乏战略导向的预算编制。预算编制过程中缺乏对企业战略方向的考虑，使得预算更多地反映短期财务目标而非长期战略需求。

（3）未形成预算管理闭环。预算管理的各个环节（如编制、执行、监控、分析和考核）之间缺乏有效的整合和衔接，导致预算管理不能形成有效的闭环，难以实现持续改进和战略调整。

5.1.3.3 预算管理流程繁琐

在数字化转型之前，C 集团的预算管理流程可能存在以下问题：

（1）多步骤审批流程。预算编制、审批和执行可能涉及多个层级和部门，需要经过繁琐的审批流程，这导致决策过程缓慢。

（2）手动数据处理。预算数据可能需要手动收集和处理，这不仅耗时耗力，而且容易出错,影响预算编制的准确性。

(3)缺乏自动化工具。缺少自动化工具来支持预算编制、监控和调整,导致预算管理工作依赖于传统的 Excel 表格和人工操作。

(4)信息孤岛。不同部门或系统之间的信息不互通,形成信息孤岛,使得预算数据的整合变得复杂和困难。

(5)更新和调整困难。预算一旦确定,更新和调整过程可能非常繁琐,需要重新走一遍完整的审批流程。

(6)沟通和协调不畅。部门间的沟通和协调可能存在障碍,导致预算编制和执行过程中的不一致和误解。

(7)缺乏实时监控。缺少实时监控预算执行情况的工具,使得管理层难以及时了解预算执行的实际情况。

(8)文档和报告繁重。需要准备大量的文档和报告来支持预算流程,这些文档和报告的准备工作繁琐且耗时。

5.1.3.4 预算编制方法不科学

C 集团在数字化转型过程中遇到的另一个问题是预算编制方法不科学,这个问题的具体表现和影响如下:

(1)过于依赖历史数据。预算编制过于依赖历史数据和经验,缺乏对市场趋势的预测和分析,导致预算无法准确反映市场变化和企业的实际需求。

(2)缺乏统一的预算编制模型。C 集团没有形成一套产业共性的、统一的、固定的、完善的预算编制模型。面对海量且无序的数据,以及复杂多变的不确定性,预算编制需要在变化中寻找规律,识别关键驱动因素,这需要借助数据整合和建模的数字化技术来构建多维预算模型,提高工作效率和预测的精准性。

(3)预算编制方法单一。C 集团的年度预算编制主要采用存增量模式,并结合年中一次性预算调整的方法。这种单一的预算编制方法忽视了不同产业的作业环节和过程,没有引入量价结构、业财融合等模型,导致预算编制结果可能不够准确。

(4)年度预算与月度预算孤立。C 集团的年度预算和月度预算之间缺乏有效的关联,仅在年中进行一次调整。这种做法缺乏灵活性,不能及时反映预算执行环境和预算主体能力的变化,可能导致预算编制的偏差率较大,预测不准确,预算管控难度增加,资源配置效率降低。

(5)数据驱动不足。预算编制过程中未能充分利用数据分析和预测工具,缺乏数据驱动的决策支持。

(6)缺乏滚动预算。缺少滚动预算机制,即预算编制通常是一次性的,而不是持续更新以反映最新的业务情况和市场变化。

(7)技术和工具应用不足。未能充分利用现代信息技术,如云计算、大数据分析等,来提高预算编制的效率和准确性。

5.1.3.5 预算执行管控力较弱

C 集团在数字化转型过程中还遇到预算执行管控力较弱的问题,这个问题的具体表现和影响如下:

(1)预算执行监控不足。缺乏有效的监控系统来跟踪预算的执行情况,导致无法及时发现和纠正偏差。

(2)预算调整机制不灵活。预算调整过程僵化,缺乏灵活性,不能迅速响应市场和业务变化。

(3)预算与实际脱节。预算执行与企业实际运营之间存在脱节,预算未能有效指导和控制实际支出。

(4)预算执行信息滞后。预算执行信息更新不及时,导致管理层无法做出基于最新数据的决策。

(5)预算执行责任不明确。预算执行的责任分配不明确,导致各部门在预算执行上的责任感不足。

(6)缺乏有效的激励和约束机制。没有建立起与预算执行紧密相关的激励和约束机制,缺乏对员工执行预算的激励。

5.1.3.6 预算分析能力不足

C 集团在数字化转型过程中遇到预算分析能力不足的问题,这个问题的具体表现和影响如下:

(1)数据分析工具不足。缺乏先进的数据分析工具和软件,导致无法对预算数据进行深入和多维度的分析。

(2)数据未能有效集成。预算管理系统未能与其他业务系统有效集成,导致数据孤岛现象,分析时难以获得全面的数据支持。

(3)预算分析方法落后。预算分析方法过于传统,主要依赖于静态的、历史的数据,缺乏动态和前瞻性的分析。

(4)预算分析人才缺乏。缺少专业的预算分析师,导致预算分析的深度和广度不足,难以为决策提供有力支持。

(5)预算分析周期长。预算分析周期过长,无法及时反映最新的业务和市场变化,影响了决策的时效性。

(6)预算分析结果应用不足。预算分析结果未能有效应用于战略决策和业务调整中,导致分析工作与实际业务脱节。

(7)风险预测能力弱。预算分析在风险预测方面的能力不足,难以及时发现潜在的财务和管理风险。

(8)缺乏多维数据分析。分析时缺乏对数据的多维考察,如时间、部门、项目等多个维度的交叉分析。

(9)技术应用与业务理解结合不足。技术和业务知识未能有效结合,导致预算分析无法深入业务运营的本质。

5.1.3.7 预算管理分散

(1)部门独立编制预算。各个部门在预算管理上各自为政,缺乏集团层面的统一规划和协调,导致资源分配不合理。

(2)技术与信息系统支持不足。预算管理系统功能不完善,无法满足数字化、精细化管理的需求。

(3)形成信息孤岛。信息化水平低,不同部门之间的信息系统互不联通,形成信息孤岛,难以实现数据共享和流程协同。

(4)预算执行不一致。由于缺乏统一的预算执行标准和监控机制,各部门在预算执行上的一致性差。

(5)预算调整和更新困难。分散的预算管理导致预算调整和更新过程繁琐,难以快速响应市场和业务变化。

(6)预算监控和分析不足。分散的管理方式使得对预算执行情况进行有效监控和深入分析变得困难。

(7)资源利用效率低。由于预算管理分散,资源无法在集团内部得到合理分配和充分利用。

(8)风险管理不足。分散的预算管理难以形成有效的风险控制机制,增加了企业的运营风险。

(9)中层预算意识薄弱。中层管理者对预算管理的认识不足,缺乏参与预算管理的主动性和责任感。

5.1.4 数字化转型的驱动因素

推动 C 集团进行预算管理数字化转型的驱动因素有外部和内部两个方面。

5.1.4.1 外部环境要求

C 集团预算管理数字化转型的驱动因素中,外部环境的要求起到关键作用。

(1)全球能源供需格局的变化。C 集团作为一家能源企业,其业务受到全球能源供需格局变化的影响。随着全球经济的发展和人口的增长,对能源的需求持续上升,导致能源供应的不稳定性增加。同时,能源价格的波动也给企业的运营带来不确定性。因此,C 集团需要通过数字化转型,提高能源利用效率,优化能源结构,以应对能源供需格局的变化。

(2)绿色低碳转型的压力。随着全球气候变化和环境问题日益严重,各国政府和社会公众对企业的环保责任提出了更高的要求。作为能源企业,C 集团需要承担更多的环保责任。通过数字化转型,C集团可以实现绿色低碳的生产和运营,以应对环保压力。例如,通过数字化技术优化生产流程,减少能源消耗和排放;通过数据分析优化供应链,降低碳排放等。

(3)数字化技术的快速发展。随着大数据、云计算、人工智能等数字化技术的快速发展,C集团面临着巨大的机遇和挑战。这些技术为企业提供了更高效、更智能的管理手段,但同时也要求企业进行相应的技术升级和人才培养。通过数字化转型,C集团可以利用这些先进技术提升管理水平和业务效率,以应对技术发展的挑战。

(4)行业竞争加剧。C集团所处的能源行业正面临日益激烈的竞争,新的市场参与者和替代能源的出现,要求公司必须通过预算管理转型来提高成本效益和运营效率,以维持竞争优势。

(5)客户需求变化。客户需求的不断演变,要求C集团能够灵活调整其产品和服务,预算管理转型有助于公司快速响应市场变化,满足客户需求。

(6)政策法规影响。新的政策法规,如环保标准和能源政策,对能源央企的运营提出了更高要求,预算管理转型有助于公司适应这些变化,确保合规并把握政策导向的机遇。

(7)宏观经济政策变动。宏观经济政策的变动,如税收改革、补贴政策等,直接影响公司的财务规划,预算管理转型有助于公司及时调整预算以适应政策变化。

(8)经济增长与金融市场的波动。经济增长的波动会影响能源需求,金融市场的波动会影响公司的融资成本和投资回报,C集团通过预算管理转型可以更好地预测和应对经济周期对业务的影响,帮助公司优化资本结构和投资决策。

这些外部因素共同构成了C集团预算管理数字化转型的重要推动力,促使公司必须采取相应措施,以适应外部环境的变化和要求。

5.1.4.2　内部管理要求

C集团在面对内部管理效率与决策需求提升的压力时,预算管理数字化转型成为一个关键的战略选择。通过预算管理数字化转型,可以更好地适应市场变化,提高资源配置效率,加快决策流程,并降低整体运营成本,从而增强企业的核心竞争力。

(1)公司的愿景、使命和长期发展战略需要。C集团的愿景、使命和长期发展战略需要通过有效的预算管理来实现,预算管理数字化转型有助于确保资源配置与公司愿景和使命相一致,为实现公司的长期发展战略提供持续的财务支持和风险控制。

(2)公司组织结构调整需要。C集团的组织结构调整需要预算管理转型来支持新的管理流程和业务流程。

（3）资源配置优化。通过数字化转型，C 集团可以更有效地配置资源，提高资产使用效率。一方面，C 集团的业务可能受到市场波动和季节性因素的影响，传统的静态预算难以适应这些变化。通过数字化转型，C 集团可以实现动态预算调整，根据实时数据和业务需求重新分配资源，确保资金和资源得到最优利用。另一方面，数字化预算管理可以帮助 C 集团更准确地评估投资项目的前景和风险，通过数据分析和预测模型，优化投资组合，提高资本支出的回报率。

（4）决策效率提升。传统的预算管理存在效率低下、错误率高和耗时过长的问题。数字化技术可以提供实时、准确的数据支持，缩短预算编制和审批周期，帮助管理层做出更快速、更精准的决策。一方面，通过预算管理系统的数字化，C 集团可以实时收集和分析财务数据，为管理层提供即时的预算执行情况报告，加快决策流程。另一方面，数字化预算管理平台可以减少信息孤岛，实现跨部门的信息共享和协作，确保预算编制和执行过程中的沟通顺畅，提高决策效率。

（5）成本控制需求。数字化转型有助于降低运营成本。一方面，数字化预算管理通过自动化预算编制、审批和监控流程，减少手动操作和重复工作，降低管理成本。另一方面通过实时监控预算执行情况，C 集团可以及时发现成本超支的风险，并采取措施进行调整，从而降低不必要的成本支出。

（6）内部控制与风险管理需要。预算管理转型有助于 C 集团更准确地分析财务状况，识别潜在的财务风险，帮助企业加强内部控制和风险管理，确保公司运营的稳健性。

5.2 预算管理数字化转型的实施步骤

C 集团预算管理数字化转型的实施步骤包括四个阶段：准备与规划阶段、设计与开发阶段、动员与实施阶段、评估与反馈阶段。

5.2.1 准备与规划阶段

准备与规划阶段是整个项目成功的基础。主要包括：成立专门团队、可行性研究、制定转型策略、开展需求分析、技术选型、组织结构调整、制定变革管理计划、获得高层支持等。

5.2.1.1 成立专门团队

（1）组建项目组。集团成立由跨部门成员组成的专门团队，包括财务、IT、业务部门等关键角色。

（2）分配角色和职责。明确项目组成员的角色、职责和期望成果。

5.2.1.2 开展可行性研究

(1)市场调研。研究当前市场上的预算管理软件和工具,了解行业趋势。

(2)内部评估。评估公司当前的预算管理流程、技术基础和潜在的改进空间。

5.2.1.3 制定转型策略

(1)愿景和目标。制定清晰的数字化转型愿景和具体目标。

(2)战略规划。基于愿景和目标,规划实现路径和关键战略。

5.2.1.4 开展需求分析

(1)收集需求。与预算管理的关键用户沟通,收集他们的需求和期望。

(2)分析需求。分析收集到的需求,确定数字化转型的关键功能和性能要求。

5.2.1.5 技术选型

(1)技术评估。评估不同技术解决方案的优劣,包括软件功能、兼容性、扩展性等。

(2)选择供应商。基于评估结果,选择合适的技术供应商和解决方案。

5.2.1.6 组织结构调整

(1)评估影响。评估数字化转型对组织结构的影响。

(2)制订调整方案。根据转型需要,制订组织结构调整方案,确保与新的数字化流程相匹配。

5.2.1.7 制订变革管理计划

(1)项目规划。制订详细的项目实施计划,包括时间表、里程碑和预算。

(2)资源分配。确定项目所需的资源,并进行合理分配。

(3)沟通策略。制定有效的内部沟通策略,确保信息的透明度和及时性。

5.2.1.8 获得高层支持

(1)展示价值。向高层管理者展示数字化转型的价值和预期收益。

(2)确保支持。获得高层的明确支持和承诺,为项目提供必要的资源和授权。

通过上述步骤,C 集团可以确保预算管理数字化转型在准备与规划阶段得到充分的考虑和实施,为后续的设计与开发、动员与实施、评估与反馈阶段打下坚实的基础。

5.2.2 设计与开发阶段

这一阶段的重点在于构建和实现一个高效、稳定的数字化预算管理系统,包括系统设计、流程再造、软件开发、数据迁移、系统集成、系统测试。

5.2.2.1 系统设计

(1)架构设计。设计系统的整体架构,确保它能够满足业务需求并具备未来扩展的能力。

(2)用户界面设计。设计直观易用的用户界面,提升用户体验。

(3)数据库设计。设计数据库模型,确保数据的完整性、一致性和可访问性。

5.2.2.2 流程再造

(1)业务流程分析。分析现有的预算管理流程,识别瓶颈和改进点。

(2)流程优化。基于数字化目标,重新设计和优化业务流程。

5.2.2.3 软件开发

(1)编码标准。制定编码标准,确保代码质量和一致性。

(2)模块化开发。采用模块化开发方法,便于管理和后期维护。

(3)敏捷开发。实施敏捷开发实践,促进快速迭代和持续改进。

5.2.2.4 数据迁移

(1)数据评估。评估现有数据的质量和完整性。

(2)迁移计划。制订详细的数据迁移计划,确保数据准确迁移至新系统。

5.2.2.5 系统集成

(1)接口开发。开发必要的接口,实现新系统与其他业务系统的集成。

(2)兼容性测试。进行系统集成测试,确保各系统间的兼容性和数据一致性。

5.2.2.6 系统测试

(1)单元测试。对每个模块进行单元测试,确保功能正确无误。

(2)集成测试。进行集成测试,确保各模块协同工作。

(3)性能测试。评估系统的性能,包括响应时间和处理能力。

(4)用户验收测试(UAT)。邀请最终用户参与测试,确保系统满足业务需求。

通过这些步骤,C集团设计并开发出了一个符合预算管理需求的数字化系统,为接下来的实施和评估奠定良好的基础。

5.2.3 动员与实施阶段

动员与实施阶段是C集团预算管理数字化转型中将设计和开发阶段的成果付诸实践的关键时期,主要包括系统部署、员工培训、数据同步、系统上线、性能监控、持续优化、系统维护等。

5.2.3.1 系统部署

(1)部署规划。制订详细的系统部署计划,包括时间表、资源分配和部署范围。

（2）环境准备。准备生产环境,包括服务器、网络和安全设置。

（3）系统安装。在生产环境中安装预算管理系统。

5.2.3.2　员工培训

（1）培训计划。制订全面的员工培训计划,确保所有用户理解新系统的操作。

（2）培训材料。准备培训手册、视频和其他辅助材料。

（3）培训执行。执行培训计划,提供实践操作的机会。

5.2.3.3　数据同步

（1）数据清洗。在数据迁移前进行数据清洗,确保数据质量。

（2）数据迁移。将清洗后的数据迁移到新系统中。

（3）数据验证。验证迁移后的数据的准确性和完整性。

5.2.3.4　系统上线

（1）上线准备。完成所有上线前的准备工作,包括系统配置和用户权限设置。

（2）正式上线。按照计划将新系统正式上线。

（3）用户通知。通知所有用户系统已上线,并提供必要的支持。

5.2.3.5　性能监控

（1）监控系统。实施系统性能监控,确保系统稳定运行。

（2）性能调优。根据监控结果进行性能调优。

5.2.3.6　持续优化

（1）收集反馈。收集用户反馈,了解系统的优点和需要改进的地方。

（2）优化计划。根据反馈制订优化计划。

（3）功能迭代。定期更新系统,添加新功能和改进现有功能。

5.2.3.7　系统维护

（1）维护计划。制订系统维护计划,包括定期检查和升级。

（2）技术支持。提供技术支持,解决用户在使用过程中遇到的问题。

（3）安全更新。定期进行安全更新,保护系统免受威胁。

通过这些步骤,C 集团可以确保预算管理数字化转型的顺利实施,并实现系统的长期稳定运行和持续改进。

5.2.4　评估与反馈阶段

评估与反馈阶段是 C 集团预算管理数字化转型过程中的关键环节,它确保了转型能够达到预期目标,并且能够持续优化以适应未来的需求,主要包括:效果评估、反馈意见、改进建议、实施改进等。

5.2.4.1　效果评估

(1)目标与实际结果对比。将项目的实际成果与预定目标进行对比分析。

(2)性能指标评估。评估系统性能是否达到预期,如处理速度、稳定性等。

(3)业务影响分析。分析新系统对业务流程、效率、成本和收入的影响。

(4)用户接受度调查。通过问卷、访谈等方式了解用户对新系统的接受程度。

5.2.4.2　反馈意见

(1)用户反馈收集。系统地收集用户对系统的使用体验、问题和建议。

(2)利益相关者反馈。收集管理层和其他利益相关者的反馈,了解他们对转型成果的看法。

(3)市场反馈。分析市场对公司预算管理数字化转型的反映和影响。

5.2.4.3　改进建议

(1)问题识别。基于效果评估和反馈意见,识别存在的问题和改进领域。

(2)制订改进方案。为每个问题制订具体的解决方案和改进措施。

(3)优先级排序。根据问题的严重性和改进的潜在价值对改进措施进行优先级排序。

5.2.4.4　实施改进

(1)改进计划的执行。根据改进方案,执行必要的调整和优化。

(2)持续监控。在改进过程中持续监控效果,确保按计划进行。

通过这些步骤,C 集团能够确保预算管理数字化转型的成功,并实现持续改进和优化,以适应不断变化的业务需求和技术进步。

5.3　预算管理数字化转型的关键环节分析

5.3.1　深入细致的可行性评估

C 集团在开展预算管理数字化转型前,需要进行可行性评估,包括技术成熟度、组织文化、战略匹配度、成本效益分析等。

5.3.1.1　技术可行性

(1)信息技术进步。信息技术的快速发展(如云计算、人工智能、区块链技术等)为 C 集团提供了新的预算管理工具和方法,转型有助于公司提高预算编制和执行的效率。

(2)大数据应用。大数据技术的应用使得 C 集团能够更准确地预测市场趋势和客户需求,预算管理转型有助于公司利用大数据支持决策。

（3）互联网+趋势。"互联网+趋势"要求C集团加强线上业务,和客户互动,预算管理转型有助于公司优化线上线下资源配置。

（4）系统集成能力。现有的技术能够实现预算管理系统与财务、业务等其他系统的集成,实现数据的无缝流动。

5.3.1.2 组织可行性

（1）领导层支持。高层领导的支持是数字化转型成功的关键,需要他们提供必要的资源和政策支持。

（2）员工接受度。员工对于新系统的接受度和适应能力将直接影响转型的实施效果,需要通过培训和沟通提高员工的数字素养。

（3）组织结构。现有的组织结构经过优化调整可以支持跨部门的协作和沟通。

5.3.1.3 战略可行性

（1）与公司战略匹配。预算管理数字化转型能够与C集团的整体战略规划相一致,支持公司的长期发展目标。

（2）风险管理。转型过程中可能遇到的风险需要通过风险评估和管理计划来控制。

5.3.1.4 经济可行性

（1）成本效益分析。数字化转型须进行详细的成本效益分析,确保数字化转型的投资能够带来预期的经济回报。

（2）资金保障。确保有足够的资金支持整个转型过程,包括软件采购、硬件升级、人员培训等。

5.3.2 理念与文化转型

C集团在进行全面预算管理数字化转型时,理念与文化转型是核心环节,它关乎整个转型过程的顺利实施和长远发展。

5.3.2.1 树立业财融合的预算管理理念

业财融合,即业务与财务的融合,是指将企业的业务活动与财务管理紧密结合起来,实现业务流程与财务流程的一体化。这种融合有助于企业更有效地进行资源配置、风险控制和决策支持。业财融合的关键要素是:

（1）数据共享:业务部门与财务部门共享数据,确保信息的透明度和一致性。

（2）流程整合:将业务流程与财务流程整合,实现自动化和标准化。

（3）决策支持:财务数据支持业务决策,帮助企业制定更合理的战略和运营计划。

（4）风险管理:通过财务分析,识别业务活动中的潜在风险,并采取措施进行控制。

业财融合的核心目标是确保业务决策与财务目标的一致性,提高企业的运营效率和竞争力。C集团通过各种方式宣传树立业务与财务融合的预算管理理念,即预算管理不仅仅是财务部门的责任,而且是全公司的共同任务。这种理念强调业务部门与财务部门之间的紧密合作,确保预算编制和执行能够真实反映业务需求和市场变化。

5.3.2.2 理解跨部门协同是预算管理转型成功的关键

跨部门协同是指不同部门之间为了共同的目标和任务而进行的合作与协调。这种协同工作模式有助于打破部门间的壁垒,促进信息共享,提高决策效率和执行力。跨部门协同的关键要素是:

(1)共同目标:确保所有部门都对企业的总体目标有清晰的认识,并为之共同努力。

(2)沟通机制:建立有效的沟通渠道,确保信息在部门间畅通无阻。

(3)资源整合:合理分配和利用企业资源,实现资源的最优配置。

(4)流程对接:统一和对接各部门的工作流程,减少冗余和冲突。

在预算管理数字化转型的过程中,坚持跨部门协同有助于构建一个全面、动态和集成的预算管理体系。C集团通过建立跨部门的沟通机制和协作平台,提高预算编制的科学性和精准性,加强预算执行的监控和控制,促进业务部门与财务部门之间的信息共享和资源整合,使预算管理更加高效和精准。

5.3.2.3 建立以战略为导向的预算管理文化

(1)战略目标与预算目标的统一。预算管理应与公司的长远战略紧密结合,确保预算目标与公司的战略目标一致。这样的文化促使预算管理成为实现战略目标的工具,而不仅仅是财务控制手段。

(2)长期与短期目标的平衡。在预算管理中,应同时考虑长期战略和短期业绩,确保公司在追求短期财务目标的同时,不会牺牲长期发展。

(3)激励机制与战略对齐。通过设计激励机制,使员工个人和团队的目标与公司战略保持一致,从而推动整个组织朝着共同的战略目标前进。

5.3.2.4 推动全员预算管理意识的提升

(1)全员培训和意识提升。通过定期的培训和教育,提高所有员工对预算管理的认识,使他们了解自己在预算管理中的作用和责任。

(2)预算管理的重要性传播。通过内部沟通和宣传,强调预算管理对于公司运营和成功的重要性,以及每个员工在其中的角色。

(3)鼓励员工参与和反馈。鼓励员工积极参与预算管理过程,提供反馈和建议,使预算管理更加贴近业务实际,并能够及时调整预算以应对市场变化。

通过上述措施,C 集团逐步建立起一种以业财融合和战略导向为核心的预算管理文化,提倡跨部门协同,提升全员的预算管理意识。这种转型不仅有助于提高预算管理的效率和效果,还能够促进公司整体的数字化转型进程,为 C 集团的长期发展和竞争优势奠定坚实的基础。

5.3.3　组织结构与流程优化

C 集团在全面预算管理数字化转型的过程中,组织结构与流程优化是确保转型效率的关键环节。主要措施是调整预算管理组织结构、简化预算编制与审批流程、建立高效的预算协调与沟通机制。

5.3.3.1　调整预算管理组织结构

(1)建立跨职能团队。C 集团将财务、业务、IT 等部门的专家聚集在一起,建立跨职能的预算管理团队,共同参与预算编制和决策过程,以提高预算管理的综合性和专业性。

(2)明确角色与责任。为预算管理团队中的每个成员明确角色和责任,确保每个人都清楚自己的任务和期望成果,以及在整个预算管理流程中的位置。

(3)提高预算管理层的决策权威。提高预算管理层的决策权威,使其能够快速响应市场变化,并确保预算决策的执行力。

5.3.3.2　简化预算编制与审批流程

(1)标准化预算模板和流程。制定统一的预算模板和流程,减少不必要的复杂性和冗余性工作,使预算编制更加标准化和高效。

(2)引入自动化工具。利用自动化工具,如预算软件和 ERP 系统,减少手动数据输入和计算的错误,提高预算编制的速度和准确性。

(3)建立分级审批机制。根据预算金额和重要性实施分级审批机制,对于小额或常规预算直接由部门负责人审批,对于大额或战略性的预算则由高层管理者审批。

5.3.3.3　建立高效的预算协调与沟通机制

(1)定期举行协调会议。定期举行跨部门的预算协调会议,讨论预算执行情况、问题和改进措施,确保预算管理的一致性和协同性。

(2)加强沟通平台建设。建立在线沟通平台,如企业社交网络、项目管理软件等,方便预算管理团队之间的实时沟通和信息共享。

(3)建立反馈与改进机制。建立一个开放的反馈机制,鼓励员工提出预算管理中存在的问题和改进建议,并对这些建议进行评估和采纳。

(4)提升预算透明度。提升预算管理的透明度,让所有相关人员都能够清楚地了解预算编制、执行和调整的情况,以便于监督和协作。

通过上述组织结构与流程优化的措施,C集团能够实现以下目标:

(1)提高预算编制和执行的效率,减少时间和资源浪费。

(2)增强不同部门之间的协同合作,促进信息共享和决策一致性。

(3)提升预算管理的灵活性和适应性,快速响应市场变化和业务需求。

(4)强化预算管理的透明度和责任性,确保预算决策的科学性和公正性。

这些改变将为C集团的全面预算管理数字化转型提供坚实的基础,并支持公司实现其战略目标。

5.3.4 预算编制方法改革

C集团全面预算管理数字化转型的关键环节之一是对预算编制方法的改革,主要包括:采用更加科学的预算编制方法、实施基于活动的预算编制(ABB)、引入滚动预算和零基预算方法等。

5.3.4.1 采用更加科学的预算编制方法

(1)利用历史数据和市场趋势进行深入分析,以数据为基础预测未来的成本和收入,使预算编制更加客观和科学。

(2)采用先进的预测模型,如时间序列分析、回归分析等,提高预算预测的准确性和可靠性。

(3)对成本行为进行分析,区分固定成本和变动成本,以及它们的敏感性和驱动因素,以便更准确地预算和控制成本。

5.3.4.2 实施基于活动的预算编制(ABB)

(1)活动成本分析。识别和评估公司各项活动的成本和效益,将预算编制与活动直接关联,确保预算资源被分配到最有价值的活动。

(2)成本效益评估。对每项活动进行成本效益评估,优先资助那些对实现公司战略目标贡献最大的活动。

(3)资源优化配置。根据活动的重要性和成本效益,优化资源配置,提高预算使用效率。

5.3.4.3 滚动预算和零基预算相结合

采用滚动预算和零基预算相结合的方法,C集团能够更有效地应对外部环境的变化,同时确保内部资源的合理配置和成本控制,从而支持企业的战略目标和持续发展。

(1)在预算年度开始时,使用零基预算的方法对所有的成本和活动进行评估,确保每一项预算都是基于业务需求和战略目标。同时,制定一个滚动预算框架,为未来几个预算期设定计划。

（2）在滚动预算的每个审查周期,利用零基预算的理念重新审视每项开支的必要性和效果,识别和消除低效或不再必要的成本,通过必要的预算调整,确保预算资源被用于最有效的领域。

（3）结合滚动预算的灵活性和零基预算的严谨性,企业可以在保持预算适应性的同时,确保每项开支都经过严格的审查和评估。

（4）优先级和战略对齐。通过零基预算确定业务活动的优先级,并通过滚动预算将这些优先级转化为长期的财务计划。

（5）鼓励管理者寻求创新的预算管理方法来提高效率和降低成本,从而推动组织整体的效能提升。

通过这些预算编制方法的改革,C 集团能够:

（1）提高预算编制的准确性和适应性,更好地应对市场变化。

（2）促进资源的合理分配,确保预算资源投入最有利于公司战略目标实现的领域。

（3）增强预算管理的灵活性和动态性,提高预算执行的效果。

（4）激发内部创新和成本控制意识,优化成本结构,提升公司竞争力。

这些改革措施将有助于 C 集团实现全面预算管理数字化转型,支持公司的长期可持续发展。

5.3.5　预算执行与控制强化

C 集团全面预算管理数字化转型的一个关键环节是对预算执行与控制的强化。主要措施包括:建立预算执行的监控体系、实施动态预算调整与控制、利用信息技术提高预算控制效率。

5.3.5.1　建立预算执行的监控体系

（1）建立实时监控系统。利用数字化工具建立实时预算监控系统,对预算执行情况进行持续跟踪,确保预算与实际执行的同步性。

（2）设置关键绩效指标（KPIs）。确定与预算执行相关的关键绩效指标,如成本控制率、预算执行率等,通过这些指标评估预算执行的效果。

（3）定期报告和分析。设定定期（如月度、季度）的预算报告和分析机制,对预算执行情况进行分析,及时发现问题并采取行动。

（4）建立责任中心制度。在组织中建立责任中心,明确各个部门的预算执行责任,确保各部门对预算执行负责。

5.3.5.2 实施动态预算调整与控制

（1）预算灵活调整。根据市场变化和业务发展需要，动态调整预算，确保预算的适应性。

（2）进行对比分析。定期进行预算与实际的对比分析，识别差异，分析原因，并采取相应的控制措施。

（3）建立严格的内部审批流程。建立严格的内部审批流程，对预算调整进行控制，确保所有调整都符合公司的战略目标和财务纪律。

5.3.5.3 利用信息技术提高预算控制效率

（1）集成信息系统。利用 ERP、财务管理系统等信息技术工具，将预算编制、执行、监控和控制集成到一个平台上，提高信息流动和处理的效率。

（2）运用自动化工作流程。通过自动化工作流程，减少手动操作和人为错误，提高预算控制的准确性和效率。

（3）应用数据分析工具。使用数据分析工具，如数据可视化、预测分析等，帮助管理层快速理解预算执行情况，做出明智的决策。

（4）利用移动和云端技术。利用移动设备和云端技术，实现预算信息的实时访问和共享，增强预算控制的灵活性和便捷性。

通过这些措施，C 集团可以实现以下目标：

（1）加强预算执行的监控，确保预算目标与实际业务的一致性。

（2）提高预算的灵活性和适应性，快速响应市场和业务的变化。

（3）通过信息技术，提升预算控制的效率和准确性，降低管理成本。

（4）加强组织内部的沟通和协作，促进各责任中心对预算执行的责任感。

5.3.6 预算分析与评价改进

C 集团全面预算管理数字化转型的关键环节之一是聚焦于预算分析与评价的改进，这一环节对于持续优化预算管理流程、提高决策质量和实现业务目标至关重要。主要措施包括：建立多元化的预算分析指标体系、定期进行预算执行效果评价、及时反馈预算执行结果并采取措施。

5.3.6.1 建立多元化的预算分析指标体系

（1）财务指标与非财务指标结合。除了传统的财务指标（如利润、成本、现金流、投资回报率等），还包括非财务指标（如客户满意度、员工满意度、品牌影响力、市场占有率等），以评估预算执行对财务状况和公司运营的影响。

（2）定量与定性分析相结合。定量分析通过具体数据和指标来衡量预算执行情况，而定性分析关注背后的原因、趋势和潜在风险。

(3)关键绩效指标(KPIs)的设定。根据公司的战略目标,设定一系列关键绩效指标,这些指标与预算目标紧密相关,并能反映业务的关键方面,包括:①财务绩效 KPIs,如净利润率、营业收入增长率、成本节约率、投资回报率(ROI)、现金流等;②客户与市场 KPIs,如客户满意度、客户保留率、市场份额、品牌认知度等;③内部运营 KPIs,如生产效率、库存周转率、订单履行周期、产品或服务的缺陷率或返修率等;④人力资源 KPIs,如员工满意度、员工流失率、培训与发展等;⑤创新与研发 KPIs,如研发投入比率、新产品成功率、专利申请数量等;⑥社会责任和可持续性 KPIs,如环保指标(能源消耗、废物处理和碳排放量)、社会贡献等。

(4)动态调整指标体系。根据业务发展和市场环境的变化,动态调整指标体系确保指标的前瞻性和适用性。

5.3.6.2 定期进行预算执行效果评价

(1)设定固定的周期(如月度、季度、年度)对预算执行效果进行评价,确保及时发现问题和亮点。

(2)对预算与实际执行结果进行对比分析,找出差异点,并探究背后的原因。

(3)分析预算执行数据的变化趋势,预测未来的发展方向,为决策提供支持。

5.3.6.3 及时反馈预算执行结果并采取措施

(1)建立反馈机制,将预算执行结果及时反馈给相关的责任中心和决策层。

(2)针对分析结果,制订相应的行动计划,包括对预算的调整、改进措施,风险管理策略等。

(3)结合预算执行结果,对达到或超过预算目标的团队或个人给予奖励,对未达标的进行分析并采取措施。

(4)将预算分析与评价的结果用于指导未来的预算编制和执行过程,形成一个持续改进的闭环管理。

通过这些措施,C 集团可以:

(1)更全面地评估预算执行的效果,为决策提供多维度的信息支持。

(2)通过定期的评价和反馈,及时调整预算和业务策略,增强市场竞争力。

(3)激励员工积极参与预算管理,提高预算执行的责任感和效率。

(4)持续优化预算管理流程,提升公司的整体管理水平。

5.3.7 预算调整与决策支持

C 集团全面预算管理数字化转型的一处关键环节是强化预算调整与决策支持。这一环节确保预算管理能够灵活应对市场变化,同时与公司战略保持一致。主要措施包括:建立多元化的预算分析指标体系、定期进行预算执行效果评价、及时反馈预算执行结果并采取措施。

5.3.7.1 建立预算调整的触发机制和流程

（1）设立触发机制。设定明确的预算调整触发条件，例如市场环境变化、成本超支、收入未达标等关键指标的变化；并利用预警系统自动监测这些触发条件，一旦达到预设阈值，立即启动预算调整流程。

（2）制定预算调整流程。制定标准化和流程化的预算调整流程，包括申请、审批、执行和跟踪等步骤，确保流程的高效性和透明性，以便快速响应市场变化。

5.3.7.2 加强预算与战略的链接

（1）坚持战略导向，确保预算目标与公司的长期战略目标一致，使预算调整与战略规划紧密相连。

（2）在预算调整过程中，优先考虑对公司战略目标有重要影响的因素。

（3）根据战略重点的变化，动态调整预算分配，确保资源的最优配置。

（4）定期评估战略执行情况，并将评估结果用于指导预算调整。

5.3.7.3 提供数据驱动的预算决策支持

（1）利用大数据和高级分析工具，对预算执行数据进行分析，提供深入的洞察。通过历史数据和趋势分析，预测未来可能的变化，为预算决策提供支持。

（2）建立决策支持系统，集成财务数据、市场数据和运营数据，为预算调整提供实时、准确的信息。

（3）通过仪表盘和报告工具，可视化预算数据，帮助决策者快速理解和评估预算调整的潜在影响。

（4）利用情景模拟工具，测试不同预算调整方案对财务和业务的影响，并根据模拟结果，选择最佳的预算调整策略。

通过这些措施，C集团可以实现以下目标：

（1）增强预算管理的灵活性和适应性，快速应对市场变化。

（2）确保预算决策与公司战略保持一致，提高资源配置的有效性。

（3）基于数据驱动的决策，提高预算调整的准确性和成功率。

（4）通过标准化流程和决策支持系统，提升预算管理的效率和透明度。

5.3.8 信息技术支持与数据整合

C集团全面预算管理数字化转型的关键环节之一是聚焦于信息技术支持与数据整合。这一环节是确保预算管理系统能够高效运行的基础，主要包括：构建预算管理信息平台、实现财务与业务数据的实时集成、利用大数据分析支持预算管理等。

5.3.8.1 构建预算管理信息平台

（1）设计一个稳定、可扩展的预算管理信息平台，作为预算编制、执行、监控和分析的统一系统,确保平台能够支持跨部门、跨地域的协作,并具备高安全性和数据保护能力。

(2)平台包含预算编制、审批、执行、调整、分析等多个功能模块,以支持预算管理的全流程。每个模块应具备用户友好的界面,便于用户操作和使用。

5.3.8.2 实现财务与业务数据的实时集成

(1)数据集成。通过企业资源规划(ERP)系统、客户关系管理(CRM)系统等软件,实现财务数据与业务数据的实时集成,确保数据的一致性和准确性,避免信息孤岛和数据重复。

(2)数据同步。利用 API 接口,实现不同系统间数据的自动同步和更新。

(3)定期检查。定期检查数据同步机制,确保预算管理系统能够获取最新的数据。

5.3.8.3 利用大数据分析支持预算管理

(1)集成大数据分析工具,如数据仓库、数据挖掘和机器学习算法,以深入分析预算相关数据。使用这些工具进行趋势分析、预测建模和异常检测,为预算编制和调整提供科学依据。

(2)基于大数据分析结果,为预算决策提供支持,提升预算预测的准确性和预算执行的效率。

(3)通过可视化工具,将分析结果以图表、仪表盘等形式展示,帮助管理层直观理解数据背后的意义。

(4)根据大数据分析的结果,不断优化预算管理流程和策略。

(5)定期评估分析模型的准确性和有效性,并根据业务发展进行调整。

通过这些措施,C 集团可以实现以下目标:

(1)构建一个高效、集成的预算管理信息平台,提升预算管理的自动化和智能化水平。

(2)实现财务与业务数据的无缝对接,确保预算决策基于准确、实时的信息。

(3)利用大数据分析提升预算管理的科学性和前瞻性,增强公司的战略规划和市场响应能力。

(4)通过持续的数据分析和优化,不断提升预算管理的效率和效果。

5.3.9 持续改进与创新

C 集团全面预算管理数字化转型的关键环节还在于持续改进与创新。这一环节是确保预算管理系统能够适应不断变化的商业环境和内部需求,主要措施包括:建立预算管理持续改进机制、鼓励创新思维和改进措施、定期回顾预算管理转型过程。

5.3.9.1 建立预算管理持续改进机制

建立预算管理持续改进机制,确保预算管理系统的长期有效性,并不断提升其性能和效率。这一持续改进机制包括:

(1)数据收集。收集与预算管理相关的数据,包括预算执行情况、成本控制、预算调整频率、用户反馈等。

(2)问题识别。通过数据分析、员工反馈、流程审计等手段,识别预算管理流程中的问题和瓶颈。

(3)关键问题筛选。确定哪些问题是影响预算管理效果最显著的,优先解决这些问题。

(4)分析原因。对识别出的问题进行深入分析,找出导致这些问题的根本原因。可使用鱼骨图等工具,从人员、方法、机器、材料、测量和环境等多个角度分析原因;或者利用统计分析和大数据工具,对历史数据和实时数据进行分析,以找到问题发生的原因。

(5)制定改进措施。根据原因分析结果,设计具体的改进方案和措施,并对每个改进措施进行成本效益分析,确保改进的经济性和可行性。

(6)风险评估。评估改进措施可能带来的风险,并制定相应的风险缓解措施。

(7)实施改进。具体措施包括:①资源分配:为改进措施的实施分配必要的资源,包括资金、人力和时间。②流程调整:根据改进方案调整预算管理流程,确保新的措施能够顺利实施。③培训与沟通:对涉及改进流程的员工进行培训,确保他们理解新的流程和措施,并有效沟通变化。

(8)评估效果。具体措施包括:①效果监测:实施改进措施后,持续监测和记录预算管理流程的变化和效果。②评估关键绩效指标(KPIs):使用 KPIs 来评估改进措施的效果,如预算准确性、成本节约、流程效率等。③反馈机制:建立一个有效的反馈机制,定期收集和分析反馈信息,评估改进措施的接受程度和实际效果,鼓励员工提出预算管理过程中遇到的问题和改进建议,将其作为改进预算管理的依据。

(9)持续优化,包括:①改进总结:根据评估结果,总结改进措施的有效性,提取经验教训。②标准化:将成功的改进措施标准化,并更新到预算管理流程中。③迭代改进:基于评估结果和反馈,不断迭代改进流程,确保持续优化。

5.3.9.2 鼓励创新思维和改进措施

(1)培养一种鼓励创新思维的组织文化,让员工认识到持续改进的重要性。

(2)通过培训、研讨会和跨部门交流,激发员工的创新潜能。

(3)鼓励员工提出创新的预算管理方法和工具,如采用新的数据分析技术、流程自动化等。

（4）为有价值的创新提议提供支持和资源,确保这些措施能够得到实施和评估。

5.3.9.3　定期回顾预算管理转型过程

（1）定期举行回顾会议,评估预算管理数字化转型的进展和效果。会议包括对预算管理流程、工具、策略和结果的全面审查。

（2）建立一套绩效评估体系,衡量预算管理转型的成效,包括成本节约、效率提升、决策质量等指标,并根据评估结果识别优势和劣势,制订相应的改进计划。

（3）通过内部平台或会议,分享成功的改进案例和最佳实践。

（4）鼓励跨部门学习和借鉴,以促进整个组织的预算管理能力提升。

通过这些措施,C 集团可以实现以下目标:

（1）建立一个持续改进的机制,使预算管理始终保持活力和适应性。

（2）激发员工的创新思维,推动预算管理方法和工具的不断优化。

（3）通过定期的回顾和评估,确保预算管理数字化转型始终与公司战略和市场需求保持一致。

（4）提升整个组织的预算管理能力,增强公司的竞争优势和可持续发展能力。

以上这些关键环节共同构成了 C 集团预算管理数字化转型的重要组成部分,通过这些环节的实施,C 集团能够实现预算管理的专业化、精细化和智能化,从而提升公司的整体运营效率和财务健康状况。

5.4　预算管理数字化实践特点与取得的成绩

5.4.1　实践特点对比

C 集团在业财融合模式下实施全面预算管理数字化,其有五个实践特点。

5.4.1.1　集成性

在 C 集团的业财融合模式下,全面预算管理的集成性体现在以下几个方面:

（1）业务与财务的融合。C 集团通过数字化平台,将业务数据与财务数据紧密结合,实现了业务活动与财务预算的同步。业务部门在制定预算时能够充分考虑财务状况,而财务部门在预算执行过程中能够实时监控业务成本和收益。

（2）跨部门协作。预算管理系统能够跨部门共享数据,打破了信息孤岛,促进了不同部门之间的沟通与协作。各部门在预算编制和执行过程中能够相互提供支持,确保预算目标的一致性和协调性。

（3）数据集成。C 集团通过 ERP 系统、财务软件等数字化工具,将分散在不同业务系统中的数据集成到一个统一的平台。这种集成使得预算编制和监控更加高效,减少了数据重复录入和处理的错误。

(4)流程集成。全面预算管理的流程与公司的其他管理流程(如采购、销售、人力资源等)紧密结合,形成了一个闭环的管理体系。预算的编制、审批、执行、分析等环节与业务流程同步进行,确保预算管理与实际业务活动的一致性。

(5)决策支持集成。预算管理系统提供了集成的决策支持工具,如数据可视化、报表分析等,帮助管理层快速准确地做出决策。集成的决策支持系统能够提供实时数据,帮助管理者监控预算执行情况,及时调整策略。

(6)目标集成。预算管理目标与公司的战略目标紧密集成,确保预算管理活动支持公司的长期发展。通过将战略目标分解为具体的预算目标,公司能够确保日常运营活动与战略规划保持一致。

5.4.1.2 实时性

在C集团业财融合模式下的全面预算管理数字化实践中,实时性是一个关键的特点,它主要体现在以下几个方面:

(1)数据采集的实时性。通过物联网、云计算等技术,C集团能够实时收集业务活动中的数据,包括销售、生产、库存等关键信息。实时数据采集保证了预算编制和监控的基础数据是最新的,从而提高了预算的准确性和响应市场变化的速度。

(2)预算执行监控的实时性。利用实时数据分析工具,财务部门能够对预算执行情况进行实时监控,及时发现预算偏离和潜在的风险。实时监控有助于快速采取纠正措施,确保预算目标得以实现。

(3)动态预算调整。预算系统可以根据实时数据自动进行预算调整,以适应市场变化或内部策略调整。这种动态调整能力使得预算管理更加灵活,能够及时响应外部环境的变化。

(4)决策支持的实时性。管理层可以获得实时的预算执行报告和财务分析,支持快速决策。实时决策支持减少了决策周期,提高了公司的市场反应速度和竞争力。

(5)反馈机制的实时性。预算执行过程中的任何问题都能通过实时反馈机制迅速传达给相关部门和人员。实时反馈有助于及时解决问题,避免问题扩大,确保预算管理的有效性。

5.4.1.3 智能化

C集团全面预算管理的智能化主要通过以下几个方面体现:

(1)智能预测与分析。利用大数据分析和人工智能技术,C集团能够对历史数据和市场趋势进行深入分析,预测未来业务发展。智能化的预测模型可以帮助公司更准确地制定预算,减少人为误差。

(2)自动化流程。预算编制、审批、执行和调整等流程可以通过智能化系统自动化完成,减少人工干预。自动化流程不仅提高了效率,还减少了人为因素导致的错误。

(3)智能预警系统。系统可以设置阈值,当预算执行过程中出现潜在风险或偏离预期时,智能预警系统能够自动发出警报。智能预警系统有助于及时采取行动,避免或减少损失。

(4)智能决策支持。基于人工智能的决策支持系统能够提供基于数据的建议和优化方案。管理层可以利用这些智能化的决策支持工具来优化预算分配和资源规划。

(5)机器学习优化。通过机器学习技术,预算管理系统可以不断学习并优化预算模型,提高预算预测的准确性和效率。系统可以根据历史执行结果不断调整预测模型,实现自我优化。

(6)个性化定制服务。C 集团的智能化系统可以根据不同业务部门的特点和需求,提供个性化的预算管理方案和报告。个性化的服务有助于满足各部门的具体需求,提高预算管理的针对性和实用性。

5.4.1.4 透明性

在 C 集团的业财融合模式下的全面预算管理中,透明性是确保预算管理有效性和公平性的关键特点。透明性主要体现在以下几个方面:

(1)预算编制的透明性。预算编制的过程和依据对所有相关人员公开,确保预算的制定过程公正、合理。通过透明的预算编制,可以提高员工对预算目标的认同感和参与度。

(2)预算数据的透明性。预算数据对所有有权访问的人员开放,确保各部门和员工可以实时查看预算执行情况。透明的预算数据有助于提高责任感和自我管理能力。

(3)预算执行的透明性。预算执行过程中的每一步都应当清晰可见,包括资金的使用、成本的控制等。透明的预算执行有助于监督预算使用情况,防止滥用和浪费。

(4)预算调整的透明性。当预算需要调整时,调整的理由、过程和结果应当对所有相关人员透明。透明的预算调整有助于保持预算的连续性和合理性。

(5)决策过程的透明性。预算相关的决策过程应当公开透明,确保决策的公正性和科学性。透明的决策过程有助于增加决策的可接受性和执行力。

5.4.1.5 参与性

C 集团鼓励和促进公司内部各层级员工广泛参与预算管理。参与性的预算管理有助于提高员工的积极性和创造性,同时也使得预算更加贴近实际业务需求。以下是参与性预算管理的几个特点:

(1)全员参与。预算管理不仅仅是财务部门的责任,而是要求所有部门和员工的共同参与。从高层管理者到基层员工,每个人都应参与到预算的编制和执行过程中。

(2)跨部门协作。预算管理涉及多个部门,需要不同部门之间的协作和沟通。通过跨部门协作,可以确保预算编制的全面性和执行的协调性。

(3)民主决策。在预算编制和调整过程中,公司鼓励员工提意见和建议,通过民主的方式来决策。这种方式有助于提高预算的准确性和可接受性。

(4)反馈机制。建立有效的反馈机制,让员工可以就预算执行过程中的问题和改进建议进行反馈。及时反馈有助于发现问题并迅速调整,保证预算管理的有效性。

(5)激励机制。通过设立与预算执行结果挂钩的激励措施,鼓励员工积极参与预算管理,提高预算目标的达成率。激励机制可以激发员工的积极性,促进预算目标的实现。

(6)培训与沟通。C集团通过对员工进行预算管理的培训和沟通,提高他们对预算管理的认识和理解。通过培训和沟通,员工能够更好地参与到预算管理中来。

5.4.2 取得成绩的对比

C集团在业财融合模式下推进全面预算管理数字化转型后,在预算准确性、成本控制、决策支持能力、财务绩效、业务与财务协同、风险管理、员工满意度以及市场竞争力等方面都取得了显著的成效(见表5-1),为企业持续发展打下了坚实的基础。

表 5-1 　　　　　　　　　　转型前后取得成绩的对比

对比项目	转型前	转型后
1. 预算准确性	预算编制依赖于历史数据和主观判断,准确性较差,导致资源分配不合理	利用大数据分析和技术手段,预算预测更加精准,减少了预算与实际结果的偏差,提高了资源配置效率
2. 成本控制	成本控制依赖于人工监控,难以实现精细化管理和成本优化	通过自动化工具和成本分析系统,实现了对成本的实时监控和有效控制,降低了不必要的开支,提高了成本效益
3. 决策支持能力	决策过程缺乏实时数据的支持,决策效率低下,风险较高	建立了数据驱动的决策支持系统,提供了实时数据分析,增强了决策的前瞻性和准确性,提高了决策效率
4. 财务绩效	财务数据更新滞后,影响了对业务绩效的评估和监控	财务数据实时更新,绩效评估更加准确,有助于及时调整策略,提高了财务绩效

续表

对比项目	转型前	转型后
5. 业务与财务协同	业务和财务部门存在信息孤岛,协同效果不佳	通过数字化平台,实现了业务与财务信息的整合,加强了部门间的协同工作,提升了整体运营效率
6. 风险管理	风险管理较为被动,难以主动识别和应对风险	建立了风险预警机制,通过数据分析提前发现潜在风险,增强了风险管理的主动性和有效性
7. 员工满意度	预算编制和执行过程中,员工参与度低,满意度不高	数字化工具的使用提高了员工参与度,透明化的预算管理增强了员工的信任感和满意度
8. 市场竞争力提升	对市场变化的响应不够迅速,竞争力较弱	通过数字化转型,C 集团能够快速适应市场变化,及时调整预算和策略,提升了市场反应速度和竞争力

5.5 成功转型的经验借鉴与启示

5.5.1 高层领导的支持与推动

C 集团在预算管理转型过程中取得成功的第一个关键因素是高层领导的支持与推动,这一因素起到了至关重要的作用。

(1)明确转型的重要性。

高层领导首先认识到了预算管理转型对提升企业竞争力的重要性,并将这一认识转化为具体的行动和支持。

(2)制定清晰的转型战略。

高层领导制定了清晰的转型战略,并与企业的整体发展战略相结合,确保预算管理转型与企业的长远目标一致。

(3)亲自参与和推动。

高层领导亲自参与转型项目,不仅在战略层面提供指导,还在实施过程中提供必要的资源和帮助解决关键问题。

(4)建立跨部门协调机制。

高层领导建立了跨部门的协调机制,确保不同部门在预算管理转型过程中能够有效沟通和协作。

（5）授权和赋权。

高层领导向下级管理人员和项目团队授权，赋予他们决策和执行的权力，提高了转型的灵活性和响应速度。

（6）提供必要的资源。

高层领导确保转型项目能获得足够的资金、人力和时间资源，以支持项目的顺利进行。

（7）强调文化和价值观的转变。

高层领导倡导并推动企业文化与价值观的转变，鼓励员工拥抱变化，接受新的预算管理方式和工具。

（8）建立有效的沟通渠道。

高层领导建立了有效的沟通渠道，及时向全体员工传达转型的进展、成果和重要性，提高了员工的参与度和理解度。

（9）定期监控和评估。

高层领导定期监控转型进展，评估实施效果，并根据反馈及时调整策略和计划。

（10）激励和支持员工。

高层领导通过设立激励机制，鼓励员工在转型过程中发挥积极作用，并对员工的努力和成就给予认可和支持。

（11）进行风险管理。

高层领导重视风险管理，确保预算管理转型过程中的潜在风险得到及时识别和有效控制。

5.5.2　转型目标和规划明确

C 集团在预算管理数字化转型中取得成功的第二个关键因素是转型目标和规划的明确性。

（1）设定具体可衡量的目标。

C 集团为预算管理转型设定了具体的、可量化的、可实现的短期和长期目标。这些目标不仅包括技术层面的改进，还包括业务流程优化、效率提升和成本节约等方面。

（2）制订详细的转型规划。

公司制订了详细的转型规划，包括时间表、里程碑、责任分配、资源需求等关键要素，确保转型过程有序进行。

（3）与业务战略对齐。

转型目标和规划与公司的整体业务战略紧密结合，确保预算管理转型能够支撑和促进公司核心业务的发展。

（4）考虑利益相关者的需求。

在制定转型目标和规划时，充分考虑了不同利益相关者的需求，包括内部用户、管理层、财务团队等，确保转型能够满足各方的期望。

（5）进行风险评估与制定应对策略。

明确识别出转型过程中可能遇到的风险，并制定了相应的应对策略，减少不确定性对项目的影响。

（6）制定技术路线图。

根据转型目标，制定了清晰的技术路线图，包括所选技术的功能、集成方式、实施步骤等，确保技术解决方案能够支撑业务需求。

（7）设定阶段性成果。

将转型过程划分为多个阶段，每个阶段都有明确的成果和评估标准，便于监控进度和效果。

（8）保持一定的灵活性和适应性。

在转型目标和规划中保持一定的灵活性和适应性，以便在遇到不可预见的变化时能够及时调整策略。

（9）持续沟通与宣贯。

通过持续的沟通和宣贯，确保所有相关人员对转型目标和规划有清晰的认识，增强团队的凝聚力和执行力。

（10）建立监督与反馈机制。

建立监督和反馈机制，定期检查转型进展，确保规划和目标的实现，并及时调整策略。

5.5.3 组织结构与文化的调整

C 集团在预算管理转型中，认识到了组织结构与文化建设的重要性，并成功地调整了这些要素，以建立数据驱动的决策文化。

5.5.3.1 组织结构调整

（1）优化部门职责。调整部门设置，明确各部门在预算管理中的职责，消除冗余和效率低下的环节。

（2）增强跨部门协作。鼓励跨部门合作，建立高效的沟通机制，确保预算管理流程的顺畅。

（3）实行扁平化管理。通过简化管理层级，提高决策效率，使组织更加灵活和迅速响应。

5.5.3.2 文化建设

(1)倡导数据驱动的思维。鼓励员工在日常工作中使用数据进行分析和决策,提升决策的科学性和准确性。

(2)培养数据素养。提供数据分析和管理的培训,提高员工的数据处理能力和数据敏感度。

(3)强化结果导向。建立以结果为导向的文化,关注预算管理的效果和业务成果,而非仅仅遵循过程。

5.5.3.3 数据治理

(1)建立数据治理框架。制定数据管理政策和标准,确保数据的准确性、完整性和安全性。

(2)数据共享与透明度。推动数据的共享,提高决策的透明度,使更多员工能够基于数据进行决策。

5.5.3.4 绩效评估体系的调整

(1)与数据驱动的决策文化相结合。调整绩效评估体系,将数据分析能力和应用能力作为评估员工绩效的重要指标。

(2)建立激励机制。为那些能够有效利用数据做出贡献的员工提供奖励和晋升机会。

通过这些组织结构与文化的调整,C集团成功地建立了一个数据驱动的决策文化,这不仅提升了预算管理的效率,还增强了整个组织的决策质量和业务绩效。

5.5.4 技术平台的升级与整合

C集团在预算管理转型中,重视技术平台的升级与整合,以支撑数据驱动的决策文化和提高预算管理的效率。

5.5.4.1 评估现有技术

(1)对现有技术平台进行全面评估,识别能力缺口和潜在的提升点。

(2)分析现有技术是否能够支持数据驱动的决策文化和预算管理的需求。

5.5.4.2 选择合适的技术解决方案

(1)根据业务需求和预算管理目标,选择合适的技术解决方案。

(2)考虑技术的可扩展性、兼容性、安全性和成本效益。

5.5.4.3 平台升级

(1)对核心预算管理软件进行升级,以支持更高级的数据分析和报告功能。

(2)引入自动化工具,减少手动操作,提高效率和减少错误。

5.5.4.4 系统集成

(1)整合不同的业务系统,确保数据能够在不同系统间流通,打破信息孤岛。

(2)实现财务系统与其他业务系统(如销售、采购、人力资源等)的数据对接。

5.5.4.5 数据仓库和商业智能工具的应用

(1)建立数据仓库,集中存储和管理来自不同源的数据。

(2)利用商业智能(BI)工具进行数据挖掘和分析,为决策提供实时、准确的数据支持。

5.5.4.6 云计算和移动技术

(1)利用云计算技术,提高数据处理的灵活性和可访问性。

(2)推动移动技术的应用,使预算管理更加便捷,支持远程工作和实时决策。

5.5.4.7 安全与合规性

(1)确保技术升级和整合过程中,数据的安全性和合规性得到维护。

(2)遵守相关法规,保护敏感数据,防止数据泄露。

5.5.4.8 用户体验设计

(1)在技术升级过程中,注重用户体验设计,确保系统界面友好、操作简便。

(2)收集用户反馈,持续优化系统功能和操作流程。

5.5.4.9 培训与技术支持

(1)提供全面的技术培训,帮助员工熟悉新系统和新工具。

(2)建立技术支持团队,为用户提供及时的帮助,解决使用过程中遇到的问题。

通过这些技术平台的升级与整合,C 集团极大地提升了预算管理的效率和质量,同时也为数据驱动的决策文化提供了坚实的基础。

5.5.5 流程优化与自动化

C 集团在预算管理转型中,深刻认识到流程优化与自动化对于提升效率和减少错误的重要性。

5.5.5.1 流程分析与诊断

(1)对现有的预算管理流程进行全面的审查和分析,识别流程中的瓶颈、冗余步骤和不必要的审批环节。

(2)使用流程挖掘工具和技术来可视化实际流程,与理想流程进行对比,找出改进点。

5.5.5.2 流程简化

(1)简化复杂的流程,减少不必要的步骤,确保流程的简洁和高效。

(2)通过合并或消除重复的工作,减少时间和资源的浪费。

5.5.5.3 自动化技术的应用

(1)引入自动化工具和软件,如RPA(Robotic Process Automation)机器人,自动化执行常规的、重复性的任务,如数据录入、报告生成等。

(2)使用工作流程管理软件自动触发工作流程,减少人工干预,提高流程的执行速度。

5.5.5.4 审批流程优化

(1)优化审批流程,设置合理的审批层级和权限,减少审批时间。

(2)引入电子审批系统,实现审批流程的透明化和自动化。

5.5.5.5 集成与协同

(1)实现不同系统之间的集成,确保数据的无缝流动和共享,减少手动数据转移的工作。

(2)通过协同工具促进跨部门协作,提高预算编制和执行的协同效率。

5.5.5.6 实时监控与报告

(1)建立实时监控机制,跟踪预算执行情况,及时发现偏差并采取措施。

(2)利用自动化报告工具生成实时报告,为管理层提供及时、准确的决策支持。

通过流程优化与自动化,C集团不仅提高了预算管理的效率,还减少了人为错误,增强了决策的准确性和及时性。

5.5.6 跨部门协作与沟通

跨部门协作与沟通是企业在预算管理转型中不可或缺的一环。

5.5.6.1 建立协作文化

(1)树立一个鼓励跨部门合作的企业文化,强调团队精神和实现共同目标的重要性。

(2)通过内部培训和活动,增强员工之间的相互了解和信任。

5.5.6.2 明确沟通渠道

(1)设立明确的沟通渠道和规则,确保信息的有效传递和及时更新。

(2)使用统一的沟通平台,如企业社交软件、项目管理工具等,以便于信息共享和协作。

5.5.6.3 角色和责任定义

(1)在跨部门项目中明确各方的角色和责任,避免责任重叠和推诿。

(2)确保每个参与者都清楚自己的任务和期望成果。

5.5.6.4　定期会议与协调

(1)定期举行跨部门会议,讨论预算管理的进展、挑战和解决方案。

(2)在会议中促进开放性讨论,鼓励不同部门之间的知识共享和经验交流。

5.5.6.5　共享目标和指标

(1)设定全公司范围的共同目标和关键绩效指标(KPIs),以促进跨部门对预算管理目标的认同和协作。

(2)确保各部门的预算目标和公司整体战略保持一致。

5.5.6.6　协同工具的使用

(1)利用协同工具和软件,如在线协作平台、共享文档和项目管理工具,以支持跨部门的协作。

(2)确保所有相关人员都能够访问到最新的信息和资源。

5.5.6.7　冲突解决机制

(1)建立冲突解决机制,使企业在出现跨部门分歧时能够迅速有效地处理。

(2)任命中立的项目协调人或者建立调解小组,帮助解决跨部门的冲突。

5.5.6.8　培训与开发

(1)提供跨文化沟通和团队协作的培训,增强员工的沟通能力和团队协作能力。

(2)通过团队建设活动,增强跨部门的团队精神和协作意识。

5.5.6.9　反馈与改进

(1)鼓励员工提供跨部门协作和沟通的反馈,识别改进点。

(2)定期评估跨部门协作的效果,并根据反馈进行调整。

5.5.6.10　激励机制

(1)设计激励机制,奖励那些在跨部门协作中表现突出的个人和团队。

(2)通过表彰和奖励,强化跨部门协作的重要性。

通过这些跨部门协作与沟通的经验,C 集团能够更好地整合资源,提高预算管理的效率,并促进公司内部的协同效应。

5.5.7　建立风险管理与预警机制

在预算管理转型中,建立风险管理与预警机制对于保障预算执行的顺利进行至关重要。

5.5.7.1　风险评估

(1)定期进行全面的预算风险识别和评估,包括市场风险、操作风险、财务风险等。

（2）采用定性和定量相结合的方法，对识别出的风险进行分类和优先级排序。

5.5.7.2 风险管理策略

（1）根据风险评估结果，制定相应的风险管理策略，包括风险规避、风险分散、风险转移等。

（2）确保风险管理策略与公司的整体战略和预算目标相一致。

5.5.7.3 预警指标体系

建立一套全面的预警指标体系，包括财务指标和非财务指标，以实时监控预算执行过程中的潜在风险。

5.5.7.4 实时监控与报告

（1）利用信息技术手段，如数据分析和监控软件，实现预警指标的实时监控。

（2）建立定期报告机制，向管理层提供风险状况的及时更新。

5.5.7.5 预警响应机制

（1）制定预警响应流程，一旦触发预警指标，能够迅速采取行动，防止风险扩大。

（2）明确各相关部门和人员在预警响应中的职责和权限。

5.5.7.6 风险管理团队

建立一个专门的风险管理团队，负责协调和监督风险管理工作，确保风险管理团队具备必要的专业知识和经验。

通过这些措施，C集团能够有效地识别、评估和应对预算管理过程中的风险，确保预算目标的实现。

5.5.8 持续监控与改进

持续监控与改进是确保预算管理转型成功并保持其有效性的关键。

5.5.8.1 建立监控机制

设立一个持续监控预算执行情况的机制，包括定期的财务报告和分析，并确保监控机制能够覆盖预算管理的所有关键环节。

5.5.8.2 设置关键绩效指标（KPIs）

（1）确定并跟踪与预算目标相关的关键绩效指标，以便及时了解预算执行的效果。

（2）定期评估KPIs的达成情况，并与预期目标进行对比。

5.5.8.3 定期审查与评估

定期对预算管理流程进行审查和评估,包括预算编制、执行、监控和调整等环节。通过审查评估,识别流程中的瓶颈和改进点。

5.5.8.4 数据分析与洞察

(1)利用数据分析工具,深入分析预算数据,挖掘潜在的节约成本和提高效率的机会。

(2)基于数据分析结果,提出具体的改进建议。

5.5.8.5 建立反馈机制

(1)建立一个开放的反馈机制,鼓励员工提供关于预算管理的意见和建议。

(2)对反馈进行分类和优先级排序,并制订行动计划。

5.5.8.6 分享最佳实践

在组织内部分享成功的预算管理案例和最佳实践,通过案例研究和经验交流,促进知识和经验的传播。

通过这些持续监控与改进的措施,C 集团能够确保预算管理转型不是一次性的改革,而是一个不断进化的过程。

5.5.9 员工积极参与

员工积极参与是预算管理转型成功的关键因素之一。

5.5.9.1 参与机制

(1)培养一种积极的文化,鼓励员工主动参与预算管理,并将其视为日常工作的一部分。

(2)设立参与机制,让员工在预算编制和决策过程中有发言权,如通过工作组、焦点小组等形式。

(3)鼓励员工通过故事、案例和最佳实践分享,提出意见和建议,并将其纳入预算管理流程。

5.5.9.2 角色明确化

(1)明确员工在预算管理中的角色和责任,让每个人都知道自己的工作对预算管理的重要性。

(2)确保员工的个人目标与预算管理的目标相一致,使员工看到个人努力与组织成功之间的关系。

(3)为员工提供必要的资源和权限,以履行他们在预算管理中的职责。

5.5.9.3 认可与奖励

(1)对在预算管理中做出贡献的员工给予认可和奖励,增强他们的参与感和成就感。

（2）设立明确的奖励标准，确保奖励制度的公平性和激励性。

5.5.9.4 沟通与透明度

（1）保持沟通渠道的开放，确保员工了解预算管理转型的目的、目标和进展。

（2）提供透明的信息，让员工看到预算管理如何影响他们的工作和组织的整体表现。

5.5.9.5 培训与发展

提供全面的培训，帮助员工理解预算管理的重要性和他们在这个过程中的角色，通过培训，提升员工的预算编制、执行和监控能力。

5.5.9.6 反馈与改进

（1）利用社交平台和协作工具，促进员工之间的交流和合作，共同解决预算管理中的问题。

（2）建立一个有效的反馈系统，让员工可以轻松地进行关于预算管理的反馈，并对员工的反馈给予及时的回应，以及采取措施进行改进。

通过上述措施，C集团能够有效地提高员工的参与度，使预算管理转型成为全员参与的变革过程。

5.5.10 外部资源的利用

在预算管理转型过程中，有效利用外部资源对于提升转型质量和效率至关重要。

5.5.10.1 专业咨询服务

（1）引入专业咨询公司，利用其专业知识和行业经验为企业提供定制化的转型方案。

（2）借助咨询顾问的独立视角，发现企业内部可能忽视的问题，并提出改进建议。

5.5.10.2 行业最佳实践

（1）研究和分析同行业其他企业的预算管理实践，吸取其成功经验和失败教训。

（2）结合自身企业特点，借鉴并改进这些最佳实践，以提升预算管理的有效性。

5.5.10.3 教育培训资源

利用外部教育培训资源，如公开课、研讨会和行业会议，为员工提供学习机会，通过这些资源，帮助员工了解最新的预算管理理念、工具和方法。

5.5.10.4 技术支持

（1）借助先进的信息技术，如预算管理软件、数据分析工具等，提高预算管理的自动化和智能化水平。

（2）与技术供应商合作，获取技术支持和服务，确保技术的顺利实施和运行。

5.5.10.5 行业联盟和协会

加入相关行业联盟和协会，共享行业信息和资源。通过这些平台，与其他企业交流预算管理的经验和挑战，共同推动行业标准的制定。

5.5.10.6 法律和财务咨询

在预算管理转型过程中，专业顾问可以提供关于税收、法规和财务规划等方面的建议，确保合规性，并提供法律和财务咨询服务。

通过上述方式，C 集团能够充分利用外部资源，加速预算管理转型的步伐，并确保转型的方向和效果与行业最佳实践保持一致。

5.6 案例简评与探索思考

5.6.1 案例简评

C 集团的案例是一个关于全面预算管理数字化转型的成功故事，它展示了如何通过业财融合模式实现财务管理的创新和效率提升。C 集团的转型之路为我们提供了以下宝贵的经验和启示：

（1）领导层的远见与决心。C 集团的成功转型始于领导层对数字化转型的重要性的深刻认识和坚定决心。领导层的积极参与和支持为整个转型过程提供了必要的资源和动力。

（2）战略与执行的紧密结合。C 集团在转型过程中，确保了战略规划与执行的紧密结合。通过明确的转型目标和规划，C 集团能够有效地推进转型项目，并确保每个阶段的成果都与长期战略保持一致。

（3）技术与流程的深度融合。C 集团通过引入先进的信息技术，如大数据分析和云计算，实现了财务与业务流程的深度融合。这不仅提高了预算管理的自动化和智能化水平，还增强了数据驱动的决策能力。

（4）组织结构与文化的适应性变革。C 集团在转型过程中对组织结构进行了优化，并培养了一种支持数字化转型的企业文化。这种文化鼓励创新思维、跨部门合作和持续学习，为转型成功提供了坚实的基础。

（5）持续的改进与创新。C 集团的案例强调了持续改进和创新的重要性。通过建立持续改进机制和鼓励创新思维,C集团能够不断优化预算管理流程,适应不断变化的业务需求和技术进步。

(6)风险管理与合规性的强化。在数字化转型的过程中,C集团加强了风险管理和合规性控制,确保了转型过程中的风险得到有效识别和管理,同时也确保了企业的合规运营。

(7)员工参与和能力提升。C集团注重员工的参与和能力提升,通过培训和激励机制,提高了员工的数字化素养和参与预算管理的积极性,从而确保了转型的顺利进行。

总体而言,C集团的案例为我们提供了一个全面预算管理数字化转型的典范,其成功经验表明,通过领导层的支持、战略与执行的紧密结合、技术与流程的深度融合、组织结构与文化的适应性变革、持续的改进与创新、风险管理与合规性的强化以及员工的参与和能力提升,企业可以实现财务管理的数字化转型,从而提升企业的竞争力和市场适应能力。

5.6.2 探索思考

(1)C集团在全面预算管理数字化转型中,是如何通过技术平台的升级与整合来提高预算管理的效率和质量的?

(2)在C集团的预算管理数字化转型中,跨部门协作与沟通是如何促进预算管理的效率和效果的?

(3)C集团是如何通过流程优化与自动化提升预算管理的效率的?

(4)在C集团的预算管理数字化转型中,是如何建立有效的风险管理与预警机制的?

(5)C集团在预算管理数字化转型中是如何确保持续监控与改进的?

6 D公司价值链整合与成本
控制优化的成功经验与启示

6.1 案例背景

6.1.1 D公司简介与发展历史

D公司是一家位于北京的高新技术企业,专注于医药产品的研发、生产与销售。自2001年成立以来,公司秉承"营造全球幸福、关爱人类健康"的愿景,通过不断地创新与产品质量提升,已发展成为覆盖中国34个省级行政区并拓展至国际市场的上市公司。2023年,公司实现营业收入超过40亿元,并在精准医疗等新兴领域取得突破。

随着中国制药行业的快速发展,D公司从传统工艺转型至现代化生产技术,并不断优化业务结构。在北京、广州、合肥等地建立生产基地,形成了完善的产业链。2017年,公司进行战略性调整,成立医药业务平台,推动业务的独立运营与协同发展。2020年,D公司在上海证券交易所科创板成功上市,同年启动成本控制优化,通过价值链整合与专家团队分析,有效提升了市场竞争力。

6.1.2 主要业务与市场定位

作为一家高科技制药企业,D公司以创新为驱动力,专注于新药研发,涵盖小分子药物、生物技术药物和中药现代化,旨在提供高效治疗方案,满足临床需求。公司产品线丰富,覆盖心脑血管、消化系统、糖尿病、抗感染等多个治疗领域,致力于满足广泛医疗需求。公司坐拥现代化药品生产基地,生产多种剂型药品,确保产品质量达到国际标准。

D公司定位于高科技制药企业,注重技术创新和产品质量,致力于通过研发投入和市场拓展,提升企业的市场竞争力和品牌影响力,通过不断的产品和服务创新,满足不断增长的市场需求,尤其是在精准医疗等新兴领域寻求突破,通过多元化的业务结构和国际化战略,构建全球营销网络,提升品牌国际知名度,在医药行业中占据领先地位。

6.1.3 组织结构与管理特点

6.1.3.1 组织结构

D公司设立了董事会进行管理与决策,下设监事会和总经理负责日常运营。公司采用现代化的组织结构,确保决策的高效执行和质量管理。公司下设多个部门,包括研发部、采购部、生产部、销售部等,每个部门都有明确的职责和任务。公司管理层具有丰富的行业经验和市场洞察力,能够引领公司在竞争激烈的市场中保持领先地位。

6.1.3.2 管理特点

在经营管理上,D公司有如下特点:

(1)创新导向。D公司强调研发创新,通过激励研发团队、提供充足的研发资金和资源,以保持产品的竞争力和市场领先地位。

(2)质量控制。在药品行业,质量是生命线。D公司注重建立严格的质量管理体系,确保产品质量符合国际标准。

(3)效率优先。为了提高生产效率和降低成本,D公司采用精益生产和自动化技术。

(4)人才战略。D公司重视人才引进和培养,通过提供有竞争力的薪酬福利、职业发展和培训机会来吸引和保留人才。

(5)市场导向。D公司密切关注市场需求和行业动态,快速响应市场变化,调整产品策略和销售策略。

(6)法规遵守。医药行业受到严格的法规监管,D公司在经营管理中强调确保所有产品和服务符合国家的法律法规要求。

(7)沟通协作。D公司鼓励跨部门沟通和协作,以促进信息共享和团队合作,提高决策效率。

(8)持续改进。D公司坚持持续改进的管理理念,通过定期的内部审计和绩效评估来优化业务流程和管理效率。

6.2 公司成本构成及成本控制优化前的问题诊断

6.2.1 成本构成情况

D公司是研究、开发和产销合一的医药企业,其成本包括用于生产、经营等活动所耗费的各项费用。主要的成本费用组成情况见表6-1。

表 6-1   D 公司成本费用构成

项 目	内 容
研发成本	新药研发:包括药物发现、临床前研究、临床试验(Ⅰ、Ⅱ、Ⅲ期)以及相关审批流程的费用。 研发人员工资:研发团队(包括科学家、研究员、临床试验协调员等)的薪酬和福利。 材料和设备:实验室设备和试剂、药品生产设备的折旧和维护费用
采购成本	原材料采购成本:包括药品原料、包装材料、生产辅助材料的采购费用。 设备和固定资产采购成本:包括生产设备、实验室设备、办公设备的采购费用。 服务采购成本:包括委托加工服务、研发服务等发生的费用。 采购管理成本:包括采购部门人员工资、采购信息系统费用、供应商管理费用。 风险和保险成本:包括为应对供应链中断、货物损失等风险而购买的保险费用
生产成本	原材料和辅料:生产药品所需的原材料、辅料和包装材料的成本。 生产设备:生产线的折旧、维护和升级费用。 人工成本:生产工人的工资、福利以及培训费用。 能源和公用事业费用:生产过程中消耗的水、电、气等能源费用。 质量控制:确保产品质量符合规定标准的检验、测试和分析费用。
销售和市场推广成本	销售团队:销售人员的工资、提成、差旅费用和培训费用。 市场营销:广告、宣传、市场研究、产品推广和品牌建设的费用。 分销网络:与分销商合作、产品运输和仓储的费用
管理成本	行政管理:公司高层管理人员的薪酬、办公费用、行政支持服务费用等。 财务成本:贷款利息、汇兑损失、金融服务费用等。 人力资源:员工招聘、培训、福利和保险费用。 折旧和摊销:固定资产的折旧和无形资产的摊销。 仓储费用:存储原材料和成品的仓库租赁和管理费用。 税收和关税:公司需支付的税费、关税和其他政府征收的费用。 风险和保险:为应对潜在风险而购买的保险费用。 政府审批:新药申请、生产许可和进口许可等审批过程中产生的费用。 法规遵从:确保符合国家和国际药品监管要求的费用,如 GMP、GDP 等

6.2.2 成本控制存在的问题

成本控制优化前,D 公司在成本控制方面存在以下问题:

6.2.2.1 成本控制观念陈旧

(1)全员成本意识不足。公司内部并非所有员工都具有强烈的成本控制意识。基层员工尤其如此,他们的成本控制意识较弱,仅停留在降低直接生产成本的层面,而没有从整个价值链的角度去考虑成本控制。

(2)部门间缺乏协同。D公司内部各部门在设计成本控制方案时,往往只考虑本部门的实际情况,没有将整个生产管理过程视为一个有机整体。这种各自为政的做法导致无法根据公司的整体利益制定科学的成本控制计划。

6.2.2.2 研发环节管理不到位

(1)研发投入在营业收入中所占比例偏低。与同行业企业相比,研发资金和人才投入不足,导致创新能力有限。

(2)研发成果转化效率低。研发投入与产出不成比例,研发成果转化为市场竞争力的能力有限。

(3)研发与市场脱节。研发活动可能没有紧密结合市场需求,导致研发成果无法有效转化为企业的经济效益。

6.2.2.3 采购模式单一且不合理

D公司的采购模式较为单一,缺乏有效的采购计划和供应商集中化管理,导致采购成本上升。

6.2.2.4 生产环节成本控制压力大

作为制药企业,生产成本在总成本中所占的比重很大。在实际执行中,D公司面临原材料成本上涨的压力,同时生产过程中的效率和合格率问题也影响成本控制。

6.2.2.5 销售费用管理问题严重

从2017年开始,D公司每年的销售费用呈递增趋势,2018年销售费用较上一年增加19.52%,2019年销售费用较上一年增加19.97%。

6.2.2.6 人力资源管理成本控制

在人力资源管理方面,D公司存在人才培养不足、员工工资制度不够灵活等问题,影响员工积极性和企业运营效率。

6.2.2.7 缺乏保障和监督机制

尽管D公司在各个部门内都设有成本控制这一目标,但在具体实施中,多数只是做表面文章,成本控制效果差。其主要原因是在成本控制执行过程中缺少保障与监督。

6.2.3 解决问题的有效路径

为了有效解决成本控制中存在的这些问题,D公司以2020年成功上市为契机,决心进行成本控制优化。D公司通过深入调研并广泛咨询专家意见,认为进行价值链整合是成本控制优化的有效路径。

6.2.3.1 价值链相关理论

价值链(Value Chain)是由迈克尔·波特(Michael Porter)于 1985 年提出的一个概念,它是企业进行战略成本管理的主要工具。价值链包括一系列将原材料转换成最终产品的活动,这些活动可以分为两类:基本活动和支持活动。基本活动包括内部后勤、生产运营、外部后勤、市场销售和服务;支持活动包括采购、技术发展、人力资源管理和企业基础设施。企业的每一项活动都有可能对产品的价值产生影响,通过这些活动的协同作用,企业能够为顾客创造价值。价值链的每个环节都可以通过提高效率或增加独特性来增加产品的附加值。价值链理论认为,企业的竞争优势来源于其在价值链上的某些特定环节的卓越表现,企业需要分析价值链上的每个环节,并确定哪些环节对竞争优势至关重要。

价值链与成本控制之间的关系是相辅相成的。一方面,价值链分析可以帮助企业识别其各项活动中的成本驱动因素,从而为成本控制提供有力依据。通过分析价值链上的每个环节,企业可以发现节约成本的机会,比如通过改进供应链管理减少原材料成本,或通过提高生产效率降低制造成本。另一方面,成本控制不仅仅是削减成本,更重要的是在控制成本的同时增加产品的价值。价值链管理强调在成本控制中找到价值创造的平衡点,确保企业能够在降低成本的同时提高产品质量、交付速度和顾客满意度。价值链与成本控制之间具有协同效应:价值链上的各个活动之间存在协同效应,一个环节的成本控制可以影响到其他环节的成本。例如,通过改进产品设计,可以减少生产过程中的浪费,进而降低生产成本和原材料采购成本。

6.2.3.2 价值链整合是成本控制优化的有效路径

结合 D 公司成本控制存在的问题,D 公司认为进行价值链整合是成本控制优化的有效路径,主要基于以下考虑:

第一,提升全局视角。价值链整合可以帮助 D 公司从全局的角度审视整个价值创造过程,而不仅仅是单个环节。这有助于识别和优化成本在整个价值链中的流动,从而找到成本控制的潜在点和提升效率的机会。

第二,促进跨部门协同。通过价值链整合,D 公司可以促进不同部门之间的沟通与协作,打破信息孤岛和职能壁垒。这种协同有助于实现资源共享,减少重复劳动,降低整体成本。

第三,增强成本意识。价值链整合要求所有员工都参与到成本控制中来,从而增强全员的成本意识。从基层员工到管理层,每个人都将更加关注成本效益,这有助于形成一种节约成本的企业文化。

第四,优化研发管理。价值链整合可以使研发活动更加贴近市场需求,提高研发成果的转化效率。通过加强与市场部门的沟通,研发投入可以更加精准地定位市场需求,减少无效研发,降低成本。

第五,改进采购模式。通过价值链整合,D公司可以优化采购策略,实施供应商集中化管理,提高采购效率,降低采购成本。同时,通过建立长期合作关系,可以获得更优惠的价格和更好的服务质量。

第六,控制生产成本。价值链整合有助于D公司优化生产流程,提高生产效率和质量合格率,从而降低生产成本。通过精细化管理,可以有效应对原材料成本上涨的压力。

第七,管理销售费用。价值链整合可以帮助D公司分析销售费用的结构和效率,通过优化销售策略和加强费用管理,控制销售费用的增长,提高销售投入的回报率。

第八,优化人力资源管理。通过价值链整合,D公司可以更好地进行人才培养和激励机制的设计,提高员工的工作积极性和效率,从而降低人力资源管理成本。

第九,建立保障和监督机制。价值链整合要求建立一套完善的成本控制保障和监督机制,确保成本控制措施得到有效执行。这包括定期审查、反馈机制和责任分配,以提高成本控制的执行力和效果。

第十,提升企业竞争力。通过价值链整合,D公司可以在降低成本的同时提升产品和服务的质量,增强市场竞争力。这种竞争力不仅体现在价格上,还体现在产品创新、客户服务和企业品牌上。

6.3　D公司价值链分析与整合

价值链分析可以从内部价值链与外部价值链两个层面来进行。通过内部和外部价值链的综合分析,企业可以获得更全面的视角,从而在战略决策中更好地平衡成本与价值,优化资源配置,提高市场竞争力和盈利能力。

6.3.1　内部价值链分析与整合

内部价值链分析与整合主要关注企业内部的各项活动,包括直接创造产品或服务的基本活动,以及为基本活动提供后勤保障的支持活动。内部价值链分析与整合是成本控制的重要组成部分。

6.3.1.1　内部价值链分析

D公司的内部价值链分析主要涉及以下几个环节:

(1)研发环节。D公司的研发团队负责新产品、新工艺和生产线的改进和更新。研发投入对公司长期发展至关重要,但需要控制研发成本,确保研发效率。

(2)采购环节。涉及原材料的采购活动,包括采购数量、时间和成本。D公司需要优化采购流程,选择优质供应商,以降低成本并保证原材料质量。

(3)生产环节。环节涵盖原材料加工、产品质检、包装等。生产成本控制的关键在于提高生产效率,减少不合格产品,优化工艺流程。

(4)销售环节。环节包括销售计划、广告投入、人员工资等。销售策略和客户关系管理对控制销售成本和提高销售效率有直接影响。

(5)仓储与物流。环节涉及产品的库存管理和原材料、产成品和半成品的运输。通过优化物流和减少库存成本,可以提高整体运营效率。

(6)人力资源管理。环节包括人才引进、员工培训、招聘成本等。合理的人力资源管理有助于提高员工满意度和生产效率。

(7)基础设施与综合管理。环节涉及组织结构整合、发展战略制定等。强化基础设施建设和综合管理对提升企业运营效率至关重要。

6.3.1.2　内部价值链整合

D公司内部价值链整合思路如下:

(1)优化研发流程。通过合作研发和工艺优化,提高研发效率,降低成本。

(2)改进采购策略。建立科学的供应商选择体系,采用集中招标和经济订货批量法,降低采购成本。

(3)提高生产效率。通过作业成本价值系数法和5S管理,优化生产流程,提高产品质量和生产效率。

(4)强化销售管理。通过客户关系管理和销售渠道优化,提高销售效率,降低销售成本。

(5)优化物流与仓储。采用ABC分类法和库存成本控制,减少库存成本,提高物流效率。

(6)优化人力资源。通过激励机制和培训,提升员工能力和满意度,降低人力资源成本。

(7)强化基础设施与综合管理。通过信息化建设和组织结构优化,提高管理效率和决策质量。

6.3.2　外部价值链分析与整合

外部价值链分析与整合主要关注企业与外部环境的互动,包括纵向(供应商、客户)与横向(竞争对手)价值链分析。通过这些外部价值链的分析与整合措施,D公司可以更好地管理供应链风险,提高市场竞争力,实现成本效益最大化。

6.3.2.1　纵向价值链分析

(1)供应商管理。D公司需要对供应商进行评估和选择,以确保原材料的质量和供应的稳定性。D公司可以通过层次分析法(AHP)来确定最优供应商,考虑因素包括产品质量、价格、交货期、稳定性和售后服务。

（2）客户关系管理。建立客户信息管理系统，对客户进行分类管理，满足不同客户的需求，提高客户满意度和忠诚度。

（3）销售渠道优化。通过多渠道销售策略，结合线上和线下销售，提高销售效率和市场覆盖率。

6.3.2.2 横向价值链分析

（1）竞争对手分析。通过标杆管理学习法，收集竞争对手的信息，找出自身劣势，学习竞争对手的优势。

（2）建立横向联盟。与竞争对手或行业内其他企业建立战略联盟，实现资源共享，优势互补，共同提升行业竞争力。

6.3.2.3 外部价值链整合

（1）供应商整合。与供应商建立长期合作关系，通过信息共享和战略合作，降低采购成本，提高原材料质量。

（2）客户整合。通过客户关系管理系统，整合客户需求和反馈，提供定制化服务，增强客户黏性。

（3）销售渠道整合。整合线上线下销售渠道，优化销售网络，提高销售效率和市场响应速度。

（4）竞争对手整合。通过横向联盟，与竞争对手共享市场信息，共同开发新技术，降低研发成本，提高市场竞争力。

（5）信息整合。建立信息共享中心，整合内外部信息资源，提高决策效率和市场适应能力。

6.3.3 价值链整合的效益预测

D 公司通过内部和外部价值链的整合，预期将实现以下三大效益。

6.3.3.1 成本降低

D 公司通过价值链整合预期实现的成本降低，具体有以下几个方面：

（1）研发成本控制。通过价值工程分析法和研发合作，D 公司可以在确保研发质量的同时，合理分配研发资源，避免不必要的支出，实现研发成本的有效控制。

（2）采购成本降低。通过优化供应商选择和管理流程，采用层次分析法确定最优供应商，D 公司可以用更优惠的价格采购到高质量的原材料，从而降低采购成本。

（3）生产成本降低。通过改进生产流程、提高作业效率和实施 5S 管理，D 公司可以减少生产中的浪费，提高生产效率，降低不合格产品率，进而减少生产成本。

（4）销售和市场成本降低。通过强化客户关系管理和优化销售渠道，D公司可以更精准地定位市场和客户需求，减少无效的市场推广支出，提高销售效率。

（5）仓储与物流成本降低。采用ABC分类法和库存成本控制，D公司可以更有效地管理库存，减少过剩库存和相关的存储成本，同时优化物流策略以降低运输成本。

（6）管理成本降低。通过明确各部门职责和优化管理流程，D公司可以减少管理中的冗余和低效环节，提高管理效率，降低管理成本。

（7）质量成本降低。通过提高产品质量控制标准和实施全面质量管理，D公司可以减少返工、退货和客户索赔等质量相关成本。

（8）整体运营成本降低。价值链整合带来的效率提升和流程优化将反映在整体运营成本的降低上，包括但不限于行政开支、日常维护成本等。

经过综合测算，通过价值链整合，D公司预计总成本将下降，这表明价值链整合对成本降低具有显著的效果。当然，实现这些预期效益需要D公司在实施过程中持续监控、评估和调整其价值链整合策略。

6.3.3.2　效率提升

D公司通过价值链整合预期实现的效率提升，包括以下几个方面：

（1）流程优化。通过分析和优化内部价值链的各个环节，D公司可以简化流程，减少不必要的步骤和延误，从而提高整体运营效率。

（2）资源配置更有效。价值链整合有助于更合理地分配资源，确保关键资源被有效利用在最需要的环节，减少资源浪费，提升资源使用效率。

（3）信息共享。建立信息共享中心，加强内部信息流通和外部信息获取，可以加快决策速度，提高响应市场变化的能力。

（4）协同合作。通过与供应商和客户建立更紧密的合作关系，实现协同效应，可以减少库存积压，加快产品交付速度。

（5）生产效率。通过改进生产技术和管理，如实施5S管理和引入先进的生产设备，D公司可以提高生产线的效率和产出。

（6）技术创新。通过研发合作和技术创新，D公司可以缩短新药研发周期，加快产品上市速度，提高研发投入的回报率。

（7）市场响应。通过优化销售渠道和客户关系管理，可以提高市场渗透率和客户满意度，同时加快对市场变化的反应速度。

（8）质量改进。通过提高质量控制标准和实施全面质量管理，可以减少返工和废品率，提高产品一次合格率，从而提升生产效率。

（9）决策效率提升。优化决策流程和提高决策者的信息获取能力，可以确保决策更加迅速和准确，提高企业对市场变化的适应能力。

（10）员工效率提升。通过明确职责、提供培训和激励机制,可以提高员工的工作积极性和效率,减少人力资源的浪费。

价值链整合对效率的提升是多方面的,不仅涉及生产和运营流程,还包括决策、供应链管理、研发和市场响应等多个方面。通过这些措施,D 公司可以提高其整体竞争力,更快地适应市场变化,实现可持续发展。

6.3.3.3 市场竞争力增强

D 公司通过价值链整合预期实现的市场竞争力增强,可以从以下几个方面进行分析:

（1）产品和服务质量提升。通过优化研发流程和提高生产质量控制,D 公司能够提供更高质量的产品和服务,满足客户需求,增强市场竞争力。

（2）成本优势。价值链整合带来的成本降低,使 D 公司在价格竞争中具有优势,能够吸引更多价格敏感型客户,扩大市场份额。

（3）响应速度加快。通过流程优化和供应链协同,D 公司能够更快地响应市场变化和客户需求,快速调整生产和销售策略。

（4）创新能力增强。通过整合研发资源和市场信息,D 公司能够加速新产品的研发和创新,持续推出满足市场需求的新药品,增强市场竞争力。

（5）品牌和客户满意度提高。通过有效的市场推广和高质量的产品,D 公司可以提升品牌知名度和美誉度,提高客户忠诚度。

（6）市场适应性增强。价值链整合使 D 公司能够更灵活地适应市场变化,如法规变动、原材料价格波动等,及时调整经营策略。

（7）供应链竞争力提升。通过与供应商建立长期稳定的合作关系,可以确保原材料供应的质量和成本效益,提高整个供应链的竞争力。

（8）战略联盟和合作增强。通过与竞争对手或行业内其他企业的横向联盟,D 公司可以共享资源,共同开发市场,提高整体竞争力。

（9）风险管理能力增强。通过整合价值链,D 公司能够更有效地识别和管理市场风险,减少不确定性对企业运营的影响。

（10）利润增长。通过上述各项效益的实现,D 公司预期将增加营业利润,提高投资回报率。

（11）可持续发展能力提高。价值链整合有助于 D 公司实现环境友好和承担更多社会责任,提升企业形象,吸引更多关注可持续发展的客户和合作伙伴。

通过这些措施,D 公司不仅能够提升自身的市场竞争力,还能够在激烈的市场竞争中保持领先地位,实现可持续发展。

6.4 基于价值链整合的 D 公司成本控制优化方案设计

6.4.1 设计目标、原则与框架

6.4.1.1 设计目标

基于价值链整合的 D 公司成本控制优化方案设计的基本目标是通过价值链整合实现成本控制的全面优化,提升 D 公司的市场竞争力和盈利能力。主要包括以下几个方面:

(1)全员成本意识提升。培养公司全体员工的成本意识,确保每个员工都能在自己的岗位上为降低成本做出贡献。

(2)成本结构优化。通过价值链分析,对公司的成本结构进行优化,剔除不必要的成本环节,提高成本效益。

(3)生产效率提升。改进生产流程,减少浪费,提高生产效率,从而降低单位产品的生产成本。

(4)供应链管理优化。与供应商建立紧密的合作关系,优化采购流程,降低原材料成本,提高供应链效率。

(5)产品和流程创新。鼓励创新,不断改进产品和服务,通过创新降低成本,提高市场竞争力。

(6)市场定位精准。通过市场研究,精准定位产品,确保产品开发和市场推广与目标市场需求相匹配,减少无效成本。

(7)客户满意度提升。提高产品和服务质量,增强客户满意度,通过客户忠诚度的提升降低客户获取成本。

(8)风险管理改善。建立风险管理机制,对潜在的成本风险进行识别、评估和控制,减少不确定性对成本的影响。

(9)持续改进。建立持续改进机制,不断寻找成本节约的机会,实现成本控制的持续优化。

(10)考虑环境与社会责任。在成本控制的同时,考虑环境保护和社会责任,实现企业的可持续发展。

6.4.1.2 设计原则

基于价值链整合的 D 公司成本控制优化方案设计的基本原则是确保方案科学、合理、可行,并能够带来实际效益。具体包括:

(1)战略一致性原则。成本控制方案应与公司的长期战略目标和业务目标保持一致,确保成本控制活动支持公司的整体发展方向。

（2）全面性原则。方案需要全面考虑价值链的每个环节，包括内部流程、供应链管理、客户关系等，以识别和控制所有潜在的成本来源。

（3）成本效益原则。在实施成本控制措施时，应评估其成本效益比，确保所投入的成本能够带来更大的节约或收益。

（4）全员参与原则。鼓励公司所有员工参与成本控制活动，通过培训和激励措施提高员工的成本意识和参与度。

（5）动态适应与持续改进原则。成本控制方案应具备灵活性和持续改进机制，能够适应市场变化、技术进步和内部管理需求的变化，鼓励不断寻找提高效率和降低成本的机会。

（6）透明性原则。确保成本控制的过程和结果对所有相关方透明，以便于监督、评估和持续改进。

（7）责任明确原则。明确各个部门和个人在成本控制中的责任和任务，确保责任到人，执行到位。

（8）合作共赢原则。与供应商、分销商和其他合作伙伴建立合作共赢的关系，通过协同合作实现成本效益的最大化。

这些原则为 D 公司设计和实施成本控制优化方案提供了指导，帮助公司在确保成本效益的同时，也能够实现可持续发展和市场竞争力的提升。

6.4.1.3 设计框架

基于价值链整合的 D 公司成本控制优化方案的设计框架应当全面覆盖企业内部和外部的价值链环节，确保成本控制的系统性和有效性。框架内容如下：

（1）成本控制战略规划。与企业整体战略相结合，确定成本控制的长期目标和短期目标，确保成本控制方案与企业发展方向一致。

（2）内部价值链优化。①在研发环节，优化研发流程，控制研发成本，同时保持创新能力；②在采购环节，通过集中采购、长期供应商合作等方式降低采购成本；③在生产环节，采用精益生产、自动化技术等手段提高生产效率，减少浪费；④在销售环节，优化销售渠道，提高销售效率，降低销售成本；⑤在服务环节，提供高质量的客户服务，同时控制服务成本。

（3）外部价值链整合。①供应链管理：与供应商建立战略合作伙伴关系，实现原材料成本的优化；②客户关系管理：通过 CRM 系统等工具提高客户满意度，降低客户获取和维护的成本；③竞争对手分析：分析竞争对手的成本结构，寻找差异化竞争优势。

（4）成本控制方法。①作业成本价值系数法：准确追踪和分配成本到具体作业，提高成本透明度；②目标成本法：在产品设计阶段就设定成本目标，引导成本控制；③价值工程：优化产品设计和生产流程，提高价值，降低成本。

（5）信息技术应用。通过 ERP 系统，集成企业资源，实现成本信息的实时监控和管理；利用大数据分析和预测成本趋势，支持决策制定。

（6）组织结构与流程优化。简化管理层级，提高决策效率；优化业务流程，减少不必要的步骤和延误。

（7）人力资源管理。建立绩效考核与激励机制，鼓励员工参与成本控制。

（8）持续改进与监控。建立成本控制的持续改进机制，定期审查和更新成本控制策略；实施成本监控系统，实时跟踪成本数据，快速响应成本异常。

（9）风险管理。识别成本控制过程中可能遇到的风险；制定风险应对策略，减少不确定性对成本的影响。

（10）法规遵从与考虑社会责任。确保成本控制活动遵守相关法律法规；考虑环境保护和社会责任，实现可持续发展。

通过上述目标、原则和框架的设计，D 公司可以系统地整合内部和外部价值链，构建一个全面、系统的成本控制优化方案，以实现成本效益的最大化和企业竞争力的提升。

6.4.2　内部价值链成本控制方案

基于 D 公司内部成本管理方面存在的一些问题，从内部价值链视角出发，D 公司提出的成本控制方案如下：

6.4.2.1　研发环节

D 公司在研发环节的成本控制聚焦于策略制定、人员成本优化和合作与共享三个方面。

（1）策略制定。公司通过严格筛选高潜力项目，执行成本效益与风险分析，确保研发投入的合理性。设立动态调整的预算，并通过敏捷方法缩短研发周期，提高市场响应速度。

（2）人员成本优化。D 公司合理配置研发团队，培养多技能人才，并通过绩效激励机制提高团队效率。定期培训强化技能与成本意识，同时建立知识共享平台，促进团队间的信息交流。

（3）合作与共享。D 公司鼓励内部跨部门合作，共享资源，减少浪费。与外部高校和科研机构建立合作关系，参与行业联盟共享成果，加强知识产权保护，并快速转化研发成果为商业价值。

这些措施的共同作用，不仅有效控制了研发成本，还提升了研发效率和质量，增强了 D 公司的市场竞争力。

6.4.2.2　采购环节

D 公司针对采购环节的成本控制，采取了强化供应商管理、物流成本控制和提升采购效率三大策略。

(1)强化供应商管理。公司建立了严格的选择和评估体系,实施定期绩效评估,与关键供应商建立长期合作,并通过集中和批量采购提高议价能力。同时,D公司注重合同管理,确保条款有利于成本控制。

(2)控制物流成本。D公司优化了物流网络,减少了运输和仓储成本,并通过第三方物流服务和先进库存管理系统提高效率。

(3)提升采购效率。公司标准化并简化了采购流程,引入了电子采购系统,利用数据分析工具预测需求,动态调整采购策略,并加强了采购人员的培训和激励。

这些措施帮助D公司在采购环节有效控制成本,提高效率,从而增强了市场竞争力。

6.4.2.3 生产环节

D公司在生产环节的成本控制策略集中在生产作业优化、质量成本控制和设备投资管理三个核心领域。

(1)生产作业优化。公司采用精益生产原则,通过价值流分析消除浪费,实施看板系统优化生产流程,推行5S管理改善工作环境和提升工作效率。

(2)质量成本控制。公司强化ISO 9001等质量管理体系,严格供应商质量控制,实施在线检测与过程控制,定期进行设备校准维护,提高员工质量意识,降低返工和废品率。

(3)设备投资管理。公司引入自动化和智能化技术提高效率,利用物联网和大数据分析进行实时监控和维护,选择性价比高的设备,实施设备全生命周期管理。

这些措施助力D公司在生产环节有效控制成本、提升生产效率,并通过提高产品质量减少返工和废品,增强市场竞争力。

6.4.2.4 销售环节

D公司的销售环节成本控制方案聚焦于整合优化销售渠道、调整优化销售策略和加强客户关系管理三个关键领域。

(1)整合优化销售渠道。D公司通过分析和简化销售流程,减少不必要的销售层级,发展直销和电子商务平台,整合线上、线下渠道,利用大数据分析优化渠道布局,关闭低效益渠道,集中资源于高效益渠道。

(2)调整优化销售策略。根据市场和产品特性,选择最佳销售模式,实施灵活的价格策略和差异化定价,精细化管理促销活动,确保投入产出比合理,避免利润下降。

(3)加强客户关系管理。建立详细客户数据库,进行客户细分和精准营销,提供优质产品和服务以提高客户满意度,实施客户忠诚度计划,使用自动化工具降低服务成本,提供有效培训和支持。

这些措施旨在提高销售效率,增强客户满意度和忠诚度,提升D公司的整体盈利能力和市场竞争力。

6.4.2.5　仓储与物流环节

D公司针对仓储与物流环节的成本控制,专注于改进库存管理和优化物流两个主要方面。

(1)改进库存管理。D公司实施ABC分类法,对不同价值和流动性的库存物品采取差异化控制策略。采用经济订货量模型和周期盘点维持合理库存,引入ERP和WMS系统实现实时监控,优化空间布局,并运用自动化设备提升作业效率。

(2)调整与优化物流。D公司利用第三方物流服务降低成本,建立长期合作获取优势价格和服务。运用运筹学和GIS技术优化配送路线,实施集货和拼箱策略提高运输效率,并对物流成本进行精细化管理,定期分析以寻找节约点。

这些措施有助于D公司有效控制仓储与物流成本,提升物流效率,减少库存积压和运输开支,增强企业竞争力和盈利能力。

6.4.2.6　人力资源管理环节

D公司在人力资源管理环节的成本控制方案集中于加强员工培训与发展以及引入有效的激励机制。

(1)加强培训与发展。通过定期的专业技能和软技能培训提升工作效率和质量,利用内部资源和在线学习平台进行高成本效益的培训。实施跨岗位培训以增强员工岗位灵活性,并通过流程优化以减少操作错误。

(2)引入激励机制。制订与公司文化和业务目标一致的激励方案,包括绩效奖金和股权激励,满足员工个性化需求,如工作生活平衡和职业发展机会。确保绩效评估体系公平公正,增强员工的归属感和责任感。

这些措施旨在有效控制人力资源成本,提升员工满意度和忠诚度,同时降低流失率,提高员工绩效,为公司的长期发展和竞争力提供人力资源保障。

6.4.2.7　基础设施与综合管理

D公司针对基础设施与综合管理的成本控制,聚焦信息化建设、基础设施维护和管理流程优化三大关键领域。

(1)信息化建设。引入ERP和CRM系统集中管理数据,采用云计算降低IT成本,通过电子通信提高沟通效率,实施知识管理系统减少重复工作,利用大数据分析提升决策质量。

(2)基础设施维护。执行预防性维护计划减少故障,定期检查保养关键设备,快速响应维修需求,升级技术提高设备效率,优化能源使用降低能源成本。

(3)管理流程优化。简化流程,消除不必要步骤,制定标准化操作手册,应用项目管理工具如六西格玛提升效率和质量,培养员工解决问题和团队协作能力,通过集中采购和供应链管理降低成本,推广成本意识文化。

这些措施有助于 D 公司在基础设施与综合管理环节有效控制成本,提升效率,增强市场竞争力,并支持企业的持续发展。

6.4.3 纵向行业价值链成本控制方案

通过对 D 公司所处的外部环境分析,从纵向行业价值链视角出发,D 公司提出的成本控制方案如下。

6.4.3.1 供应商管理

在纵向行业价值链中,供应商管理是成本控制的一个重要环节。通过有效的供应商管理,企业可以确保供应链的稳定性和成本效率。在供应商管理方面,D 公司设计成本控制方案时,主要注重两个关键点:

(1)评估与选择。D 公司将层次分析法(AHP)应用于供应商选择的过程。

层次分析法(Analytic Hierarchy Process,AHP)是一种决策分析方法,由美国运筹学家托马斯·L. 萨蒂(Thomas L. Saaty)在 20 世纪 70 年代中期提出。它通过建立层次结构模型,将复杂的决策问题分解为多个组成因素,并在各因素之间进行成对比较和量化,以确定各因素的相对重要性,最终得出决策方案的优劣顺序。基本步骤是:①建立层次结构模型:依据价格、质量、交货时间、服务、信誉等因素,确定备选的供应商名单。②构建判断矩阵:对不同供应商进行两两比较,根据预设的标度(如 1~9 标度),填写判断矩阵,进行评分。③计算权重:通过计算判断矩阵的特征值和特征向量,得到相应权重。④确定最优供应商:根据总权重对供应商进行排序,确定最优供应商。⑤制定供应商策略:根据供应商的总排序结果,制定相应的采购策略,与优先选择权重最高的供应商进行合作。⑥持续监控与评估:在与供应商合作过程中,持续监控供应商的表现,定期使用层次分析法重新评估供应商。⑦优化供应商关系:根据评估结果,优化供应商关系,如加强与优秀供应商的合作,淘汰表现不佳的供应商。⑧信息反馈与改进:将评估结果和合作经验反馈给相关部门,作为改进供应商管理和选择流程的依据。

在评估过程中,考虑以下因素:①质量:供应商的产品或服务质量直接影响最终产品的质量,因此质量是评估的关键因素。②价格:比较不同供应商的价格,但同时考虑总体成本,包括运输成本、库存成本和潜在的折扣。③交货时间:供应商的交货及时性对生产计划和库存管理至关重要。④供应商信誉:评估供应商的财务稳定性、市场声誉和长期业绩。⑤其他因素:如供应商与企业文化和战略目标的契合度、供应商的技术能力、创新能力、环境和社会责任等。

(2)合作关系维护。通过长期合作建立信任,签订长期合同确保价格和供应稳定性。定期沟通了解供应商业务变化,共享市场信息和技术支持,共同开发新产品,推动供应链协同,实现成本优化。

这些策略不仅保障了供应链的稳定性和产品质量,还有效控制了成本,提升了行业价值链的竞争力。

6.4.3.2　客户关系管理

D公司的客户关系管理(CRM)策略旨在通过成本效益分析提升客户满意度和市场竞争力,主要聚焦于客户细分和客户服务优化。

(1)客户细分。D公司依据购买行为、需求偏好和价值贡献等因素对客户进行细致分类,实施差异化服务和定价策略,以满足不同客户群体的特定需求。

(2)客户服务优化。通过专业培训提升客服团队能力,利用CRM系统个性化服务,定期进行客户满意度调查,快速响应反馈,实施忠诚度计划以促进客户重复购买,同时采取预防措施降低客户流失风险。

这些措施帮助D公司有效分配资源,提升客户保留率和生命周期价值,降低服务成本,实现成本控制目标。

6.4.4　横向竞争对手价值链成本控制方案

通过充分的调查研究,D公司基于横向竞争对手价值链设计的成本控制方案如下。

6.4.4.1　竞争对手分析

在横向竞争对手价值链成本控制方案中,对竞争对手的分析是制定有效竞争策略的基础。D公司的竞争对手分析策略专注于市场定位把握和成本结构分析,以建立有效的竞争策略。

(1)市场定位把握。深入研究竞争对手的市场认知度,包括品牌形象、价值主张和目标客户。通过市场调研和顾客反馈,评估对手的优势、劣势和市场策略,分析市场份额和财务指标。

(2)成本结构分析。识别并分析竞争对手在原材料采购、生产、分销等环节的成本和成本驱动因素。关注规模经济、专有技术和供应链管理效率等关键成本控制环节,评估对手的成本效率。

通过这些分析,D公司能够明确自身竞争地位,发现成本节约机会,优化成本结构,并制定竞争策略,如成本模仿与改进、差异化策略、价值链重构和战略定价,以增强市场竞争力。

6.4.4.2　价值链对比分析

价值链对比分析是一种战略管理工具,用于评估企业相对于竞争对手在价值创造过程中的效率和效果。D公司的价值链对比分析策略包括内部价值链对比和外部协同效应探索。

（1）内部价值链对比。D公司细致分析了自身在进货物流、生产、出货物流、营销、销售及服务等价值链环节的表现，并与竞争对手进行比较。通过这一过程，D公司识别了在成本控制、产品质量、交货时间和客户服务等方面存在的优势和劣势，并寻找到改进的机会，如原材料成本降低和生产效率提升。

（2）外部协同效应。D公司评估了与竞争对手在供应链、分销渠道和研发等方面的合作潜力，分析了合作带来的成本节约和资源共享的好处。在保持市场竞争力的同时，D公司探索了与竞争对手在采购、物流、技术合作以及营销和售后服务方面的合作机会，以实现资源共享和风险共担。

通过这些分析，D公司旨在优化供应链管理，减少库存成本，提高市场响应速度，并在合适的市场条件下与竞争对手共同开展活动，降低成本，提升客户满意度，扩大市场影响力。

6.4.4.3 学习与改进

向竞争对手学习是企业持续改进和保持竞争力的关键。D公司采纳的学习策略从技术能力提升、管理能力强化和吸取经验教训三个维度进行：

（1）技术能力提升。D公司研究并借鉴竞争对手在技术方面的优势，分析其技术发展路线图，引进或改进技术以提升生产效率和产品质量，并培养创新文化，鼓励员工提出创新想法。

（2）管理能力强化。优化管理流程，提高决策和执行力，通过培训提升员工成本意识，采用先进成本控制方法，并定期进行成本审计。

（3）吸取经验教训。通过分析竞争对手的失败案例，识别自身潜在问题，建立内部反馈机制，鼓励员工报告问题和建议，总结成功与失败案例，形成知识库。

通过这些学习与改进措施，D公司减少了错误，提高了成本控制和运营效率，进而保持市场竞争优势，促进可持续发展。

6.5 D公司价值链成本控制方案的实施及保障措施

6.5.1 方案实施步骤

6.5.1.1 方案宣贯与培训

D公司制定成本控制方案的宣贯与培训策略，旨在确保全员理解并参与成本控制，具体步骤如下：

（1）制订宣传计划。明确宣传目标、内容、时间表、责任人，并通过全员大会、部门会议等多种形式进行。

（2）开发培训材料。制作易懂的培训手册、PPT、视频等，涵盖价值链理论、成本控制理念及具体措施。

（3）组织全员宣传大会。由高层领导强调成本控制的重要性，方案设计人详细解读方案内容。

（4）开展部门培训。各部门根据职责组织培训和讨论，通过角色扮演、案例分析等形式，直观展示成本控制应用，鼓励员工提问和反馈。

（5）建立长效学习机制。定期复习和更新培训内容，将成本控制理念纳入新员工培训。

通过这些步骤，D公司强化了员工对成本控制理念的认识，确保了方案的顺利实施和长期发展。

6.5.1.2　内部价值链优化

D公司的成本控制优化方案包括以下关键措施：

（1）研发环节优化。通过市场调研确保研发与市场需求相符，采用模块化设计提高效率，跨部门协作促进信息共享，目标成本法控制早期成本，激励创新同时监控其对成本的影响。

（2）采购环节优化。建立供应商评估体系，集中采购提高规模效应，长期合作共享成本风险，电子采购系统提升透明度和效率。

（3）生产环节优化。实施精益生产消除浪费，先进技术和自动化提高生产效率，作业成本价值系数法准确核算成本，优化生产和库存管理减少库存成本。

（4）销售环节优化。加强市场分析和客户关系管理，制订销售预测和需求计划来指导销售策略，通过CRM系统提升销售自动化和客户服务，分析并优化销售渠道成本。

（5）全环节作业成本价值系数法应用。作业成本价值系数法是一种成本管理工具，它通过分析企业内部价值链上的各项作业活动，评估这些活动对企业价值的贡献，即价值系数，然后通过计算每项作业的价值系数与成本系数的比值，得到作业成本价值系数，并据此对成本进行分配和优化。这种方法的核心在于确定每项作业活动的成本价值系数，以此来衡量作业的效率和效益。D公司在所有价值链环节中应用作业成本价值系数法，识别和优化作业活动，通过价值系数和成本系数的比较，剔除或改进低效作业，优化成本结构。

这些措施共同确保D公司在价值链的每个环节实现成本效益最大化，提升公司的整体运营效率和市场竞争力。

6.5.1.3 外部价值链整合

D公司通过以下措施强化外部价值链整合,旨在与供应商和客户建立紧密合作,优化供应链和销售链:

(1)供应商关系管理(SRM)。建立评估体系,选择性价比高的供应商,建立长期合作,确保供应稳定性,并通过早期供应商介入降低成本。

(2)客户关系管理(CRM)。深入了解客户需求,提供个性化服务,建立忠诚度计划增强客户黏性,并通过反馈机制不断优化服务。

(3)战略联盟。与合作伙伴建立联盟,共同开发新产品,共享资源,实现互补优势,提升竞争力。

(4)供应链协同。采用最佳实践降低库存成本,提高响应速度,利用信息技术提高供应链透明度和安全性。

(5)合作共赢的伙伴关系。优化销售渠道,建立紧密的合作关系,共享市场信息,实现需求驱动管理,建立成本透明化机制。

这些措施有助于D公司提升供应链效率,增强市场响应能力,并通过共赢合作增强整体竞争力。

6.5.1.4 开展对标管理

D公司开展对标管理,主要通过标杆管理学习法和竞争对手分析来实现。

(1)确定对标目标。明确对标管理的目的和目标,比如提高产品质量、降低成本、增强服务能力等。

(2)选择标杆企业。识别并选择行业内表现优秀的竞争对手或同类企业作为标杆。

(3)收集数据和信息。收集标杆企业的相关数据和信息,包括财务报表、市场表现、运营效率、技术创新等方面。

(4)竞争对手分析。分析竞争对手的优势和劣势,识别其成功的关键因素。

(5)内部能力评估。评估D公司自身的资源、能力和市场地位,确定与标杆企业的差距。

(6)建立评价指标体系。根据对标目标,建立包括财务指标、运营指标、市场指标等多方面的评价指标体系。

(7)应用标杆管理学习法。通过比较分析,学习标杆企业的最佳实践和成功经验。

(8)制定改进措施。根据分析结果,制订具体的改进措施和行动计划。

(9)实施改进计划。将改进措施落实到具体的业务流程和操作中,持续跟踪改进效果。

(10)持续监控与评估。定期监控改进措施的执行情况,评估对标管理的效果。

通过有效开展对标管理,D公司学习行业内最佳实践,提升自身的竞争力。同时,通过对竞争对手的深入分析,D公司能够更好地了解市场动态,制定有效的竞争策略。

6.5.1.5　实施效果评估

(1)对方案实施效果进行定期评估。

(2)根据评估结果,对方案进行必要的调整和优化。

6.5.2　组织保障措施

D公司价值链成本控制方案的有效实施,需要组织保障措施,包括:组织结构优化、激励制度建立、信息系统的建设与完善、风险管理等。

6.5.2.1　组织结构优化

在基于价值链整合的成本控制优化方案中,优化与调整组织结构是确保与成本控制目标一致的保证。以下是具体的实施策略:

(1)组织结构评估。审查现有的组织结构,评估其是否支持成本控制目标,确定组织结构中的冗余或不足之处。

(2)价值链分析。对公司的价值链进行详细分析,识别关键成本控制点,确保组织结构与价值链的关键环节相对应。

(3)组织结构设计。根据价值链分析结果,设计新的组织结构,确保组织结构能够支持成本控制的全面性和系统性。

(4)职责明确化。制定详细的职责说明书,明确各部门在成本控制中的角色和责任,确保每个部门都清楚自己在成本控制中的任务。

(5)流程优化。优化内部流程,消除不必要的步骤和延误,确保流程设计与成本控制目标一致,减少浪费,提高效率。

(6)管理层调整。根据上述分析,调整管理层结构,确保管理层能够支持成本控制目标。

(7)跨部门协作。在管理层的支持下,增强跨部门协作,促进信息流通和资源共享。

6.5.2.2　激励制度建立

为确保D公司价值链成本控制方案的成功实施,激励制度的建立是关键。以下是具体激励措施:

(1)绩效考核体系设计。制定与成本控制目标一致的绩效考核指标,确保每个部门和员工的绩效目标与公司的成本控制战略相匹配。考核指标应具体、可量化,并与员工的日常工作紧密相关。

（2）纳入成本控制目标的绩效指标。将成本控制的关键绩效指标（KPIs）纳入员工的年度绩效考核中。可设定明确的成本节约目标，并与员工的奖金、晋升等挂钩。

（3）物质奖励。根据节约成本的额度，为达成或超越成本控制目标的员工和团队提供物质奖励，如现金奖励、股票期权、额外福利等。

（4）精神奖励。对在成本控制方面做出突出贡献的员工给予公开表彰和荣誉证书；在公司内部宣传他们的成功案例，提升员工的成就感和认同感。

（5）风险共担机制。设计风险共担计划，让员工在面临成本超支时承担一定的责任。通过这种方式，增强员工对成本控制的责任感。

（6）利益共享机制。建立利益共享计划，使员工在实现成本节约时能够分享到相应的收益，确保员工能够直接从他们的努力中获益。

（7）透明公正的奖励分配。通过定期的绩效回顾会议，让员工了解他们的绩效评价和奖励情况，确保奖励分配过程的透明性和公正性，避免任何偏见或不公。

（8）个人与团队奖励平衡。在奖励个人贡献的同时，也要奖励团队合作和团队成果。鼓励团队内部协作，共同实现成本控制目标。

（9）持续的激励与反馈。建立持续的激励机制，即使在经济不景气时期也不减少对员工的激励；定期收集员工对激励制度的反馈，及时调整和优化。

（10）职业发展机会。将成本控制表现作为员工职业发展和晋升的重要依据之一，为表现优秀的员工提供更多的培训和发展机会。

通过这些激励措施，D公司能够激发员工的积极性和创造性，促进员工主动参与成本控制工作，从而提高整个公司的成本效益。

6.5.2.3 信息技术系统建设与完善

信息技术系统建设是实现成本控制自动化和信息化的重要手段。以下是D公司具体的做法：

（1）需求分析。评估公司当前的信息技术需求，包括成本控制、供应链管理、客户关系管理等方面，在此基础上确定新系统的目标和预期效果。

（2）市场调研。调研市场上现有的ERP、CRM等信息系统，比较不同系统的功能、成本和适用性。

（3）系统选型。根据需求分析和市场调研结果，选择适合公司业务和管理需求的信息系统。对于现有的系统不能满足特定需求的，进行定制化开发或二次开发。

（4）系统集成。将新引入的系统与公司现有的IT基础设施进行集成，确保数据的一致性和流畅性。

（5）数据迁移。将旧系统中的数据迁移到新系统，确保数据的准确性和完整性。

（6）员工培训。对相关员工进行系统操作培训,确保他们能够熟练使用新系统。

（7）系统实施。在公司内部逐步实施新系统。

6.5.2.4　风险管理

在 D 公司的价值链成本控制方案实施过程中,风险管理是一个关键保障措施,旨在识别、评估和应对可能影响成本控制目标的风险。

（1）风险识别。定期进行全面的风险评估,识别成本控制过程中可能遇到的风险,如市场波动、供应链中断、技术变革等。

（2）风险评估。对已识别的风险进行评估,确定其可能性和影响程度,并将风险分类为高、中、低三个等级。

（3）量化分析。使用统计和数学工具,如敏感性分析、蒙特卡洛模拟等,量化风险对成本的影响。

（4）风险应对策略制定。针对不同类型的风险,制定相应的应对策略,如风险避免、风险转移(通过保险)、风险减轻和风险接受。

（5）供应链风险管理。对供应链进行风险评估,确保原材料供应的稳定性和成本效益,减少供应中断的风险。

（6）合同管理。在与供应商和客户的合同中明确风险分担条款,减少合同执行过程中的不确定性和成本风险。

（7）建立风险监控系统。实时跟踪风险的发展变化,确保风险应对措施的有效性。

（8）应急预案制定。制定应急预案,以便在风险发生时能够迅速采取行动,减少损失。

（9）加强内部控制。确保成本控制流程的合规性和效率,减少内部风险。

（10）建立风险报告机制。鼓励员工及时报告潜在的风险问题。

通过这些风险管理措施,D 公司能够更好地应对成本控制过程中的不确定性和潜在风险,确保成本控制目标的实现。同时,这也有助于提高公司的适应能力和竞争力。

6.6　D公司成本控制取得的效果评估

D 公司自 2021 年 12 月开始实施成本控制新方案,下面我们依据 D 公司 2022 年、2023 年的相关数据,从定量、定性两个角度分析 D 公司成本控制取得的实际效果。

6.6.1 成本控制效果的定量分析

（1）成本节约。根据 D 公司 2022—2023 年的成本数据，实施成本控制方案后，D 公司主要产品的单位成本下降了 5%~11%，总成本节约 14 800 万元。

（2）成本结构变化。从成本结构来看，D 公司通过加强供应链管理，原材料成本从 2020 年的占比 55.46% 下降至 2023 年的占比 52.38%，管理成本从 2020 年的占比 11.83% 下降至 2023 年的占比 10.96%。

（3）产品毛利率。2022—2023 年，D 公司在平均单价较 2020 年下降 3.58% 的情况下，主要产品毛利率竟然提高了 2.18%，大大地提高了公司的市场竞争力。

（4）运营效率指标。计算表明，D 公司的存货周转率由 2020 年的 231 天下降为 2023 年的 215 天，主要产品的平均生产周期由 2020 年的 28 天下降为 2023 年的 26 天，主要产品的平均交货时间由 2020 年的 34 天下降为 2023 年的 29 天，这些指标的改善表明成本控制措施在简化流程、减少瓶颈、提高响应速度等方面取得了较好的成效，提升了公司整体的运营效率。

（5）质量成本分析。D 公司产品缺陷率由 2020 年的 0.85% 下降为 2023 年的 0.40%，说明通过实施成本控制方案在不牺牲产品质量的前提下实现了成本节约。

6.6.2 成本控制效果的定性评价

为了对成本控制效果进行定性评价，D 公司于 2023 年 2 月做了一次问卷调查，具体内容如下。

D 公司成本控制效果定性分析调查问卷

尊敬的参与者：

您好！为了全面评估我们公司成本控制措施的效果，我们特开展此次定性分析调查。您的见解和反馈对我们至关重要，将帮助我们不断改进和优化成本控制策略。本问卷所收集的信息将严格保密，仅用于分析目的。感谢您的宝贵时间和真诚合作！

一、员工满意度

1. 您对公司实施的成本控制措施有多大程度的了解？（   ）

A. 非常了解

B. 比较了解

C. 知道一些

D. 不太了解

E. 没听说过

2. 您认为成本控制措施对工作环境和氛围的影响是？（   ）

A. 非常积极

B. 积极

C. 一般

D. 消极

E. 非常消极

3. 成本控制措施是否提高了您的工作满意度？（　　　）

A. 非常同意

B. 同意

C. 一般

D. 不同意

E. 非常不同意

二、客户反馈

4. 您是否注意到客户对公司产品和服务的反馈有所变化？（　　　）

A. 明显改善

B. 有所改善

C. 无明显变化

D. 有所下降

E. 明显下降

5. 您认为成本控制措施对客户满意度的影响是？（　　　）

A. 非常积极

B. 积极

C. 一般

D. 消极

E. 非常消极

三、合作伙伴（供应商和分销商）反馈

6. 您是否收到供应商和分销商关于成本控制措施的反馈？（　　　）

A. 频繁收到正面反馈

B. 偶尔收到正面反馈

C. 反馈平衡

D. 偶尔收到负面反馈

E. 频繁收到负面反馈

7. 您认为成本控制措施对供应链关系的长期影响是？（　　　）

A. 非常有利

B. 有利

C. 一般

D. 不利

E. 非常不利

四、战略目标一致性

8. 您认为本公司的成本控制措施与公司战略目标的一致性如何？（　　　）

A. 完全一致

B. 大体一致

C. 部分一致

D. 基本不一致

E. 完全不一致

9. 成本控制措施是否帮助公司更好地实现了其战略目标?(　　　)

A. 非常同意

B. 同意

C. 一般

D. 不同意

E. 非常不同意

五、企业竞争力提升

10. 您认为成本控制措施对公司市场竞争力的影响是?(　　　)

A. 显著提升

B. 有所提升

C. 无明显影响

D. 有所下降

E. 显著下降

11. 成本控制措施是否增强了公司在行业中的地位?(　　　)

A. 非常同意

B. 同意

C. 一般

D. 不同意

E. 非常不同意

六、其他意见或建议

12. 您对公司成本控制措施有哪些建议或想法?请提供您的宝贵意见。

结束语:

感谢您完成本次调查问卷。您的反馈对我们至关重要,将直接影响我们未来的决策和改进方向。

D 公司管理层　　　　2023 年 2 月 13 日

　　此问卷旨在从多个角度收集对 D 公司成本控制措施的反馈,以便进行全面的定性分析。通过对员工、客户、合作伙伴的满意度和反馈进行评估,以及考察成本控制措施与公司战略目标的一致性和对企业竞争力的影响,D 公司能够更好地理解成本控制措施的效果,并据此进行必要的调整。

　　本次共发出调查问卷 235 份,收到有效问卷 212 份,问卷回收率 90.21%。问卷中回答 A 的记 5 分,回答 B 的记 4 分,回答 C 的记 3 分,回答 D 的记 2 分,回答 E 的记 1 分。经过对成本控制效果定性分析调查问卷的收集与分析,综合分析报告如下:

　　(1)员工满意度。

　　问题 1:平均得分 4.2 分,表明员工对成本控制措施有较高的了解程度。

　　问题 2:平均得分 3.8 分,反映出成本控制措施对工作环境和氛围的影响总体积极。

问题3：平均得分4.1分，说明员工普遍认为成本控制措施提高了工作满意度。

（2）客户反馈。

问题4：平均得分3.9分，表明客户对公司产品和服务的正面反馈有所增加。

问题5：平均得分3.7分，反映出成本控制措施对客户满意度的影响总体积极。

（3）合作伙伴（供应商和分销商）反馈。

问题6：平均得分3.6分，说明供应商和分销商对成本控制措施的反馈总体正面。

问题7：平均得分3.5分，表明成本控制措施对供应链关系的长期影响被认为是积极的。

（4）战略目标一致性。

问题8：平均得分4.0分，显示员工认为成本控制措施与公司战略目标高度一致。

问题9：平均得分3.9分，员工普遍认同成本控制措施有助于实现公司战略目标。

（5）企业竞争力提升。

问题10：平均得分3.8分，认为成本控制措施对公司市场竞争力有积极影响。

问题11：平均得分3.7分，员工普遍认为成本控制措施增强了公司在行业中的地位。

总体来看，问卷结果反映出员工、客户以及合作伙伴对D公司成本控制措施的正面评价，平均得分3.8分，表明了整体满意度较高。其中：

（1）员工对成本控制措施的了解程度和满意度均较高，说明内部宣贯和培训工作取得了良好效果。

（2）客户和合作伙伴的正面反馈表明，成本控制措施在提升产品和服务质量、维护供应链关系方面发挥了积极作用。

（3）成本控制措施与公司战略目标的一致性得到了员工的普遍认可，这有助于公司在市场中保持竞争优势。

通过定量和定性分析的结合，D公司能够全面了解成本控制方案的效果，识别成功的领域和潜在的改进空间，从而为未来的决策提供数据支持和战略指导。

6.7　D公司成本控制的成功经验与启示

D公司在成本控制方面的成功经验主要包括以下几个方面：

6.7.1　注重系统化的成本控制方法

D 公司致力于采用全面的系统化成本控制策略,运用包括价值链分析和作业成本价值系数法在内的多种方法,深入剖析成本构成,确保成本控制工作达到全面和系统化的标准。

(1)价值链分析的应用。D 公司利用价值链分析这一工具,对企业内所有与成本相关的环节进行了细致的识别与评估。这一过程使得公司能够洞察成本在各个价值创造环节的流转情况,进而挖掘出成本优化的潜在途径。

(2)作业成本价值系数法的实践。借助作业成本价值系数法,D 公司评估了不同作业活动对价值的贡献及其相应的成本投入,有效区分了增值与非增值作业。这种做法不仅优化了作业流程,还显著提升了成本的价值回报率,进而优化了资源配置,提高了作业效率,增强了企业的竞争力和盈利能力。

(3)综合审视成本结构。D 公司对成本结构进行了全方位的审视,覆盖了生产、管理、销售、研发等多个业务领域。公司不仅关注直接成本,还对间接成本和隐性成本进行了深度挖掘和分析。

(4)构建系统化的成本控制体系。D 公司构建了一个完善的成本控制体系,该体系包含成本预算、成本核算、成本分析和成本报告等多个环节。通过流程的标准化和系统化,D 公司显著提高了成本控制的效率和成效,确保了企业资源的最大化利用。

6.7.2　建立全员参与的成本控制文化

D 公司致力于打造一个全员参与的成本控制文化,鼓励从管理层到基层员工的每一位成员都投入到成本节约的实践中,共同营造一种成本意识强烈的企业氛围。

(1)高层领导的模范引领。D 公司的高层管理者通过自身的行为和决策,展现了对于成本控制的高度承诺和重视,为全体员工树立了积极的示范作用。

(2)成本意识普及与教育。D 公司对全体员工开展成本意识的教育活动,确保每个人都深刻理解成本控制的重要性,并认识到自己在成本管理中的角色和责任。

(3)清晰的责任划分与目标设定。D 公司为每个部门和员工制定了明确的成本控制目标和责任,让他们对自己的任务和预期成果有清晰的认识,从而更有针对性地开展工作。

(4)员工参与式管理。在制定成本控制策略和措施时,D 公司充分调动员工的积极性,让他们参与到决策过程中来,这不仅增强了员工的参与感和归属感,也提高了他们在成本控制中的责任感和创新性。

6.7.3　实现跨部门协同

D 公司通过促进跨部门的协同合作,成功打破了组织内部的壁垒,实现了资源的有效共享,从而显著提升了成本控制的效率。

(1)建立跨部门协同机制。D 公司建立了专门的跨部门协同机制,确保不同部门之间能够实现顺畅的沟通与协作,为成本控制工作打下坚实的基础。

(2)确立协同目标与方向。公司为跨部门协同设定了具体的目标,例如成本节约、流程改进等,使得各部门在合作过程中能够围绕这些目标开展有针对性的工作。

(3)促进资源共享。通过跨部门协同,D 公司有效地实现了信息、技术、人力资源以及物质资源等的共享,最大化地利用了现有资源,避免了重复投资和浪费。

(4)业务流程的优化。D 公司利用跨部门协同的契机,对业务流程进行了全面的审视和优化,减少了不必要的环节,提高了整体的工作效率和成本效益。

(5)打破部门隔阂。公司鼓励跨部门的项目团队和工作小组,这种做法有助于消除部门间的隔阂,促进员工之间的交流与合作,为成本控制提供了更加广阔的视角。

(6)提升决策效率。跨部门协同使得 D 公司的决策过程变得更加迅速和高效。各部门能够快速共享信息和反馈,从而加快了决策的速度,提高了响应市场变化的能力。

(7)强化创新能力。跨部门协同将不同部门的专业知识和经验融合在一起,这种多元化的交流与碰撞激发了公司的创新能力,为开发新的成本控制策略和方法提供了源源不断的创意和灵感。

6.7.4　持续改进

D 公司通过建立持续改进机制,确保了成本控制措施能够不断地得到优化和提升,从而适应市场的变化和企业的发展需求。

(1)培育持续改进的文化。D 公司致力于打造一种鼓励员工不断探索提高效率和降低成本机会的企业文化。这种文化促进了员工主动寻求改进的意愿,并将其融入到日常工作中。

(2)制订详细的改进计划。公司制订了具体的持续改进计划,其中包括改进的目标、实施的时间表以及责任的具体分配,确保改进工作有序进行。

(3)定期进行评估。D 公司通过定期的评估,对现有成本控制措施的有效性进行检验,并识别出潜在的改进空间,为后续的改进工作提供指导。

(4)积极收集反馈。D 公司鼓励内部员工、外部客户和合作伙伴提供反馈,这些反馈为识别问题和制定改进措施提供了宝贵的视角和信息。

(5)数据驱动的决策。公司利用数据分析工具监控成本控制措施的效果,确保决策基于实际的数据分析结果和市场趋势,提高了决策的科学性和准确性。

(6)快速实施改进措施。D公司确保改进措施能够迅速而有效地得到实施,以便改进成果能够及时体现在成本节约和效率提升上。

(7)分享改进成果。公司通过内部交流平台,将改进的成果和经验在全公司范围内进行分享,促进了知识和最佳实践的传播,使得整个组织都能从中受益。

(8)建立改进的循环机制。D公司采用了计划—执行—检查—行动(PDCA)的循环模式,确保持续改进成为一个闭环过程。这一循环机制使得公司在不断改进中持续提升成本控制的效能。

6.7.5　信息技术支持

D公司通过利用先进的信息技术,尤其是企业资源规划(ERP)系统,显著提升了成本控制的透明度和效率。

(1)ERP系统实施。D公司部署了ERP系统,集成了财务、采购、库存、生产和销售等多个业务模块,实现了数据的统一管理和流程的自动化。

(2)数据集成。通过ERP系统,D公司实现了不同部门和业务流程之间的数据集成,确保了信息的一致性和实时更新。

(3)成本跟踪。利用ERP系统的成本跟踪功能,D公司能够实时监控各项成本的支出情况,及时发现异常并采取措施。

(4)流程自动化。D公司自动化了成本相关的流程,如采购订单处理、库存管理、发票核对等,减少了人工操作错误和时间成本。

(5)报告和分析。ERP系统提供了强大的报告和分析工具,D公司利用这些工具生成成本报告,分析成本趋势和模式。

(6)预算与实际对比。ERP系统支持预算与实际支出的对比分析,帮助管理层快速识别偏差并进行调整。

(7)供应链优化。通过信息技术支持的供应链管理,D公司优化了供应商选择、采购策略和物流安排,降低了采购和运输成本。

(8)库存管理。利用ERP系统的库存管理模块,D公司实现了库存水平的优化,减少了库存积压和相关成本。

(9)决策支持。信息技术提供了丰富的数据支持,帮助管理层做出基于数据的决策,提高了决策的准确性。

(10)移动和远程访问。通过移动设备和远程访问功能,D公司的员工能够在任何时间和地点访问ERP系统,提高了工作的灵活性。

（11）云计算和大数据。D公司采用了云计算技术,提高了系统的可扩展性和可靠性。同时,利用大数据分析预测成本变化趋势和潜在风险。

（12）用户培训和支持。D公司对员工进行了ERP系统使用的培训,并提供了持续的技术支持,确保系统的有效使用。

6.7.6　注重风险管理

D公司注重风险管理,通过识别、评估和控制潜在风险,确保了成本控制目标的实现。

（1）风险识别。D公司定期进行全面的风险评估,识别可能影响成本控制的各种潜在风险。

（2）风险评估。D公司对已识别的风险进行评估,确定其可能性和影响程度,并将风险分类为高、中、低三个等级。

（3）风险控制策略制定。根据风险评估结果,D公司为每个风险制定相应的控制策略,如风险避免、转移、减轻或接受。

（4）内部控制加强。D公司加强内部控制流程,确保成本控制措施得到有效执行,并防止潜在的欺诈和错误。

（5）供应链风险管理。D公司对供应链进行风险评估,确保原材料供应的稳定性和成本效益,降低供应中断的风险。

（6）合同风险管理。在与供应商和客户签订的合同中,D公司玥确风险分担条款,减少合同执行过程中的不确定性和成本风险。

（7）风险监控系统建立。D公司建立风险监控系统,实时跟踪风险的发展变化,确保风险应对措施的有效性。

（8）应急预案制定。D公司制定应急预案,以便在风险发生时能够迅速采取行动,减少损失。

（9）风险报告机制。D公司建立风险报告机制,鼓励员工及时报告潜在的风险问题。

（10）风险共享。D公司与合作伙伴共享风险信息,寻求共同的风险管理解决方案。

6.7.7　激励与绩效挂钩

D公司将成本控制与员工绩效挂钩,通过激励机制提高了员工的积极性和参与度。

（1）绩效考核体系设计。D公司设计一个全面的绩效考核体系,将成本控制的关键指标纳入考核内容。

（2）成本控制目标设定。D公司为各个部门和员工设定具体、可量化的成本控制目标。

（3）激励机制制定。D公司制定与成本控制目标达成紧密相关的激励机制，包括奖金、提成、晋升机会等。

（4）透明化目标与成果。确保成本控制目标和员工绩效的评估过程透明化，让员工清楚自己的努力如何被衡量。

（5）定期绩效评估。D公司定期对员工的绩效进行评估，将成本控制成果作为评价标准之一。

（6）正向激励。D公司通过正向激励手段，如表彰大会、优秀员工奖励等，鼓励员工达成或超越成本控制目标。

（7）反馈与沟通。D公司建立了有效的反馈机制，让员工了解自己在成本控制方面的表现，并提供改进建议。

（8）个人发展与职业规划。D公司将成本控制绩效与员工的个人发展和职业规划相结合，提供成长和发展的机会。

（9）团队绩效考量。在个人激励的基础上，D公司也考虑团队绩效，鼓励团队合作和集体达成成本控制目标。

（10）风险与激励的平衡。D公司设计激励机制时，在激励员工达成成本控制目标的同时，确保员工不会因过度追求短期目标而忽视长期风险。

6.8　案例简评与探索思考

6.8.1　案例简评

D公司的案例深刻阐释了成本控制在医药集团发展中的核心作用。从小规模制药厂转变为上市公司，D公司通过精细化的价值链整合与成本控制，显著提升了业绩和市场竞争力。公司实施了全面的成本控制优化方案，覆盖了从研发至销售的各个环节，利用作业成本价值系数法等工具，精确发现并把握成本节约机会。

D公司倡导的全员参与文化，以及高层领导的示范效应，确立了明确的责任和目标，并通过参与式决策激发了员工的积极性。跨部门协同消除了信息孤岛，促进了资源共享和决策效率的提升，同时增强了创新能力。持续改进机制和信息技术的广泛应用，尤其是ERP系统的实施，进一步提高了成本控制的透明度和效率。

D公司注重风险管理，确保了成本控制目标的实现，而将成本控制与员工绩效紧密结合的激励机制又有效提升了员工的参与度。

D公司的经验为其他企业提供了在变化的市场中不断审视和优化成本结构的

宝贵参考。公司计划继续深化现有做法,同时探索新方法,以应对未来的挑战。

本案例强调了成本控制是一个动态的、需要不断学习的、适应和创新的过程。D公司通过全面和系统的方法,不仅提升了竞争力,也为行业提供了新的思路。这一案例教导我们,无论企业所处何种阶段,成本控制都是其核心竞争力的关键,企业应采取主动姿态,通过精细化管理和战略性规划,实现成本效益与市场竞争力的双重提升。

6.8.2 探索思考

(1)D公司在成本控制中采用了价值链分析,请思考价值链分析如何帮助D公司识别成本节约的机会,并说明其在成本控制中的作用。

(2)D公司如何通过跨部门协同来提升成本控制的效率?请讨论跨部门协同在成本控制中的重要性。

(3)D公司在成本控制中实施了哪些激励与绩效挂钩的措施?请思考这些措施如何提升员工的积极性和参与度。

(4)D公司如何利用信息技术支持成本控制?请思考信息技术在成本控制中的作用。

(5)D公司在成本控制中是如何注重风险管理的?请讨论风险管理在成本控制中的重要性。

7 E公司应收账款管理创新的经验分享

7.1 案例背景

7.1.1 E公司的基本情况

E公司是国内一家颇具规模的出版机构,主要出版工具书和学术著作。其出版物多次获得"国家图书奖"和"五个一工程"奖等奖项,在业内及读者中拥有较高的品牌美誉度和文化影响力。其下有全资子公司9家、控股子公司8家,合计投资约1.2亿元人民币。

7.1.2 出版行业应收账款管理现状

近年出版行业的应收账款管理面临一系列挑战。随着数字化和网络化的快速发展,出版业的市场环境发生了深刻变化,给应收账款管理带来了新的问题。以下是出版行业应收账款管理的一些主要现状:

(1)账款周期延长。由于出版业的特殊性,例如销售渠道复杂、退货率不确定性较高等因素,导致应收账款的回款周期往往较长。

(2)坏账风险增加。在数字化和网络化的影响下,出版业的销售模式变得多元化,包括线上销售、电子书等新兴渠道,这些渠道的账款回收难度相对较大,坏账风险有所上升。

(3)销售折扣和返利复杂。出版行业中的销售折扣和返利政策较为复杂,这使得应收账款的管理难度增加,需要更精细化的管理来确保账款的最大化回收。

(4)业财融合程度不一。不同出版企业在业财融合程度上存在差异,一些企业可能还未建立完善的业财融合系统,导致应收账款管理效率低下。

(5)信用管理机制不健全。许多出版企业尚未建立或完善客户信用评估体系,无法有效预估和控制信用风险,这在一定程度上影响了账款的管理效率。

(6)数字化工具应用不足。虽然数字化工具在出版业中得到了广泛应用,但在应收账款管理方面的应用还不够充分,未能充分利用科技手段提升管理效率。

7.1.3　E公司应收账款管理挑战

上述情况在E公司同样存在。E公司没有单独设立部门或专职人员进行信用管理。销售部门负责维系、评估客户,与客户签订购销合同,催收货款。销售部门多侧重于对业务员销售业绩和回款的考核,并没有切实履行应收账款到期后针对逾期货款的催收职责。财务部门根据销售部门提交的发票和清单等原始单据确认销售收入,记录应收账款。财务部门按客户编制应收账款台账,进行账龄分析,计提逾期账款的坏账准备,并定期与销售部门核对客户的赊销情况,保持业财数据一致。

截至2021年末,E公司的营业总收入和利润总额等指标逐年上升,因此掩盖了一些内部管理的弊端。随着电子阅读的普及、双减政策、盗版侵权,再叠加新冠疫情暴发等诸多不利因素,E公司的发展受到较大影响。为此,E公司自2022年开始积极调整发展战略,除了在数字化转型方面深度挖掘潜力外,在财务管理方面也不断进行优化和升级。

E公司2018年至2023年的相关财务指标如表7-1至表7-3,图7-1至图7-3所示。

表7-1　　　　　E公司2018—2023年与应收账款相关的财务指标　　　　（单位:万元）

指标	2018年	2019年	2020年	2021年	2022年	2023年
期末应收账款	20 062.51	27 440.35	36 548.28	39 567.25	20 576.69	12 028.26
期末流动资产	187 642.87	179 668.71	195 265.60	216 392.00	191 916.19	204 143.65
期末资产总额	199 707.35	206 737.45	222 478.92	245 383.81	250 089.37	268 612.49
主营业务收入	71 458.63	80 782.97	93 632.21	104 691.64	86 776.95	90 791.94
利润总额	22 162.20	24 355.46	26 601.28	31 078.66	22 987.58	34 514.72
经营现金流入	46 228.27	50 342.62	56 301.01	68 686.24	65 447.59	70 366.39

表7-2　　　　　E公司2018—2023年与应收账款相关的财务比率　　　　（单位:%）

指标	2018年	2019年	2020年	2021年	2022年	2023年
应收账款周转率	3.98	3.40	2.86	2.75	2.89	5.57
应收账款增长率	26.52	36.77	33.19	8.26	−48.00	−41.54
营业收入增长率	18.47	13.05	13.43	14.25	−17.11	4.63

续表

指标	2018 年	2019 年	2020 年	2021 年	2022 年	2023 年
应收账款占营业收入比重	28.08	33.97	39.89	37.79	23.71	13.25
应收账款占流动资产比重	10.69	15.27	18.72	18.28	10.72	5.89
应收账款占总资产比重	10.05	13.27	16.43	16.12	8.23	4.48
经营现金流入占营业收入比重	70.29	67.33	65.47	75.16	80.03	83.01

表 7-3 　　　　　　　E 公司 2018—2023 年应收账款账龄分析 　　　　　（单位：万元）

账龄	2018 年	2019 年	2020 年	2021 年	2022 年	2023 年
1 年以内	13 462.27	18 810.32	25 713.20	31 902.36	15 717.99	9 984.10
1~2 年	2 052.41	3 025.22	3 879.52	3 227.73	2 189.46	1 114.80
2~3 年	1 864.83	1 964.92	2 039.47	1 551.78	1 096.21	433.49
3~4 年	1 063.59	1 577.32	2 021.44	1 096.26	634.65	263.69
4~5 年	766.79	1 068.14	1 526.99	817.87	388.38	98.51
5 年以上	852.62	994.43	1 367.66	971.25	550.00	133.67
合计	20 062.51	27 440.35	36 548.28	39 567.25	20 576.69	12 028.26

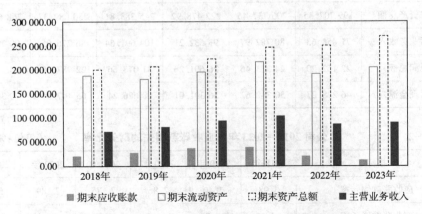

图 7-1　E 公司 2018—2023 年与应收账款相关的财务指标

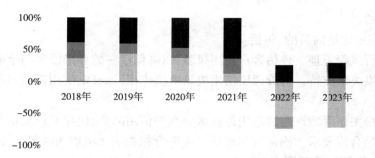

图 7-2 E公司 2018—2023 年与应收账款相关的财务比率

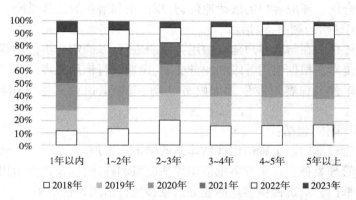

图 7-3 E公司 2018—2023 年应收账款账龄分析

通过图表呈现的 2018—2023 年与应收账款相关的指标,可以看出,E公司自 2022 年开始对应收账款管理采取若干优化举措后,效果较为显著。

本案例主要研究:通过应收账款的优化管理,使 E公司在逆境中尽可能地规避坏账风险、保证公司有充足的现金流用于生产经营。通过建立客户信用评估机制、优化收款流程、完善回款考核机制、升级管理信息系统等方式,多措并举加强对应收账款的管理。

7.2 客户信用评估机制的建立

7.2.1 客户信用评估体系设计

7.2.1.1 明确信用评估的目的、范围、频率和责任主体

在建立任何信用评估体系时,明确信用评估的目的、范围、频率和责任主体是

至关重要的。

(1)信用评估的目的,包括:

①进行风险管理。评估客户信用风险,以降低潜在的坏账损失和金融风险。

②提供决策支持。为管理层信用决策提供依据,如确定信用额度、付款条款和利率。

③客户关系管理。通过信用评估区分客户信用品质,优化客户关系和忠诚度。

④满足合规要求。确保信用评估过程符合相关法律法规和内部政策要求。

(2)信用评估的范围,包括:

①客户信息。包括财务状况、经营状况、历史交易记录和信用历史。

②市场信息。涉及客户所在行业的市场趋势、竞争状况和市场信誉。

③法律合规。考虑客户的法律地位、合规记录和潜在的法律风险。

(3)信用评估的频率,包括:

①初次评估。在与新客户建立信用关系前进行,以确定初步信用等级。

②定期复审。根据信用等级和业务变动,定期进行信用复审。

③特殊事件。在客户发生重大财务变动、市场退出或其他信用状况变动时进行。

(4)责任主体,包括:

①信用管理部门。负责信用评估体系的维护和管理。

②风险管理委员会。负责审批信用评估政策和程序,以及重大信用决策。

③业务部门。负责提供客户的业务信息和执行信用评估结果。

④合规部门。确保信用评估过程符合相关法律法规和内部合规要求。

7.2.1.2 确定信用评估过程中将使用的指标

E公司在评估经销商信用时,主要使用七类指标。

(1)财务状况指标,包括:

流动比率:评估经销商短期偿债能力。

速动比率:去除存货后的流动性指标。

负债率:总负债与总资产的比例,反映经销商的财务杠杆。

净利润率:净利润与销售收入的比率,衡量盈利能力。

应收账款周转率:收账速度的快慢。

(2)业务表现指标,包括:

销售历史和趋势:分析经销商过去的销售记录和未来销售趋势。

市场覆盖率和分销能力:评估经销商的市场覆盖范围和产品分销能力。

库存管理:考察经销商的库存周转率和库存水平。

(3)信用历史指标,包括:

信用评级：来自外部信用评级机构的评估结果。

付款记录：经销商支付款项的及时性和稳定性。

历史违约情况：是否有迟付、欠款或违约的历史记录。

（4）管理和运营指标，包括：

管理团队经验：评估经销商管理团队的专业背景和行业经验。

运营效率：考察经销商的日常运营效率和成本控制能力。

（5）市场和行业指标，包括：

市场地位：经销商所在市场中的地位和影响力。

行业趋势：出版行业的发展趋势和经销商的适应能力。

（6）法律和合规指标，包括：

合规记录：经销商是否遵守相关法律法规和行业标准。

知识产权保护：经销商对出版物版权和其他知识产权的尊重和保护。

（7）非财务指标，包括：

客户服务和技术支持：评估经销商提供的客户服务和技术支持的质量。

合作意愿和沟通能力：经销商与出版企业合作的意愿和沟通效率。

7.2.1.3　构建评估模型

E公司采用的是"5C模型"，即道德品质（Character）、还款能力（Capacity）、资本实力（Capital）、抵押情况（Collateral）与经营条件（Condition），通过这五个维度对赊销客户进行综合评估。

7.2.1.4　设定信用政策

根据客户的信用等级设定不同的信用限额和付款期限，制定相应的风险控制措施。

（1）信用限额。

对于信用等级较高的客户，可以设定较高的信用限额，以支持其业务发展。

对于信用等级一般的客户，应设定适中的信用限额，并在必要时进行定期审查。

对于信用等级较低的客户，应设定较低的信用限额，甚至拒绝提供信用，以降低风险。

（2）付款期限。

对于信用等级较高的客户，可以提供更长的付款期限，以增加其资金使用的灵活性。

对于信用等级一般的客户，应设定常规的付款期限，并加强催收工作。

对于信用等级较低的客户，应设定较短的付款期限，以减少资金占用时间和风险。

（3）风险控制措施。

定期信用审查：对所有客户定期进行信用审查，以监控其信用状况的变化。

动态风险评估：使用内部风险评估模型，对客户的信用风险进行动态评估。

担保和抵押：要求信用等级较低的客户提供担保或抵押，以增加还款的保障。

分散风险：避免对单个客户过度集中信用，通过多样化贷款组合来分散风险。

加强催收：对逾期还款的客户采取有效的催收措施，减少坏账损失。

法律手段：对于顽固的违约客户，通过法律手段维护债权权益。

7.2.1.5 定期复审和调整

定期复审客户的信用状况，根据变化调整信用评分和政策。对出现信用问题的客户及时采取措施，如增加保证金、限制信用额度等。

7.2.1.6 建立信用档案

为每个客户建立信用档案，记录其信用评估结果、交易历史和风险控制措施。

7.2.2 信用评估数据的收集与分析

E 公司在对经销商信用进行评估时，主要采用以下方法来收集相关数据：

（1）财务报表分析：对于重要经销商，要求提供最近的财务报表，包括资产负债表、利润表和现金流量表；通过财务比率分析，如流动比率、速动比率、负债率、净利润率等，评估经销商的财务健康状况。

（2）销售和库存记录：收集经销商的销售记录，包括销售额、销售增长率和销售趋势；分析库存周转率，了解经销商的库存管理和产品流通情况。

（3）信用历史查询：通过信用报告机构获取经销商的信用记录，包括付款记录、逾期账款和违约历史；了解经销商在行业内的信用评级和声誉。

（4）市场占有率和竞争力分析：评估经销商在市场中的占有率、市场份额和市场增长率；分析经销商的产品线和市场策略，了解其市场竞争力。

（5）管理层背景调查：收集经销商管理层的背景信息，如教育背景、行业经验和职业历史；评估管理层的稳定性和管理能力。

（6）行业和市场趋势分析：研究出版行业的发展趋势和经销商所在市场的动态；考虑宏观经济因素、行业政策变化等对经销商业务的影响。

（7）现场访问和考察：实地访问经销商的经营场所、仓库和销售门店，了解其业务运营状况；通过面对面访谈，获取更多关于经销商业务策略和市场前景的信息。

（8）客户和供应商反馈：收集经销商的客户和供应商的反馈，了解经销商的信誉和合作态度；通过行业内的网络和关系，获取对经销商的口碑和业务行为的评价。

（9）法律和合规记录查询：查询经销商是否有过法律诉讼或合规问题，了解其法律风险；检查经销商的业务许可和合规文件是否齐全有效。

（10）使用专业工具和服务：利用信用评估软件和工具，自动化处理部分数据收集和分析过程；委托专业的信用评估机构进行详细的信用调查和风险评估。

通过上述方法，E公司可以获得全面、准确的经销商信用评估数据，为制定信用政策和风险控制措施提供依据。

7.2.3　信用风险的识别与控制

E出版公司对主要的图书经销商进行信用风险的识别与控制是确保公司资金安全和业务稳定发展的重要环节。其主要做法如下：

7.2.3.1　信用风险识别

（1）财务状况分析。定期审查经销商的财务报表，关注其财务状况的变化，如流动比率、速动比率、负债率、净利润率等指标。

（2）业务表现评估。检查了解经销商的销售记录、库存周转率、市场覆盖率等业务数据，评估其业务表现和市场竞争力。

（3）信用历史考察。通过信用报告机构查询经销商的信用记录，包括付款记录、逾期账款和违约历史。

（4）管理团队评估。了解经销商的管理团队背景、行业经验和稳定性，评估其管理能力和行业经验。

7.2.3.2　信用风险控制

（1）设定信用限额。根据经销商的信用评估结果，设定合理的信用限额，以控制风险暴露。

（2）付款条款设定。制定合理的付款期限和利率，鼓励经销商及时付款。

（3）定期复审。定期对经销商的信用状况进行复审，根据市场和业务变化调整信用政策。

（4）风险分散。避免对单一经销商过度依赖，分散信用风险。

7.3　收款流程的优化

7.3.1　收款流程的现状分析

E公司原来的收款流程包括以下几个环节：

（1）销售与发货。公司根据订单向客户发货，并发送账单或发票。

（2）客户支付。客户通过银行转账、支票、信用卡或在线支付等方式支付款项。

(3)收款确认。公司确认收到款项,并在财务系统中将该笔销售记录为收入。

(4)账务处理。财务部门对收到的款项进行账务处理,确保所有财务记录准确无误。

(5)发票管理。管理已开出的发票和收到的支付凭证,确保财务和税务记录的完整性。

7.3.2 流程优化的策略与实施

为了提高 E 公司的收款效率和客户满意度,采取了以下优化措施:

(1)电子发票系统。实施电子发票系统,减少纸质文档处理,加快收款速度,并提供给客户更便捷的支付方式。

(2)自动化账务处理。利用先进的财务软件自动化账务处理,减少人为错误,提高工作效率。

(3)客户信用管理。建立和完善客户信用评估体系,根据客户的信用状况设定合理的付款条款和信用额度。

(4)多元化收款方式。提供多种支付方式,如在线支付、移动支付等,以适应不同客户的需求,并提高收款效率。

(5)定期收款回顾。定期回顾收款情况,分析账龄分布,适时采取催款措施,降低逾期账款比例。

(6)客户关系维护。加强客户服务,及时解决客户在支付过程中遇到的问题,提升客户满意度。

(7)数据分析与报告。定期分析收款数据,如收款周期、收款率等关键指标,为管理决策提供依据。

(8)反馈机制。建立客户反馈机制,了解客户对收款流程的意见和建议,持续改进服务。

7.4 积极催款策略的实施

7.4.1 催款策略的制定

应收账款催款策略是企业确保及时回收款项、维持现金流稳定和降低坏账风险的重要手段。为了确保催款策略的有效性和合规性,E 公司在制定催款策略时,着重考虑以下几点:

7.4.1.1 分析客户信用状况

(1)在制定催款策略之前,首先评估客户的信用评级和支付历史。

（2）对于信用良好的客户，可以采取较为灵活的催款策略；对于信用较差的客户，需要采取更为严格的措施。

7.4.1.2　制定明确的账单和付款条款

（1）确保账单清晰明确，包含所有必要的信息，如商品描述、数量、单价、总价、折扣、付款方式和付款截止日期等。

（2）制定明确的付款条款，包括付款方式、付款期限、利息罚则等，并在销售合同中明确标注。

（3）向客户清晰地传达这些付款条款，确保他们了解逾期支付的后果。

7.4.1.3　设立催款时间表

（1）制定一个详细的催款时间表，根据账款逾期的时间长短，采取不同的催款措施。例如，逾期 30 天内可以发送提醒邮件，逾期 60 天可以发送催款信，逾期 90 天可以考虑电话催款或发送律师函。

（2）定时发送提醒：在付款截止日之前，通过电子邮件、短信或电话等方式提醒客户付款，以避免逾期付款。

7.4.1.4　选择灵活的沟通方式

（1）根据客户的偏好和习惯，选择合适的沟通方式，如电子邮件、信函、电话等。

（2）在沟通时，保持礼貌和专业，避免过于强硬或威胁性的语言。

7.4.1.5　进行催款记录和跟踪

（1）进行详细的催款记录，包括催款时间、方式和客户的回应。

（2）对逾期账款进行分类和跟踪，采取不同的催款措施，如电话催款、信函催款或法律途径。

7.4.1.6　分析和调整

（1）定期分析催款策略的有效性，根据实际情况进行调整。

（2）从每次催款过程中学习，不断改进催款流程和策略。

7.4.2　催款活动的执行与管理

应收账款催款活动的执行与管理是应收账款管理的关键环节，它涉及现金流的管理和风险控制。E 公司应收账款催款活动的执行与管理做法如下：

7.4.2.1　记录和跟踪所有账款

（1）使用会计软件或系统来记录所有的销售和付款信息，确保账目的准确性和实时性。

（2）对逾期账款进行分类和标记，以便采取相应的催款措施。

7.4.2.2 定期审查应收账款

(1)定期审查应收账款的账龄分析报告,识别逾期账款和潜在的坏账风险。

(2)对于长时间未付款的客户,采取更加积极的催款措施。

7.4.2.3 培训催款人员

(1)对催款人员进行专业的培训,包括沟通技巧、账款催收策略和法律法规。

(2)确保催款人员了解公司的政策和客户的关系,以专业和礼貌的态度进行催款。

7.4.2.4 维护良好的客户关系

(1)在催款的过程中,注意维护良好的客户关系,避免损害长期合作关系。

(2)对于合作良好的客户,可以提供一定的灵活性,以增强客户的忠诚度。

7.4.2.5 采取法律途径

(1)只有对于严重的逾期账款,才考虑通过法律途径解决,如聘请催收公司或诉诸法院。

(2)在采取法律途径之前,应确保所有的文件和记录都完整无误,以支持公司的权益。

7.4.2.6 持续改进

(1)从每次催款过程中学习,不断改进催款流程和策略。

(2)定期与销售部门、客户服务部门等其他相关部门沟通,了解账款问题的根本原因,并共同寻找解决方案。

通过上述的执行与管理措施,E 公司有效地提高了应收账款的回收率,降低了坏账风险,同时维护了良好的客户关系。

7.5 科技工具的应用

7.5.1 科技工具的选择与实施

在应收账款的管理过程中,E 公司选择和使用一些科技工具,帮助企业更有效地进行账款跟踪、催收和管理。

7.5.1.1 CRM 系统

客户关系管理(CRM)系统可以帮助企业跟踪客户的账款情况,管理客户信息和沟通记录。

选择适合企业规模的 CRM 系统,确保能够记录和管理所有的账款信息,并提供催款提醒和报告功能。

7.5.1.2　电子发票系统

电子发票系统可以自动生成和管理发票,加快账单的发出和接收。

应确保电子发票系统能够与 CRM 系统集成,以便实时更新账款状态和逾期情况。

7.5.1.3　催款软件

专门的催款软件可以自动化催款流程,根据账款逾期的时间自动发送提醒和催款信。

选择能够与 CRM 和电子发票系统集成的催款软件,以实现无缝的数据流转和流程管理。

7.5.1.4　移动应用程序

移动应用程序可以让销售和催款人员在现场实时访问账款信息,提高工作效率。

选择适合 iOS 和 Android 等平台的应用程序,确保员工可以随时随地处理账款事务。

7.5.1.5　云服务

云服务可以提供灵活的数据存储和访问,确保账款数据的安全性和可访问性。选择可靠的云服务提供商,确保数据的安全性和备份机制。

7.5.2　数据分析与智能预警

在应收账款催收过程中,数据分析和智能预警系统可以帮助企业识别潜在的逾期风险,采取及时的催收措施,从而降低坏账率和提高现金流。E 公司的做法是:

7.5.2.1　数据收集与整理

收集客户的交易历史、付款记录、信用评级、行业趋势等信息。

整理这些数据,确保数据的准确性和完整性,为后续分析提供基础。

7.5.2.2　客户细分

根据客户的付款行为、历史和信用评级将客户分为不同的类别。

对不同类别的客户采取不同的催收策略,如优质客户可以给予更长的付款期限,风险较高的客户需要更频繁地催收。

7.5.2.3　数据分析

分析客户的付款行为和趋势,识别逾期支付的模式和预警信号。

使用统计学和数据挖掘技术(如时间序列分析、机器学习算法等),来预测逾期风险。

7.5.2.4 建立智能预警系统

建立智能预警系统,根据分析结果设置预警阈值。

当客户的账款接近逾期或出现逾期迹象时,系统自动向相关人员发送预警通知。

7.5.2.5 预警通知与处理

当系统发出预警通知时,相关人员应立即采取行动,与客户沟通并制定催收计划。

对于高风险客户,可以提前采取更积极的催收措施,如发送催款信或安排电话催收。

7.5.2.6 持续优化

定期评估预警系统的效果和准确性,根据实际情况调整预警阈值和催收策略。

不断改进数据分析模型,以适应市场变化和客户行为的变化。

7.5.2.7 技术支持

利用大数据分析平台、人工智能技术和云计算等先进技术,提高数据分析的效率和准确性。

确保技术平台的稳定性和安全性,防止数据泄露和系统故障。

7.6 取得的成效

通过实施上述措施,E公司不仅能提高收款效率,还能增强财务稳健性,提升公司在市场中的竞争力。主要成果如表7-4至表7-6、图7-4至图7-6所示。

表7-4 　　　　E公司2021—2023年与应收账款相关的财务指标 　　(单位:万元)

指标	2021年	2022年	2023年
期末应收账款	39 567.25	20 576.69	12 028.26
期末流动资产	216 392.00	191 916.19	204 143.65
期末资产总额	245 383.81	250 089.37	268 612.49
主营业务收入	104 691.64	86 776.95	90 791.94
利润总额	31 078.66	22 987.58	34 514.72
经营现金流入	68 686.24	65 447.59	70 366.39

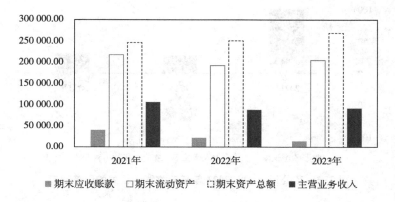

图 7-4　E公司 2021—2023 年与应收账款相关的财务指标

　　根据表 7-4 可知,E公司自 2022 年对应收账款加强管理后,应收账款的期末余额开始呈逐年下降的趋势。需要说明的是,2022 年主营业务收入较 2021 年有所减少,主要因为在 2022 年 12 月新冠疫情全面解封前,包括出版行业在内的很多行业都在疫情期间遭受重创,虽然全国疫情解封,但图书市场依然处于低迷状态,所以 E公司 2022 年的销售实洋(销售数量×图书定价×销售折扣)即含税的销售收入比 2021 年下降。

表 7-5　　　　　　E公司 2021—2023 年与应收账款相关的财务比率　　　　（单位:%）

指标	2021 年	2022 年	2023 年
应收账款周转率	2.75	2.89	5.57
应收账款增长率	8.26	−48.00	−41.54
营业收入增长率	14.25	−17.11	4.63
应收账款占营业收入比重	37.79	23.71	13.25
应收账款占流动资产比重	18.28	10.72	5.89
应收账款占总资产比重	16.12	8.23	4.48
经营现金流入占营业收入比重	75.16	80.03	83.01

　　E公司 2022 年、2023 年应收账款显示为负增长,呈逐年下降的趋势,虽然营业收入也有所下降,但应收账款的降幅大于营业收入的降幅,而经营现金流入占营业

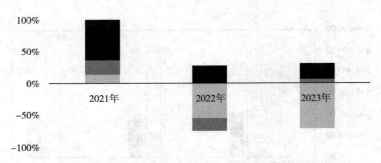

图例:应收账款增长率　营业收入增长率　应收账款占营业收入比重

图 7-5　E 公司 2021—2023 年与应收账款相关的财务比率

收入的比重却在逐年上升。逐年增加的现金流入为 E 公司优化产品结构、开发大项目提供了充足的流动性支撑。随着应收账款的加速回收,一方面 E 公司的资金使用效率得到提高,另一方面减少了应收账款发生坏账损失的风险。

表 7-6　　　　　　　　　　E 公司 2021—2023 年应收账款账龄分析　　　　　　（单位:万元）

账龄	2021 年	2022 年	2023 年
1 年以内	31 902.36	15 717.99	9 984.10
1~2 年	3 227.73	2 189.46	1 114.80
2~3 年	1 551.78	1 096.21	433.49
3~4 年	1 096.26	634.65	263.69
4~5 年	817.87	388.38	98.51
5 年以上	971.25	550.00	133.67
合计	39 567.25	20 576.69	12 028.26

　　通过对 E 公司 2021—2023 年应收账款账龄进行分析,可以看出,应收账款年末余额在逐年下降,说明 E 公司通过完善信用管理政策、建立健全应收账款的催收机制等措施后,提高了应收账款质量,加快了回款速度,针对应收账款实施的各项举措是有效的。随着长账龄账款的逐渐回收,E 公司降低了出现坏账损失的风险,也使资金使用效率得到提高,主营业务的盈利为公司带来了更多的现金净流入。

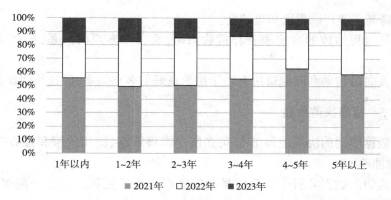

图 7-6　E 公司 2021—2023 年与应收账款账龄分析

7.6.1　提高收款效率

(1)电子发票和自动化账务处理,帮助 E 公司更快地处理发票和收款,从而缩短从销售到收款的周期。

(2)自动化和智能化的催收流程减少人为错误和重复工作,提高了催收效率。

(3)实时数据分析帮助销售和催收团队快速定位逾期账户,及时采取行动。

(4)应收账款周转天数由原来的 107 天优化到 2023 年末的 57 天。

7.6.2　降低坏账率

(1)通过客户信用管理和定期催款回顾,E 公司降低了不良账款的风险,确保现金流的稳定性。

(2)提前的预警系统帮助 E 公司在账款逾期初期就采取措施,减少了坏账发生。

(3)更精准的客户细分和风险评估有助于制定更有效的催收策略,降低无法回收的账款比例。

7.6.3　增强财务稳健性

(1)提高现金流管理效率,确保企业有足够的流动资金来支持日常运营和未来发展。

(2)减少坏账损失对财务状况的影响,提高财务报告的准确性和可靠性。

7.6.4　优化客户关系

(1)E 公司提供多元化的支付方式和优质的客户服务,提升了客户的支付体验,从而提高了客户满意度和忠诚度。

(2)通过更细致的客户服务和催收策略,改善与客户的关系,提高了客户忠诚度。

(3)及时的沟通和问题解决有助于维护良好的客户关系,促进长期业务合作。

7.6.5 提高决策质量

(1)数据驱动的决策使得 E 公司在制定销售策略、信用政策和催收措施时更加科学和准确。

(2)高级的数据分析工具和模型为管理层提供了更深入的业务洞察,有助于其做出更明智的决策。

7.6.6 增强市场竞争力

(1)收款效率的提升意味着 E 公司可以更快地回收销售收入,增强财务灵活性,这有助于公司在市场竞争中占据更有利的位置。

(2)更强的财务状况和现金流管理能力使 E 公司在市场变动中更具韧性。

(3)高效的应收账款管理提升了企业的信誉和客户满意度,增强了市场竞争力。

7.6.7 增强合规性和透明度

(1)良好的应收账款管理有助于 E 公司遵守相关的财务和税务法规,避免法律风险,维护公司声誉。

(2)透明的账款状况和催收流程提升了企业的内部控制和外部报告能力。

7.7 启 示

7.7.1 E 公司成功因素分析

E 公司在应收账款管理方面的成功可以归因于以下几个关键因素:

(1)先进的数据分析能力。E 公司能够利用先进的数据分析工具和技术(如大数据分析和人工智能),来处理和分析大量的客户数据,这使得公司能够更准确地预测和识别逾期支付的风险,从而及时采取相应的措施。

(2)完善的预警系统。通过建立智能预警系统,E 公司能够自动监测账款支付情况,并在出现潜在逾期风险时及时发出预警。这样的系统有助于公司迅速响应,减少坏账损失。

（3）有效的客户管理。E公司通过细分客户，根据客户的不同特征和信用状况采取不同的策略。这包括为优质客户提供更优惠的支付条件，以及对高风险客户实施更严格的信用控制。

（4）灵活的催收策略。E公司根据客户的支付行为和历史，制定灵活的催收策略。对于不同的客户群体，公司采取不同的催收方法和频率，以提高催收效率。

（5）持续的流程优化。E公司不断优化应收账款管理的流程，减少人为错误和提高工作效率。这包括自动化处理流程、简化审批程序和提高数据共享的便捷性。

（6）强大的技术支持。E公司投资于可靠的技术基础设施，包括云计算、数据库管理和安全系统，确保数据的安全性和完整性，同时提高数据访问和分析的速度。

（7）培训和团队协作。E公司对员工进行专业的培训，提高他们对应收账款管理和催收策略的理解和技能。此外，公司鼓励跨部门的合作，确保销售、财务和催收团队能够有效沟通和协调工作。

（8）合规性和风险管理。E公司遵守相关的法律法规和行业标准，确保应收账款管理的合规性。公司还实施严格的风险管理政策，以预防和控制潜在的财务风险。

（9）客户关系维护。E公司注重与客户建立和维护良好的关系，这有助于提高客户的支付意愿和减少逾期账款的发生。

（10）持续改进的文化。E公司倡导持续改进和创新的文化，这体现在公司对应收账款管理流程的不断评估和优化中。

通过上述因素的共同作用，E公司在应收账款管理方面取得了显著的成功，不仅提高了资金的回收效率，也增强了企业的财务稳定性和市场竞争力。

7.7.2　E公司的经验对其他企业的启示

E公司在应收账款管理方面的成功经验为其他企业提供了宝贵的启示，特别是在以下几个方面：

7.7.2.1　技术驱动的决策

E公司的经验表明，运用先进的科技工具，如云计算、人工智能和机器学习，可以显著提高应收账款管理的效率和效果。例如，使用AI算法来预测逾期付款的可能性，并优先处理高风险账款。

在选择和实施这些科技工具时，应考虑以下因素：

（1）集成性。确保所选工具能够与其他系统（如ERP、会计软件等）集成，实现数据的无缝流转。

（2）可定制性。工具应该能够根据企业的具体需求进行定制，以满足企业的管理流程和策略。

（3）用户友好性。工具应该易于使用，确保员工能够快速上手并高效地使用。

（4）成本效益。考虑投资的成本和预期的回报，确保所选工具能够提供良好的成本效益。

（5）安全性。确保工具能够保护企业的数据安全，防止数据泄露和未授权访问。

7.7.2.2　预警系统和风险管理

E 公司建立了有效的应收账款预警系统和风险管理机制，帮助企业及时识别和应对应收账款潜在的财务风险。这一经验对其他企业在财务管理方面具有重要的借鉴意义。

（1）风险意识的重要性。所有企业应该认识到，对应收账款进行风险管理是企业财务健康的关键。必须培养整个团队的风险意识，确保每个人都明白应收账款风险对企业可能造成的严重影响。

（2）预警系统的必要性。建立一个能够及时识别潜在风险的预警系统至关重要。这可能包括设置逾期账款阈值、建立信用评分模型以及实施实时监控工具，以便在问题出现时迅速采取行动。

7.7.2.3　客户细分和个性化策略

E 公司通过细分客户并实施个性化的信用和催收策略，提高了账款回收率。这一经验表明：

（1）客户细分很重要。了解客户的信用状况、支付习惯和业务需求，将客户分为不同的类别（如优质客户、一般客户和高风险客户）。这样可以帮助企业更精准地评估信用风险，并制定相应的信用管理策略。

（2）采用个性化信用策略。根据不同客户的信用等级，提供个性化的信用条款和额度。对于信用良好的客户，可以提供更优惠的支付条件，以促进长期合作；对于信用较差的客户，应实施更严格的信用控制（如降低信用额度或要求预付款）。

（3）采用个性化催收策略。针对不同类型的客户，制定个性化的催收策略。对于逾期时间较短的客户，可以通过短信或电话进行友好提醒；对于逾期较长的客户，可以采取更积极的催收措施，如发送催收信件、律师函或上门催收。

7.7.2.4　流程优化和自动化

E 公司的流程优化和自动化经验显示，简化流程和减少人工操作，能提高应收账款催收工作效率和减少错误。这一经验对其他企业有以下几点启示：

（1）流程分析与优化的意义。分析现有的应收账款催收流程，识别瓶颈和重复性工作。通过简化流程，去除不必要的步骤，可以提高效率。

（2）自动化的重要性。自动化是提高效率和减少错误的关键。企业应该探索使用软件工具自动处理催收任务，如自动发送提醒、更新状态和生成报告。

7.7.2.5　培训和团队建设

E公司注重员工的培训和团队建设，这提升了员工的专业能力和团队协作精神。

7.7.2.6　客户关系的重要性

E公司通过维护良好的客户关系，提高了账款回收率。这一经验强调了客户关系管理在企业财务管理中的重要性。所有企业应该认识到，良好的客户关系是提高账款回收率的关键因素之一。通过建立稳固的客户关系，企业可以增强客户的支付意愿，从而加快账款回收速度。为此，企业应该：

（1）提供个性化服务。了解客户的特定需求和偏好，并提供个性化服务，可以增强客户的满意度和忠诚度。这有助于在账款回收过程中减少障碍。

（2）增强沟通与透明度。保持与客户的开放沟通，解释账款支付的重要性和期限，以及逾期支付可能带来的后果。透明度可以建立信任，并鼓励及时支付。

（3）积极地解决问题。当客户遇到支付困难时，企业应该积极寻求解决方案（如提供分期付款或灵活的支付条款）。这有助于维护客户关系，同时确保账款能够回收。

（4）重视客户反馈。定期收集客户反馈，了解他们的体验和意见，可以不断地改进服务，提高账款回收效率。

（5）预防和早期干预。通过监控客户的支付行为，企业可以在早期识别出可能出现支付问题的迹象，并采取预防措施。

（6）持续的关系建设。账款回收不应该在交易完成后就停止，持续的关系建设有助于保持长期良好的客户关系，并促进持续的账款回收。

7.7.2.7　持续改进和创新

E公司持续改进和创新的文化是其成功的关键因素之一。这为其他企业提供了一个重要的启示，即建立一个支持创新、持续学习和适应变化的企业文化是提高管理效率和效果的关键。

（1）鼓励创新。一个开放的创新文化可以促进新的解决方案的产生，从而提高应收账款管理的效率和效果。企业应该鼓励员工提出创新的想法和改进方案，无论这些想法是如何产生的。对于提出创新想法并实施成功的员工，企业应该给予适当的奖励，使鼓励这种行为成为企业文化的一部分。

（2）定期评估和改进。企业应该定期评估其应收账款管理流程，寻找改进的空间。这包括评估催收策略、客户关系管理、技术应用等方面。

（3）持续学习。鼓励员工持续学习最新的管理理念、技术和工具，这样他们才能在应收账款管理中应用这些知识，提高工作效率。

（4）适应市场变化。市场环境和客户需求是不断变化的，企业需要灵活适应这些变化，并调整其应收账款管理策略。

（5）实验和测试。鼓励团队进行实验和测试，以验证新的想法和策略的有效性。即使某些尝试可能失败，但从中学习也是非常重要的。

总之，E 公司在应收账款管理方面的成功经验为其他企业提供了许多有益的启示，特别是在利用技术提升管理效率、实施精细化客户管理、优化内部流程以及培养高绩效团队等方面。这些经验可以被不同行业和规模的企业所借鉴，以提高其财务健康程度和市场竞争力。

7.7.3　对未来应收账款管理的展望

对未来应收账款管理的展望，可以从以下几个方面进行考虑：

（1）技术驱动的解决方案。随着人工智能、机器学习、大数据分析等技术的发展，应收账款管理将越来越多地依赖于这些技术来提高效率和准确性。例如，使用预测分析来预测哪些客户可能延迟支付，并提前采取措施。

（2）自动化和集成。企业资源规划（ERP）系统和客户关系管理（CRM）系统的进一步集成，将使得应收账款管理流程更加自动化和高效。自动化工具可以简化发票处理、支付记录和催款流程。

（3）客户信用管理的提升。随着数据分析和信用评估技术的进步，企业将能够更准确地评估客户的信用风险，从而更好地控制应收账款风险。

（4）灵活的支付方式。随着移动支付、数字货币和其他新兴支付方式的普及，企业将提供更多灵活的支付选项，以简化客户的支付过程，从而提高账款回收率。

（5）增强的客户互动。通过社交媒体、即时通信和其他数字渠道，企业将能够与客户进行更频繁、更直接的互动，这有助于及时解决支付问题，提高客户满意度。

（6）合规性和监管。随着数据保护法规（如欧盟的 GDPR[①]、美国的 CCPA[②]）的实施，应收账款管理将需要更加注重合规性。企业需要确保在追收账款的过程中

---

① GDPR（General Data Protection Regulation）是欧盟（EU）于 2018 年 5 月 25 日实施的一项隐私法规，它统一了欧盟内部的数据保护法律，为企业处理欧盟公民的个人数据提供了统一的法律框架。GDPR 的主要目的是保护欧盟公民的个人数据，确保数据的隐私和透明度，并赋予消费者对其个人数据的更多控制权。GDPR 要求企业对个人数据的收集、处理和存储进行合规管理，否则可能面临巨额罚款。

② CCPA（California Consumer Privacy Act）是美国在 2020 年 1 月 1 日开始实施的一项消费者隐私保护法律。它旨在保护居民的数据隐私，并给予消费者对其个人数据的更多权利和控制。CCPA 允许消费者要求企业披露其收集的个人数据，以及这些数据如何被使用和共享，并有权要求企业删除其个人数据。CCPA 对企业如何处理消费者数据提出了更高的透明度和责任要求。

遵守所有相关的法律和规定。

（7）绿色和可持续性。企业将寻求减少纸质文档的使用，转向电子发票和电子账单，以减少对环境的影响，并提高效率。

（8）全球视野。随着企业越来越多地在全球范围内运营，应收账款管理将需要考虑不同国家和地区的法律法规、支付习惯和文化差异。

总体而言，未来的应收账款管理将是一个结合了最新技术、自动化流程、灵活支付方式和强大客户互动的综合体。这种管理方式将帮助企业更有效地管理账款，降低风险，提高现金流。

7.8　案例简评与探索思考

7.8.1　案例简评

本案例深入剖析了 E 公司在应收账款管理方面的创新实践与所取得的成效，为出版行业乃至其他行业的应收账款管理提供了宝贵的经验和启示。

首先，E 公司面对出版行业数字化转型带来的挑战，如账款周期延长、坏账风险增加等问题，没有被动等待，而是积极应对。公司通过加强客户信用评估、优化收款流程、提高催款效率以及利用数字化工具等措施，有效提升了应收账款的管理水平。这一系列行动体现了 E 公司对市场变化的敏锐洞察力和快速响应能力。

其次，E 公司在客户信用评估机制的建立上表现出色。公司不仅明确了信用评估的目的、范围、频率和责任主体，还综合运用了财务状况、业务表现、信用历史等多维度指标，构建了全面的评估体系。特别是采用"5C 模型"对客户进行综合评估，这不仅提高了信用评估的科学性和准确性，也为制定合理的信用政策提供了依据。

再次，E 公司在收款流程的优化上也取得了显著成效。通过实施电子发票系统、自动化账务处理、客户信用管理等措施，公司不仅提高了收款效率，还降低了操作错误和延误，提升了客户满意度。此外，公司还定期回顾收款情况，及时采取催款措施，有效降低了逾期账款比例。

最后，E 公司积极实施催款策略，通过制定明确的账单和付款条款、设立催款时间表、选择灵活的沟通方式等，提高了催款的效率和效果。同时，公司还注重催款记录和跟踪，定期分析催款策略的有效性，并根据实际情况进行调整。

综上所述，E 公司在应收账款管理方面的成功经验表明，通过建立科学的信用评估机制、优化收款流程、积极催收以及运用科技工具，可以有效提升企业的应收账款管理水平，降低财务风险，提高经济效益。这些做法为其他企业提供了有益的借鉴和参考。

7.8.2 探索思考

（1）E公司在应收账款管理中采用了哪些策略来提高收款效率？这些策略是如何影响公司的现金流管理的？

（2）E公司是如何通过客户信用评估机制来降低坏账风险的？这种机制对公司的整体财务稳健性有何影响？

（3）E公司在收款流程优化中实施了哪些具体措施？这些措施如何提升客户满意度和收款效率？

（4）E公司如何通过催款策略的实施来管理应收账款？如何运用这些策略帮助公司提高账款回收率？

（5）E公司在应收账款管理中利用了哪些科技工具？如何利用这些工具帮助公司提升管理效率和决策质量？

8 F集团财税合规转型的成功启示

8.1 案例背景

F集团成立于2010年,由三大股东组建,大股东A占股45%,二股东B占股30%,三股东C占股25%。该集团最早以OEM工厂起家,主要生产数码电子产品,借势跨境电商,经过十多年的发展,到2020年已经成长为有独立品牌、旗下有5家子公司、年销售额达10亿元的集团公司。然而,伴随着F集团业务的快速发展,公司财务、税务、股权等方面存在的问题逐渐由小疾发展成为大患,并一度使集团公司濒临失控。

F集团五家子公司的发展过程如下:

M1公司原本是一家零部件供应商,F集团在生产过程中需要采购零部件,但零部件采购受多种因素的影响,导致零部件的品质、价格时有波动。为了加强对供应链的控制,F集团于2012年收购了这家上游供货商。

M2公司原本是一家区域性的小家电公司,有自己的品牌,但是因为内部股东纠纷而陷入了财务危机。2013年,F集团的大股东A个人出资2 500万元收购了这家公司70%的股权,将其并入F集团管理。从此,F集团开始涉足智能小家电,尝试从OEM工厂到品牌终端的转型。

M3的成立与M2有关。在收购了M2公司后,F集团逐渐积累了品牌运营和终端销售的经验。于是,F集团决定继续加大品牌和终端销售的投入,于2014年专门成立了一家电子商务公司,即M3公司,主要负责国内电子商务销售业务。

M4公司则是从M3公司分离出来的公司。2015年,跨境电商开始兴起,M3公司开始涉足跨境业务。M3公司运转了一段时间后,发现国内/国外电商的规则、要求有诸多不同,于是决定将跨境业务独立出来,单独成立M4公司。M3公司主要做国内电商,M4公司专注跨境电商业务。同时,为了配合电商业务开展,M3公司和M4公司还用员工的身份证成立了一大批小电商(小店铺)。

M5公司是一家注册在香港的公司,由M4公司代管,主要负责M4公司的部分收款及存货中转。

通过不断的成立和收购,F集团最终形成了目前的组织架构。集团本部和M2公司主要从事产品的生产和一部分B to B销售业务,M1公司为集团本部和M2公司供应零部件的同时,也为集团外部客户供应零部件,M3和M4公司以及众多小店铺从事公司产品的销售,M5公司负责部分回款收付。

8.2　经历过程

8.2.1　隐忧初现

F集团的业务流转模式是:集团本部的核心工作是研发及生产产品,部分产品销售给M3进行国内销售,部分产品销售给M4通过电商平台出口国外,这是业务流。

M4公司的产品销售收入中,约有6成收入由注册在香港的M5公司负责收款,然后再以各种名义转入国内公司。但是在款项转入国内的过程中,并没有完全转入F集团对公账户,而是有一部分资金直接进了股东的个人账户。

这些资金有些用于支付公司本部及各子公司的各类开支,包括一些没有相应票据的费用。各子公司之间的往来,主要通过资金往来进行结算和冲抵。

总体而言,公司运行的初期,除进入股东个人账户的资金外,F集团的业务流和资金流相对还是比较清晰的。但是,随着公司业务量增加,集团本部和各子公司之间的调货、往来挂账越来越多;同时,由于公司缺乏统一的会计核算制度,各子公司对于收入和成本费用的确认不尽相同,随着时间的推移,经过几轮财务人员的辞职和工作交接,整个集团公司的收入、成本、资金往来也就变得越来越乱,没有人知道真实的收入、成本与利润,也没有人清楚公司资金到底有多少。好在公司跨境业务发展良好,股东们觉得只要有钱花,乱就乱点吧!

新冠疫情暴发后,2019年底至2021年初公司收入锐减,销售货款无法正常回流,集团面临极大的资金压力。与此同时,公司在研发、产品和市场方面加大了投入。这些动作使得本来就紧张的资金更雪上加霜。股东们经过商量,最终决定进行股权融资,引入投资机构,解决资金困境,同时也希望借助资本的力量,推动公司上市。

8.2.2　股权融资受挫

对于F集团这类兼具产品、品牌和运营能力的跨境电商,很多投资机构都很感兴趣。F集团最终确定Q投资机构为主要合作伙伴,并与之进行深入沟通。在与Q投资机构接洽的初期,进展非常顺利,直到进入尽调环节。投资机构的尽调团队进驻公司展开了 10 多天的尽调,给出了初步反馈意见:账务混乱,税负不清,无法核实公司业绩的真假,无法判断公司的盈利能力,也就没有办法进行估值。尽调团队只能"暂时撤出",建议公司先请会计师事务所理清账务,再谈下一步的推进工作。

随后,F 集团又接触了几家投资机构,这些机构均给出了大体相同的反馈意见。这给了 F 集团一记当头棒喝。资金就是公司的血液,研发、生产、销售处处用钱,供血不足,他们都会受到影响,也使得本来在快车道前进的公司不得不放慢速度。至此,公司痛下决心,全面清理账务,开启财税合规转型,实现财务合规,取信于投资机构。

8.2.3 财税合规转型

2021 年 3 月,F 集团决定聘请国内著名的会计师事务所——RC 会计师事务所对 F 集团自 2015 年以来的收入、成本费用及资金往来账目进行全面清查。

(1)彻底清查财务记录。对 F 集团自 2015 年以来的所有财务记录进行全面清查,包括会计账簿、凭证、发票、收据、银行对账单等,确保所有交易都被记录和正确分类。

(2)重建账目。由于现有的会计记录不完整或不可靠,RC 会计师事务所决定重新构建账目,包括手工追踪交易,重建银行对账单和检查物理库存等。当然,重建账目的代价也是不小的。因为 F 集团的财务历史记录不准确、不完整,各个子公司之间的账目无法一一对应。即使 RC 会计师事务所尽力梳理,也无法完全理清,最后不得不将 F 集团的有些烂账一次性核销。

(3)核实税务合规性。经过与税务机关沟通,并进行了部分税款申报,解决了部分历史遗留的税务问题,确保所有的税务申报都是合规的。由于 F 集团在当地也较有名气,与税务机关沟通还算比较顺利。

(4)优化内部控制。RC 会计师事务所经与 F 集团管理层反复沟通,着手改善 F 集团的内部控制体系,包括更新会计软件、建立合规政策、改进审批流程、对相关员工进行专业培训等,确保未来的财务活动能够得到有效记录和监督。

(5)审计与监督。RC 会计师事务所建议 F 集团设立专门的审计部门,开展内部审计。同时 F 集团还与 RC 会计师事务所建立战略合作伙伴关系,由事务所为 F 集团提供专业的财税合规咨询服务,帮助公司解决在财税合规转型过程中遇到的问题。

经过一年多的整改,2022 年 5 月,RC 会计师事务所对 F 集团现有的内部控制(包括财税合规体系)进行全面评估,并对 F 集团 2021 年度的内部控制和财务报告出具了标准无保留意见审计报告,恢复了 F 集团的财务健康和信誉。

8.2.4 融资成功

2022 年 6 月,F 集团再次与 Q 投资机构进行洽谈。虽然 F 集团的股东们觉得 Q 投资机构给出的估值大大低于他们的预期,但 Q 投资机构进行了解释:账目虽然理清了,也核销了部分坏账,但公司真实的经营情况和财务状况难以被还原,公司的历史财务数据确实支撑不了股东的融资预期。考虑公司的确缺钱,最终 F 集团还是接受了 Q 投资机构提出的条件,初步融资成功。

再经过一年多的运作,2023 年 11 月,F 集团终于在新三板挂牌。

8.3 对其他企业的启示

F 集团的转型过程为其他企业管理者提供了宝贵的启示,特别是在财务管理、税务合规以及企业上市等方面。

8.3.1 有效的财务管理是企业成功的基石

有效的财务管理是企业成功的基石。企业需要准确的财务数据来做出明智的决策。有效的财务管理能够提供及时、准确的财务报告,帮助管理层了解公司的财务状况,从而做出有利于企业发展的决策。企业的财务管理是否有效,主要体现在以下几个方面:

(1)运营效率是否有效提高。可以通过对比同行业的产能利用率、存货周转率、应收账款周转率、资产周转率、产品缺陷率、销售退货率、订单履行率、客户满意度等指标来反映。此外,还需要考虑企业的战略目标和市场环境,以确定运营效率改进的潜力和方向。通过持续监控这些指标,企业可以识别效率低下的领域并采取措施进行改进。

(2)盈利能力是否得到加强。可以通过对比同行业的毛利率、净资产收益率、总资产收益率、净利润增长率等指标来反映。评估时,企业需要收集最新的财务报表和市场数据,进行详细的财务分析。同时,也需要考虑外部环境因素,如市场趋势、行业政策、宏观经济状况等,这些因素都可能对企业盈利能力产生影响。通过这些分析,可以对企业盈利能力的增强情况做出综合评价。

(3)企业的成长性。可以通过分析企业过去的业绩,预测企业未来的业绩,结合企业潜在的增长机会,对企业成长性做出综合评估。需要注意的是,评估过程中应采用多种方法和指标综合判断,避免单一指标导致的误判。同时,还应关注企业的非财务因素,如品牌影响力、客户忠诚度、供应链管理能力等,因为这些因素对企业的长期发展至关重要。

（4）企业的财务稳定性。评估企业财务稳定性是一个复杂的过程，涉及对企业财务状况的全面分析和理解。可以通过分析企业盈利能力、资产状况、负债水平等情况，结合企业所在行业的发展趋势和市场竞争状况，评估企业财务的稳定性。

（5）现金流管理能力。可以通过现金流量比率（即：经营活动产生的现金流量与流动负债的比值），来衡量短期偿债能力；通过分析企业的自由现金流（即：经营活动产生的现金流量减去资本支出），评估企业可用于投资和分配的现金。如果发现企业在现金流管理方面存在问题，可以提出改进建议，如优化预算管理、加强应收账款和库存管理、调整债务结构等，以帮助企业提高现金流管理能力。

（6）内部控制与风险管理水平。可以通过外部审计等手段，评估企业内部控制框架的完整性和有效性，以及企业识别、评估和管理风险的能力。通过上述评估，如果发现存在不足，企业可根据评估结果采取相应的改进措施（如加强内部控制制度建设、提高风险管理能力、加强员工培训等），以提高内部控制与风险管理的整体水平。

8.3.2 合规是底线也是红线

遵守税法和其他法律法规不仅是企业应尽的义务，也是企业持续、健康、稳定发展的基础。企业合规的重要性主要体现在以下几个方面。

（1）合规是企业必须遵守的底线。合规是一个带有强制性的名词，合规是底线，也是红线，企业只有合法合规，才能朝着更加健康的方向发展。一个企业要想成为百年企业，或者要基业长青，一定要遵规守纪，绝不能踩法规的红线，也不能碰法规的底线。企业要严格执行国家相关法规和标准要求，必须转变思维，重视企业合规，从组织建设、制度建设、文化建设构建合规管理体系，使依法合规成为企业的核心价值，从而确保企业的生产经营平稳有序地进行。如果一个企业钻法规漏洞，视国家和相关部门发布的法律法规为无物，这样的企业是注定不能发展壮大的。成长中的企业，一旦在合规管理上出现问题，必将带来难以挽回的损失。近年来，在合规方面出现问题，给企业带来巨大损失甚至灭顶之灾的企业不在少数。当前，企业对"合规"的认识不断加深，逐渐有超越"风控"的趋势，成为当今企业管理的热点，许多企业已经把合规放在企业发展和管理的第一位。

（2）合规可以帮助企业减轻甚至豁免行政处罚。按照中华人民共和国国家市场监督管理总局、国家标准化管理委员会2022年10月联合发布的《合规管理体系要求及使用指南（GB/T 35770—2022）》引言，"在许多司法管辖区，法院在对违反相关法律的行为做出适当处罚的决定时，根据组织的合规管理体系考虑了其合规承诺。因此，监管部门和司法机构也能利用本文件对标而受益。通过推行具有约束力的价值观和实施适当的合规管理，组织将更加确信其可以有效维护自身诚信，避免或尽量减少违反组织的合规义务。因此,诚信和有效合规是组织实现良好勤勉管理的关键要素。"2021年4月,最高人民检察院发布《关于开展企业合规改革试点工作的方案》,启动了企业合规不起诉改革试点。可见,合规可以帮助企业减轻甚至豁免行政处罚。

(3)合规可以创造价值。一方面,加强合规管理,尤其是财税合规管理,梳理和审查企业内部财务制度,对其存在的问题进行修改、补充,使之合法合规,并根据需要制定新的财务制度,明确各部门财务管理边界与协调合作机制,消除职责重叠、交叉和推诿,填补财务管理真空,可以形成财务管理合力,助力企业提升财务管理水平。另一方面,企业通过建立有效的合规管理体系,防止诚信合规领域(如贪污、腐败等)、重点领域(如财务报表编制、税金的计算与交纳等)、重点环节(销售与收款环节、采购与支付环节等)、重点人员等的违法违规,帮助企业提高合规风险的应对处置效率,控制合规风险并防止合规风险对企业发展的影响和损失的扩大。

(4)合规能够给企业带来更多商业机会。合规管理保障企业诚信合规经营,防范腐败、欺诈、串通等不当行为,强化环保、安全、质量、诚信和廉洁等合规理念,树立依法合规、诚信经营的价值观,不断提高员工的合规意识和行为自觉,推进企业合规文化建设,创造企业良好信誉和形象,促进企业稳健、安全、持续经营。同时,企业良好的诚信合规形象,有助于增强商业伙伴对企业诚信经营的认知度、安全感和认同感,势必给企业带来更多的业务和商业机会,并维护企业与商业伙伴之间合作与交易的稳定性和持续性。

(5)合规是企业参与国际市场竞争的基本条件与核心竞争力。目前,合规管理已被纳入全球信用管理体系,成为企业参与国际市场竞争的基本条件与核心竞争力。企业要想做大做强,角逐国际市场竞争,参与"一带一路"建设,建立健全的合规管理体系,开展适当、充分、有效的合规管理,已刻不容缓。

F集团通过清理账务和实现财税合规,不仅避免了法律风险,也为后续的挂牌上市之路清除了障碍。

8.3.3 诚信是无价之宝

企业的诚信是其最宝贵的资产之一。企业诚信是指企业在经营过程中遵守法律法规,履行合同义务,诚实守信,公平竞争,保护消费者权益等行为准则。企业诚信的价值主要体现在以下几个方面:

(1)增强市场竞争力。诚信企业能够赢得消费者的信任和忠诚,提高产品或服务的市场占有率,从而增强企业的市场竞争力。

(2)塑造良好企业形象。诚信是企业无形资产的重要组成部分,良好的企业形象能够提高企业的知名度和美誉度,有利于企业品牌的传播和推广。

（3）降低交易成本。诚信企业在与合作伙伴、供应商和客户之间的合作中，能够减少交易风险，降低交易成本，提高交易效率。

（4）提高员工凝聚力和企业稳定性。企业诚信有助于建立良好的企业文化，提高员工的归属感和忠诚度，从而提高员工的工作积极性和企业的稳定性。

（5）增强投资者信心。诚信企业能够获得投资者的信任，吸引更多的投资，有利于企业的融资和发展。

（6）减少法律风险。诚信企业遵守法律法规，能够避免因违法行为而产生的法律风险，确保企业的合法经营。

（7）促进企业的可持续发展。诚信企业能够建立稳定的合作关系，赢得长期客户，有利于企业的持续发展和壮大。

总之，诚信对于企业的生存和发展具有重要的价值。企业应该积极践行诚信原则，以诚信赢得市场、赢得客户、赢得发展。F集团通过整改与财务合规转型，重新赢得投资机构的信任，这表明诚信经营对于吸引资本和合作伙伴至关重要。

8.3.4　处理好长期规划与短期利益的平衡

F集团在面临困境时，选择了长期利益而非短期利益，这是企业管理者需要学习的关键决策。确实，为了实现基业长青，企业需要在长期规划与短期利益之间找到平衡点。以下是一些建议，可以帮助企业在这两方面取得平衡：

（1）明确愿景和使命。企业要制定一个清晰的长期愿景和使命，这有助于指导短期决策，并确保所有行动都符合长期目标。

（2）要进行战略规划。企业要制定一系列长期战略，包括市场扩张、产品开发、技术创新和人才培养等。同时，要确保这些战略可分步骤实施，并与短期目标相结合。

（3）重视短期目标与长期目标的衔接。为此企业应设定可衡量的短期目标，以便跟踪进度并适时调整，确保短期目标和任务有助于实现长期战略。同时，企业在进行财务规划时，既要确保实现短期目标所需的短期资金需求，也要为长期发展提供一定的储备资金。

（4）注重人才培养与团队建设。企业需要根据长期战略，明确所需人才的能力和素质要求，制订相应的人才培养计划，确保员工具备实现长期目标所需的知识和技能；采用多种培训方式，如组织内部培训或研讨会、参加行业会议或外部培训、在线学习、岗位轮换等，激励他们不断提升自身能力和专业素养，为员工提供晋升机会和发展空间；建立人才梯队，为企业的未来发展储备人才，确保关键岗位有合适的人选。

（5）持续创新。即使在追求短期利益时，也不忘持续创新，以保持长期竞争优势,这是企业长期成功的关键。为此,企业需要在年度预算中设定专门的研发资金,确保企业有足够的资源进行技术创新和产品开发。有条件的企业,应组建一个专门的研发团队,专注于新技术的研究和产品开发,并确保研发团队与企业的其他部门(如市场、生产等)紧密合作,以确保创新能够转化为实际的市场优势。建立一个鼓励创新的企业文化,通过创新竞赛、奖励制度等方式,激发员工的创新潜能,鼓励员工提出新想法和改进建议。

8.3.5 适当利用第三方专业机构咨询

F集团在转型过程中,寻求了专业会计师和律师的咨询,有效地利用第三方专业机构的咨询服务,推动自身的合规转型工作,降低合规风险,提升企业的合规管理水平。那么,企业在合规转型过程中,如何寻求和利用第三方专业机构咨询?以下是企业可以采取的步骤和策略:

(1)明确需求。首先,企业需要明确自己的合规需求,包括了解现行的法律法规要求、行业标准以及企业自身存在的问题和风险点。

(2)选择合适的咨询机构。根据企业的具体需求,选择在合规领域有专业知识和丰富实践经验的咨询机构。可以考虑咨询机构的资质、服务范围、成功案例、行业声誉等因素。

(3)制订咨询方案。在与咨询机构充分沟通的基础上,制定详细的咨询方案,包括咨询的目标、内容、流程、时间表和预期成果等。

(4)签订合同。明确双方的权利和义务,签订正式的咨询服务合同,确保合作双方的权益得到法律保障。

(5)开展合作。按照合同约定的内容和进度,开展合作。企业应积极配合咨询机构的工作,提供必要的资源和信息。

(6)培训与宣贯。咨询机构在提供咨询方案后,应帮助企业进行方案的深入培训和宣贯,确保企业员工理解并能够执行新的合规要求。

8.3.6 信息应公开透明

上市公司的信息公开和透明度是维护投资者信心、促进资本市场健康发展的关键。根据中国证监会等监管机构的要求,上市公司必须遵循严格的财务报告和信息披露准则,确保所有公开信息的真实性、准确性和完整性。

F集团通过清理账务和实现财务合规,不仅符合了挂牌的基本要求,而且还在以下几个方面提升了自身的公开透明度:

(1)财务报告的真实性和准确性。F集团通过清理账务,确保了财务报告的真实性和准确性,这是公开透明的根基。

（2）规范的信息披露。F集团遵守了信息披露的相关规定，及时、全面、准确地披露了公司的财务状况、经营成果和重大事项，让投资者能够基于充分的信息做出投资决策。

（3）良好的公司治理。F集团通过转型，强化了公司治理，保证了股东大会、董事会、监事会和经营管理层的有效运作，增强了公司决策的透明度和公正性。

（4）定期信息发布。F集团通过定期举行业绩发布会、投资者交流会等活动，积极与投资者沟通，建立了良好的投资者关系。

（5）严格的内部控制。F集团在第三方专业机构的指导下，建立了严格的内部控制体系，确保财务和业务活动合规，减少了潜在的违规风险。

通过这些措施，F集团提高了自身的公开透明度，为挂牌打下了良好的基础。这不仅有助于获得监管机构的批准，也有利于在资本市场中获得投资者的高度评价和信任，从而为企业的发展提供强有力的支持。

8.3.7　持续改进和适应

市场环境和经济条件不断变化，企业需要持续改进和适应。F集团合规转型的成功部分归功于其能够适应变化，及时调整经营策略。企业应与咨询机构一起，持续跟进企业的合规转型进程，实时解决转型实施过程中遇到的问题，定期评估合规转型的效果，收集反馈信息，并根据实际情况调整和优化合规转型策略。

总之，F集团的经历表明了，财务管理、合规性、诚信经营、长期规划、信息透明等在企业成功中起关键作用。企业管理者应该从F集团的案例中吸取经验教训，不断提升企业的财务管理水平和合规能力，以实现企业的长期发展。

8.4　案例简评与探索思考

8.4.1　案例简评

F集团的案例是一个企业从财税失控到实现新三板挂牌的典型转型故事。起初，F集团虽迅速发展，却因管理不善导致财务、税务和股权问题逐渐累积，最终对企业运营构成严重威胁。这一阶段，F集团的财税管理混乱，资金流和业务流不透明，内部控制缺失，导致无法准确掌握公司的真实财务状况。

面对新冠疫情的冲击和资金压力，F集团被迫寻求股权融资，却因账务混乱和税务不清晰而受挫。这一打击迫使F集团决心进行全面的财税合规转型。通过聘请专业会计师事务所进行全面清查和账目重建，F集团解决了历史遗留问题，优化了内部控制体系，并最终恢复了财务健康和信誉。

F 集团的转型成功归功于几个关键因素：首先是对财税合规重要性的深刻认识；其次是果断采取行动清理账务，重建财务管理体系；最后是与专业机构合作，提升了管理水平和透明度。最终，F 集团不仅解决了短期的资金问题，也为长期发展奠定了坚实的基础。

此案例也给予我们很大的启示，包括：有效的财务管理是企业成功的基石，合规不仅是企业运营的底线，也是参与市场竞争的基本条件，诚信经营能够为企业赢得市场和投资者的信任，以及在面对市场和环境变化时，企业需要持续改进和适应。

F 集团的经历强调了在追求快速发展的同时，企业必须注重内部管理和合规建设，确保健康稳定的发展。这对于企业管理者来说，是一个关于平衡增长与规范管理的重要教训。

8.4.2　探索思考

（1）F 集团经营初期在财务管理中存在哪些问题？这些问题是如何影响公司长期发展的？

（2）F 集团在股权融资受挫后，采取了哪些措施来进行财税合规转型？这些措施是如何帮助公司恢复财务健康和信誉的？

（3）F 集团的案例中，合规管理在企业运营中扮演了什么角色？为什么合规是企业成功的基石？

（4）F 集团在转型过程中是如何平衡长期规划与短期利益的？这对其他企业有什么启示？

（5）F 集团是如何利用第三方专业机构来推动合规转型的？这对其他企业有什么借鉴意义？

9 G 集团数智赋能推动财会监督加力提效的经验与启示

9.1 案例背景

9.1.1 G 集团的经营特点与行业地位

G 集团是一家大型综合能源企业,在全球油气行业中扮演着重要参与者的角色。作为油气产业链的主要依托,G 集团的业务范围涵盖了油气勘探、石油化工、能源投资、技术工程服务、油气产品销售等多个板块。G 集团不仅在传统能源领域深耕细作,还积极响应国家高质量发展的政策,致力于双碳策略的执行,布局新能源领域和绿色转型,展现了其在能源行业的前瞻性和创新力。

9.1.1.1 组织架构繁杂

G 集团的组织架构繁杂(见图 9-1),规模庞大,截至 2024 年,所属成员单位已超过 2 800 家。集团的业务多元且错综复杂,这对其财务监督质量提出了更高的要求。同时,G 集团的经营布局全球化,业务已经遍布全球 86 个国家和地区,具有显著的国际影响力。

9.1.1.2 经营业务多元化

G 集团作为一家综合性能源企业,已经完成了油气行业的产业链布局,实现了上下游经营活动一体化。其业务涵盖油气勘探、石油化工、能源投资、技术工程服务、油气产品销售等多个板块。同时,G 集团积极响应高质量发展的方针政策,执行双碳策略,布局新能源领域和绿色转型。

9.1.1.3 经营布局全球化

G 集团在国际化经营方面不断扩大海外市场版图,包括能源开采项目、跨国商业并购以及合作建厂投资等业务。截至 2023 年,G 集团业务已经遍布全球 86 个国家和地区,具有强大的国际影响力。全球化的经营布局虽然带来了广阔的市场和机遇,但也使企业在全球化经营过程中面临经营风险和重大损失的挑战。

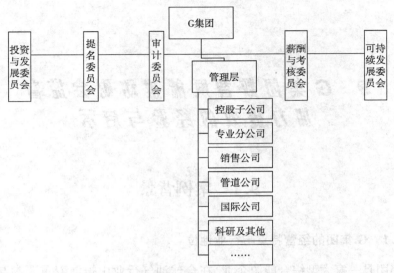

图 9-1　G 集团的组织架构

9.1.1.4　行业影响力大

在行业地位方面,G 集团凭借其先进的生产方式和管理经验,不断提高集团的核心竞争力,持续拓宽业务领域,已成为油气产业影响重大的组成部分。集团的数智化转型效果颇为丰富,如投入使用的数智司库、数智化财会控制系统、智能加油站管理系统,以及正在研发设计的集成 EPP 系统等,都显示了 G 集团在数智化改革方面的前沿地位。

9.1.2　G 集团面临的挑战

9.1.2.1　行业竞争的压力

G 集团作为大型综合能源企业,在油气产业链中占据重要地位。然而,随着全球化和市场竞争的加剧,G 集团面临的行业竞争压力显著增加,具体表现在以下几个方面:

(1)市场参与者增多。随着市场开放和新兴市场的崛起,更多的企业进入油气行业,增加了市场竞争的参与者。这些新进入者可能带来创新的技术和商业模式,对 G 集团构成挑战。

(2)价格竞争。油气产品价格受国际市场供需关系、地缘政治等因素影响,这些因素可能导致激烈的价格竞争。G 集团需要在保持产品质量的同时,有效控制成本,以维持竞争力。

(3)供应链和物流竞争。在油气产业链中,供应链管理和物流效率对成本控制至关重要。G 集团需要优化供应链,提高物流效率,以减少成本并提高市场响应速度。

(4)国际市场的竞争。G 集团作为全球性企业,在国际市场上需与其他跨国能源公司竞争。这要求 G 集团不仅要关注本土市场,还要应对国际市场的竞争策略和风险管理。

9.1.2.2　新冠疫情的影响

疫情的暴发和持续对全球经济造成了巨大冲击,能源行业也受到了严重影响。G 集团作为全球性的能源企业,所面临的疫情影响主要表现在以下几个方面:

(1)供应链中断。疫情导致全球供应链受到严重冲击,运输受限、原料供应不稳定等问题影响了 G 集团的生产和运营。

(2)需求波动。疫情改变了人们的工作和生活方式,导致能源需求出现波动。G 集团需要灵活调整生产计划和资源配置,以应对需求的不确定性。

(3)价格不稳定。国际能源市场价格因疫情影响出现大幅波动,给 G 集团的定价策略和成本控制带来挑战。

(4)远程工作和业务连续性。疫情推动了远程工作模式的普及,G 集团需要确保远程工作的有效性和业务的连续性。

(5)客户关系和市场策略。疫情改变了客户的需求和行为,G 集团需要加强与客户的沟通,调整市场策略,以维护客户关系。

9.1.2.3　技术革新的压力

技术革新的压力是 G 集团在油气行业竞争中必须面对的一个主要挑战。

(1)快速变化的技术环境。油气行业的技术进步日新月异,包括勘探、开采、加工和环保等多个方面的技术都在快速发展。G 集团需要紧跟技术趋势,不断学习和适应新技术。

(2)研发投入的需求。为了保持技术领先,G 集团需要持续投入研发资源,这不仅包括资金投入,还包括人才和技术的引进与培养。

(3)技术设备的更新换代。随着新技术的出现,旧的技术设备可能会迅速过时,G 集团需要定期更新技术设备,以维持生产效率和产品质量。

(4)专业人才的培养和吸引。技术革新需要有专业人才作为支撑,G 集团需要培养和吸引懂技术、会创新的人才,以推动技术革新和应用。

(5)数字化和智能化的挑战。数字化和智能化技术正在改变油气行业的运营模式。G 集团需要在这些领域进行技术革新,以提高运营效率和决策质量。

(6)技术标准的跟进。行业内的技术标准不断更新,G 集团需要跟进最新的技术标准,确保其技术设备和生产工艺符合行业要求。

（7）技术风险管理。技术革新伴随着风险，G集团需要建立有效的技术风险管理体系，以应对技术变革带来的不确定性和潜在风险。

（8）跨学科技术的整合。油气行业技术革新往往涉及多个学科领域的技术整合，G集团需要加强不同技术领域的协同和整合，以实现技术突破。

（9）技术合作与交流。在技术革新的过程中，G集团需要与科研机构、高校、行业伙伴等进行合作与交流，以获取最新的技术信息和合作机会。

9.1.2.4 环境保护的压力

环境保护的压力对G集团等能源企业来说是一个重大的挑战，这种压力主要来源于以下几个方面：

（1）政府法规和政策。政府对环境保护的法规越来越严格，包括排放标准、资源开采限制、生态保护区的设立等，这些都需要企业遵守并采取相应措施。

（2）公众意识和期望。社会公众对环境保护的意识日益增强，对企业在环保方面的表现有更高的期望和要求。

（3）国际环保标准。随着全球化的发展，国际社会对环保标准的要求越来越高，G集团在全球范围内的业务需要符合这些标准。

（4）市场竞争和品牌形象。竞争对手可能在环保方面采取更加积极的措施，G集团需要在环保方面做出努力，以维持和提升品牌形象和市场竞争力。

（5）投资者和股东的要求。投资者和股东越来越关注企业的社会责任和可持续发展能力，他们可能会基于企业的环保表现来做出投资决策。

（6）资源获取和成本。环保法规可能会影响资源的获取，如限制某些资源的开采，同时环保措施的实施也可能增加企业运营成本。

（7）长期可持续性。环境保护的压力促使G集团考虑长期的可持续性，包括资源的有效利用、生态平衡的维护和对未来世代的责任。

9.1.3 G集团的发展机遇

9.1.3.1 新能源市场发展

新能源和可再生能源的快速发展为G集团提供了新的业务增长点和市场拓展机会。

（1）市场增长潜力。新能源市场的快速增长为G集团提供了巨大的市场潜力和发展空间。

（2）多元化业务。通过进入新能源市场，G集团可以实现业务多元化，降低对传统能源市场的依赖。

（3）供应链创新。新能源市场的发展带动了供应链的创新，G集团可以通过供应链管理优化降低成本。

（4）技术标准制定。在新能源和可再生能源领域，G集团有机会参与新技术和产品标准的制定，从而在行业中占据有利地位。

9.1.3.2 国际市场拓展

全球化布局使G集团有机会进入新兴市场，通过国际合作和投资获取新的增长动力。

（1）新兴市场的增长潜力。许多发展中国家正处于快速工业化和城市化阶段，对能源的需求不断增长，为G集团提供了新的市场机会。

（2）国际合作项目。通过参与国际合作项目，G集团可以与外国政府、国际组织和跨国公司建立合作关系，共同开发大型能源项目。

（3）技术和知识转移。在国际市场上的运营可以促进技术和管理知识的跨国界转移，帮助G集团提升技术水平和运营效率。

（4）资本和投资来源。国际市场提供了更广泛的资本和投资来源，G集团可以通过国际资本市场融资，支持其全球扩张计划。

（5）品牌国际化。通过国际市场拓展，G集团可以提升其品牌的全球知名度和影响力，建立国际品牌形象。

（6）获取新资源。国际扩张使G集团有机会获取新的能源资源，如石油、天然气、可再生能源等，增强资源获取能力。

（7）文化交流和融合。国际市场拓展促进了不同文化之间的交流和融合，有助于G集团建立多元文化的工作环境。

9.1.3.3 政策支持

国家对能源行业和国有企业的改革、创新给予了政策支持，为G集团等国有企业提供了多方面的有利条件和发展机遇。

（1）财政补贴与税收优惠。国家可能提供财政补贴或税收减免，以支持能源行业的转型和升级，降低G集团在新能源技术研发和应用上的财务负担。

（2）研发资金支持。政府的研发资助可以鼓励G集团增加对新技术、新产品的研究与开发投入，推动创新。

（3）市场准入与优先权。政策支持可能包括放宽市场准入限制，或给予国有企业在参与重大项目和招标中的优先权。

（4）国际合作平台。国家间能源合作协议或多边能源项目可能为G集团提供国际合作的平台和机会。

（5）环保政策激励。环保政策的激励措施，如碳交易制度，可以鼓励G集团采取更环保的生产方式，同时可能获得经济利益。

（6）基础设施建设支持。政府在基础设施建设上的投资可以降低G集团在物流、能源输送等方面的成本。

（7）融资与信贷支持。国家可能通过政策性银行或其他金融机构为能源项目提供优惠的融资和信贷条件。

9.1.3.4 环保和绿色转型

环保和绿色转型为 G 集团带来了多方面的机遇，这些机遇有助于企业在可持续发展方面取得进展，并在市场中获得竞争优势。

（1）市场需求增长。随着消费者和企业对环保产品的需求日益增长，G 集团可以开发和提供绿色、低碳的能源解决方案来满足这一市场需求。

（2）企业形象提升。通过积极采取环保措施和推广绿色能源，G 集团能够提升其作为负责任企业的形象，增强公众信任和品牌忠诚度。

（3）获得投资和融资机会。绿色和可持续项目吸引了越来越多的投资者和金融机构的关注，G 集团可以利用这一趋势来获得融资和投资。

（4）运营成本降低。采用绿色技术和提高能效可以减少能源消耗和浪费，从而降低运营成本。

（5）市场差异化。绿色产品和服务可以帮助 G 集团在市场上实现差异化，吸引对环保有高度关注的客户群体。

（6）新兴市场开拓。绿色转型使 G 集团有机会进入新兴的环保市场和清洁能源市场，开拓新的收入来源。

9.1.3.5 数智化转型机遇

数智化转型能够为 G 集团提供提升运营效率、优化决策过程、增强风险管理能力的机会。

（1）运营效率提升。数智化转型通过自动化和智能化技术，可以显著提高 G 集团的运营效率，减少人为错误，缩短业务流程时间。

（2）决策过程优化。利用大数据分析和人工智能技术，G 集团能够更快速、更准确地获取和处理信息，从而优化决策过程，提高决策质量。

（3）风险管理能力增强。数智化手段可以帮助 G 集团实时监控业务活动，及时发现和预警潜在风险，增强风险管理能力。

（4）成本控制。自动化和智能化技术可以降低人力成本和管理成本，提高资源利用效率，帮助 G 集团实现成本控制。

（5）市场响应速度更快。数智化转型使 G 集团能够更快地响应市场变化，及时调整经营策略，抓住市场机遇。

（6）客户体验改善。通过数字化手段，G 集团可以提供更加个性化和高效的客户服务，改善客户体验，增强客户满意度和忠诚度。

（7）产品和服务创新。数智化转型为 G 集团提供了创新产品和服务的机会，通过数据分析和客户洞察，开发满足市场需求的新产品和服务。

（8）竞争优势增强。数智化转型可以帮助G集团在行业中建立竞争优势,通过技术创新和业务模式创新,实现差异化竞争。

（9）合作伙伴关系强化。数智化转型有助于G集团与合作伙伴之间的信息共享和协同工作,强化合作伙伴关系。

9.1.4　数智化转型的战略选择

为了应对面临的挑战,把握数字化时代的发展机遇,G集团选择了数智化转型作为其战略发展方向,通过这一转型,G集团旨在构建一个更加灵活、高效和可持续的现代企业。这一转型涉及多个层面的改革和创新,具体包括:

（1）应对业务复杂性。数智化转型帮助G集团处理和分析海量的业务数据,从而更有效地管理其多元化和全球化的业务。

（2）提升管理效率。通过自动化和智能化的工具,G集团能够提高管理决策的速度和质量,减少人为错误和提高工作效率。

（3）强化风险控制。数智化使G集团能够实时监控业务流程,及时发现和预防潜在的风险,增强企业的风险管理能力。

（4）优化资源配置。利用大数据分析,G集团可以更精准地进行资源配置,提高资源使用效率,降低成本。

（5）促进业财融合。数智化转型支持业务与财务的深度融合,实现数据共享和流程协同,提升管理效率和决策支持。

（6）增强竞争力。通过数智化,G集团能够更快地响应市场变化,创新产品和服务,从而增强其市场竞争力。

（7）支持可持续发展。数智化技术有助于G集团在推动业务增长的同时,实现环境友好和社会价值的可持续发展目标。

（8）应对政策和法规要求。随着政策和法规对企业透明度和合规性的要求日益严格,数智化转型有助于G集团更好地满足这些要求。

（9）创新商业模式。数智化转型为G集团提供了创新商业模式的机会,比如通过数据分析提供个性化服务,开发新的收入来源。

（10）培养人才和文化。转型过程中,G集团注重培养具备数智技能的人才,并塑造一种适应快速变化、鼓励创新的企业文化。

（11）提升客户体验。数智化使G集团能够更好地了解客户需求,提供更加个性化和高质量的客户服务体验。

（12）实现数据驱动的决策。通过数智化,G集团能够基于实时数据和深入分析做出更加精准和高效的决策。

> 通过数智化转型,G集团不仅提升了自身的竞争力,也为其他企业在类似挑战下提供了宝贵的经验和启示。这种转型不仅帮助了G集团应对疫情带来的不确定性,还为其在激烈的行业竞争中保持领先地位提供了有力支持。

9.2 G集团数智化财会监督系统构建的动因与发展历程

数智化财会监督体系的构建是G集团数智化转型中的一项重要内容,它关系到集团能否有效管理和控制其财务活动,确保数据的准确性和透明度,以及能否及时识别和应对各种风险。通过构建全面的数智化财会监督体系,G集团能够提高其财务管理的监督效率和质量,加强风险控制,支持战略决策,并最终推动整个组织的数智化转型和可持续发展。

9.2.1 转型前G集团财会监督模式的情况

转型前,G集团传统的财会监督模式确实面临一系列问题,具体表现如下:

(1)效率低下。财会监督依赖人工操作和纸质记录,导致监督流程繁琐、耗时长,无法快速响应市场变化和内部管理需求。

(2)监督滞后。财会监督往往是事后监督,即在财务报表编制完成后进行审查,这导致监督活动存在时间差,无法实现实时监控和即时反馈。

(3)覆盖面不全。由于依赖抽样审查,传统财会监督无法全面覆盖所有业务流程和财务数据,容易遗漏重要信息,增加监管盲区。

(4)技术手段落后。传统的财会监督缺乏先进的技术手段,如大数据分析、云计算和人工智能等,难以有效处理和分析海量数据,限制了监督的深度和广度。

(5)风险识别和应对不足。在快速变化的市场环境中,传统模式难以及时识别新兴风险和复杂问题,导致风险控制和决策支持不力、决策失误、资源浪费和市场机会丧失。

(6)形成信息孤岛。传统监督模式未能实现信息系统的集成,导致数据共享困难,形成信息孤岛,影响决策的一致性和协同效率。

9.2.2 数智化转型的外部推力

G集团数智化转型的外部推力主要来源于以下几个方面:

(1)政策鼓励。随着国家政策对财会监督的重视程度不断提升,G集团响应政策号召,加强内部监督治理。政策的推动使得企业更加注重财会监督体系的建设,以符合国家对于国有企业、上市公司等市场主体规范业财行为、提升会计信息质量的要求。

（2）技术发展。大数据、云计算、人工智能以及机器学习等数智技术的成熟和应用，为企业提供了转型升级的新机遇。这些技术的发展不仅提高了企业运营的效率，还增强了企业对风险的识别和管理能力。

（3）市场竞争加剧。随着市场竞争的日益激烈，G 集团需要通过数智化手段来优化财务管理、改善经营，以保持竞争优势。

（4）监管要求深化。监管机构对企业的财务透明度和合规性要求越来越高，G 集团需要通过数智化财会监督来满足这些要求，确保企业的合规运营。

（5）行业高质量发展需求。为了推动行业向更高质量的发展转型，G 集团需要利用数智化手段来提升自身的管理水平和运营效率。

这些外部因素共同构成了推动 G 集团进行数智化改革的重要力量，促使其不断优化和升级自身的财会监督体系，以适应时代发展的需求。

9.2.3　数智化转型的内生动力

G 集团变革的内生动力主要来源于以下几个方面：

（1）业务复杂性驱动监督创新。G 集团的全产业链经营模式使其涉及多个领域的海量业务，由此产生的不合规问题及做错账情况数量多，难以及时发现。这种业务的复杂性要求集团建立更高效的财会监督体系来提高查错效率和效果。

（2）组织架构优化需求。G 集团下设多个业务板块和成员单位，内部管理链条长、层级多，导致内控风险多样，防弊管理难以统一。集团需要通过数智化改革来优化内部管理，强化风险控制。

（3）全球战略与风险应对。随着 G 集团业务规模的不断扩大和积极响应国家"走出去"政策，大力布局全球化发展战略，不同国家地区的政策规定差异以及国际形势的动荡严重影响海外投资。这要求集团通过数智化手段来优化管理效率，降低经营风险。

（4）内部管理要求。企业不合规的情况以及经营决策失误或管理效率低下会给企业造成巨大损失，影响企业未来的长远发展。G 集团需要通过数智化改革来提高决策的科学性和准确性。

（5）内部监督机制优化。现有财务监督体系缺乏健全的内部控制机制和监督反馈机制，无法有效监控和防范财务风险。G 集团需要进一步优化完善内部监督制度，提高财务信息的透明度。

这些内生动力促使 G 集团不断寻求更科学的管理理念，创新搭建更适配的管理体系，对财会监督制度进行改革，以适应集团的发展需求和应对各种挑战。

9.2.4　数智化财会监督发展历程

在 2016 年以前,G 集团的财务监督主要依赖于人工操作,技术和自动化水平较低,导致监督效率不高,难以适应集团日益增长的业务规模和复杂性。在"十三五"期间,G 集团开始建设云服务平台,实现了生产经营数据的汇聚、共享和应用,为后续的财会监督数智化奠定了基础。此后,G 集团数智化财会监督的发展历程可以概括为以下几个阶段:

(1)数智化财会控制系统建设启动。2020 年 11 月,某软件企业开始为 G 集团着手建设数智化财会控制系统,围绕"查错、防弊、增效"三个核心功能展开工作。

(2)系统一期建设。2021 年 3 月,G 集团的数智化财会控制系统开始初步实现对传统监督模式的改进,通过技术手段提升了监督的效率和效果。此后,经过进一步优化,系统在查错、防弊方面的功能更加完善,平均稽查精确度显著提升。

(3)系统二期建设。2023 年 8 月,G 集团开始在系统一期的基础上进一步改进,通过大数据、云计算、人工智能等先进技术的应用,G 集团的财会控制系统在查错、防弊方面的能力得到显著增强,财会监督逐渐由事后延伸至事前、事中,逐步实现了对业务流程的全过程、伴随式监督,大大提高了监督的时效性和准确性。同时,系统的增效功能也已进入了开发设想阶段,预示着未来系统将进一步优化。

展望未来,G 集团的数智化财会控制系统将继续深化业财融合,从数据资产的角度出发,为企业经营提供管理型建议,助力企业价值创造。

9.3　G 集团数智化财会监督系统的探索与实践

9.3.1　数智化财会监督系统的构成

G 集团设计的财会监督系统主要由统一技术平台、数据汇聚中心、数据共享中心、数据应用中心四个部分构成。这些组成部分共同构成了 G 集团数智化财会监督系统的核心架构,使其能够有效地进行财务监督、风险管理和决策支持。

9.3.1.1　统一技术平台

为整个财会控制系统提供技术支持,包括数据采集、存储、分析和混合计算等技术手段。

9.3.1.2　数据汇聚中心

负责数据的集中采集、归集、分类和存储,构建统一数据仓库和大数据平台,为数据共享和应用提供能力保障。

9.3.1.3　数据共享中心

为用户提供数据共享服务,包括共享资源的上线、下线、目录维护及共享流程管理等。

9.3.1.4　数据应用中心

通过数据查询表的构建,进行 PDCA 闭环管理稽查,优化迭代风险模型,实现全过程、全业务领域控制。该过程的关键步骤包括:

(1)计划(Plan)。确定财会监督的目标和计划,包括需要监控的业务领域、关键绩效指标(KPIs)和风险指标;构建数据查询表,明确所需数据的类型、来源和采集频率。

(2)执行(Do)。利用数据汇聚中心收集和整合来自不同业务系统的数据;通过数据共享中心将数据提供给相关的业务部门和管理人员。

(3)检查(Check)。使用数据查询表对收集的数据进行分析,检查业务执行是否符合计划和标准;应用风险模型对数据进行评估,识别潜在的风险和问题。

(4)行动(Act)。根据检查结果,采取必要的行动来纠正偏差,如发出预警、通知相关部门进行整改;更新和优化风险模型,根据新的数据和反馈进行调整。

(5)优化迭代。通过机器学习和数据分析技术,不断迭代和优化风险模型,提高模型的准确性和效率;将稽查过程中积累的经验和知识纳入模型,实现持续改进。

(6)风险管理。利用 PDCA 循环中收集的数据和分析结果,进行风险评估和管理,制定相应的风险缓解措施和策略,以降低风险发生的可能性。

(7)全业务领域控制。通过数据驱动的方法,提高业务流程的透明度和可追溯性,确保 PDCA 闭环管理稽查覆盖所有业务领域,实现全方位的监控和控制。

通过这种方法,G 集团能够实现对财会活动的持续监控和改进,及时发现和解决问题,优化业务流程,降低风险,并提升整体的财务管理水平。

9.3.2　数智化财会监督系统的功能

目前 G 集团数智化财会监督系统的功能,主要包括三个方面,其他功能将随着系统优化而逐渐开展。

9.3.2.1　查错

G 集团数智化财会监督系统中,统建模型的建立和年度行业标准指标的引入,共同构成了一个强有力的查错机制。

(1)统一标准。统建模型提供了一套统一的业务和财务处理标准,确保集团内部不同单位和部门遵循相同的规范,从而减少因标准不一致导致的错误。

(2)增强一致性。通过统建模型,集团能够确保数据的一致性,无论是在数据收集、处理还是报告阶段,都能保持数据的统一性和准确性。

(3)行业对标。引入年度行业标准指标,使得企业能够将自己的财务数据与行业平均水平进行比较,识别出潜在的异常和偏差。

在此基础上,一方面利用先进的数据分析技术,系统能够对大量的财务数据进行实时监控和分析,快速识别出数据中的异常和错误。另一方面,通过自动化的稽查流程,系统减少了人为因素导致的疏漏,提高了查错的准确性和效率。

9.3.2.2 防弊

G集团数智化财会监督系统中,业务系统的迭代优化和"M-score"的建立是两个重要的防弊措施,它们共同为企业的财务管理提供了坚实的保障。

(1)业务系统的迭代优化。具体包括:①风险点收集:通过收集过往发现的问题和风险点,企业能够识别业务流程中的薄弱环节。②查错逻辑强化:基于数智化技术,构建更加贴合业务的风险控制和财会监督模型,以及更加严密的查错逻辑,减少舞弊空间。③实时信息反馈:优化后的业务系统能够实现实时的信息反馈,当遇到异常时可以立即通知相关工作人员,及时发现和防止潜在的弊端。

(2)"M-score"的建立。"M-score"是一种专门用于检测公司是否存在舞弊行为的财务分析工具,通过对公司财务报表中的多个关键因子进行计算,得到一个综合分数。该分数越高,公司存在财务舞弊的可能性就越大,从而帮助企业及时采取防范措施。G集团选择的关键因子包括应收账款、毛利率、长期资产、营业收入、折旧率、销售管理费用、财务杠杆、应付费用等,对这些因子进行回归分析,并设置分值标准。系统通过建立"M-score"分析工具,帮助检测可能存在的舞弊行为,提前防范财务风险。

9.3.2.3 风险控制

(1)系统内置的风险管理工具能够对各种风险因素进行评估和管理,帮助集团制定相应的风险控制策略。

(2)通过对历史数据的分析,系统能够预测和发现可能的风险趋势,为管理层提供决策支持。

(3)引入了统一的风险识别模型和参数指标,如应收账款账面金额、坏账计提金额等,增强了对风险与潜在错误的识别能力。

> G集团数智化财会监督系统的成功实施,不仅提高了财务管理的质量和效率,而且加强了集团对内部控制和合规性管理的能力,为集团的稳定运营和可持续发展提供了有力支持。

9.3.3　数智化财会监督系统功能实现路径

G集团数智化财会监督系统的功能实现路径,可以概括为下述的关键步骤。

9.3.3.1　数据采集与存储

(1)利用大数据技术平台与G集团各业务系统之间的连接,采集内部26个业务系统、20项外部数据源以及非结构化数据和半结构化数据。

(2)通过系统内置的数据脱敏、补全、过滤等工具,对采集到的原始数据进行清洗和处理,以满足后续分析的需求。

(3)将处理后的数据存储在数据汇聚中心,使用Oracle和Hadoop等技术,实现分布式数据存储,包括分布式文件存储、列式存储、KV存储以及冷温热数据分类存储。

9.3.3.2　数据共享与服务

(1)通过DaaS(Data as a Service)技术,将数据仓库中的数据进行聚合、质量管理和清洗。

(2)在数据共享中心,以数据目录、工具目录、应用目录的形式提供数据给不同的系统和用户,实现数据共享。

9.3.3.3　数据分析与应用

(1)采用混合计算技术,结合流式分析和批量分析,处理实时数据和历史数据。

(2)应用统计、科学计算、机器学习等技术进行数据深加工,形成数据宽表和业务模型。

(3)利用数据可视化技术(如D3、Echarts)展示数据分析结果,为决策提供直观支持。

9.3.3.4　风险建模与控制

(1)构建风险识别模型,定义参数指标,如应收账款账面金额、坏账计提金额等。

(2)设置风险稽查规则,利用业务管理规则、客户画像描绘及会计手册结构化解读等技术检测异常。

9.3.3.5　智能化技术应用

(1)采用大数据算法、AI算法等智能技术,提升查错、防弊的效率和效果。

(2)通过机器学习算法库,实现风险模型的智能化、自动化更新和完善。

9.3.3.6　实时监控与反馈

(1)利用实时监控系统及时发现业务执行中的偏差和问题。

（2）建立预警系统，在成本管控失效或风险发生时发出预警。

9.3.3.7 业务流程优化

（1）基于数据分析结果，优化业务流程，提高效率和合规性。

（2）通过集成 ERP 系统，实现对企业物流、信息流、资金流的合理控制和配置。

9.3.3.8 决策支持与价值创造

（1）利用财会控制系统提供的数据资产和分析模型，为业务经营提出管理型建议。

（2）通过降本增效的方式助力企业价值创造，实现战略目标。

9.3.3.9 系统迭代与优化

（1）通过机器学习算法库，自动更新系统内置的查错、防弊模型，形成系统功能的螺旋式自我升级迭代提升机制。

（2）根据系统运行情况和业务发展需求，不断迭代和优化系统功能，保持系统的可扩展性和可维护性。

通过这一功能实现路径，G 集团的数智化财会监督系统能够高效地处理和分析大量数据，实现对企业财务活动的全面监控和管理，推动业务与财务的深度融合，从而更好地发挥财会监督的职能，助力企业实现查错、防弊和风险控制的目标。

9.3.4 数智化财会监督系统应用实例：应收账款核查

在 G 集团数智化财会监督系统中，应收账款质量核查是一个重要的应用实例，它体现了系统在实际操作中如何发挥作用。现简述其应用流程。

9.3.4.1 数据采集

（1）数据采集来源。利用大数据分析平台，从不同的业务系统中采集数据。这些业务系统包括应收账款管理系统、财务管理系统和司库管理系统等。

（2）数据类型。采集的数据主要是相关交易数据，这些数据对于分析应收账款的质量和进行风险评估至关重要。

（3）技术应用。在数据采集过程中，可能会使用到多种数据采集技术，如 API 接口、数据集成工具、Oracle GoldenGate 等，以实现数据的实时或批量采集。

（4）数据处理。采集到的数据需要经过处理，以确保数据的质量和一致性。处理步骤可能包括数据清洗、转换、脱敏等，以满足后续分析的需求。

（5）数据存储。处理后的数据将被存储在数据汇聚中心。可以使用 Oracle 和 Hadoop 等技术实现数据的存储，包括分布式数据存储和文件存储。

（6）数据共享。数据存储之后，通过数据共享中心，数据可以被进一步汇总、整理，并以数据目录的形式提供给不同的系统和用户，实现数据共享。

（7）数据应用。最终这些数据将被用于构建风险识别模型，设置稽查规则，并进行数据分析，以识别和预防潜在的财务风险和舞弊行为。

9.3.4.2　定义风险识别模型参数指标

风险识别模型的参数指标定义是基于企业的业务管理规则和会计手册来进行的，包括：

（1）应收账款账面金额。这指的是企业在一定时期内尚未收回的款项总额，这个指标有助于评估企业的收款能力和信用风险。

（2）坏账计提金额。根据企业的信用政策和历史坏账经验，对应收账款中可能无法收回的部分进行的财务计提，反映了企业对应收账款损失的预期。

（3）应收账款笔数。记录企业在一定时期内发生的应收账款项数，这个指标有助于分析应收账款的分散程度和客户信用状况。

通过设置这些参数指标，企业可以构建一个风险识别模型，该模型能够对潜在的财务风险进行量化分析。

9.3.4.3　设置应收账款核查规则

根据企业内部控制要求和行业最佳实践，设置应收账款质量风险核查规则。这些规则可能包括：

（1）坏账计提异常识别。设置规则以识别坏账计提金额是否在合理范围内，是否存在异常波动或与历史数据相比的显著偏差。

（2）应收账款入账与销售业务不符检查。核查应收账款的入账金额是否与实际销售业务金额一致，检查是否有不一致的情况，这可能表明存在会计错误或欺诈行为。

（3）应收账款核销异常监控。监控应收账款的核销情况，检查是否有异常的核销行为，如核销金额过大或核销频率异常高，这可能指示不当的财务处理。

（4）账龄分析。通过账龄分析，设置规则来识别长期未收款项，这些可能需要额外的关注或进一步的催收措施。

（5）客户信用状况。根据客户的信用评级和历史支付行为，设置规则以监控高风险客户的应收账款。

（6）收款周期监测。设置规则来监测收款周期，确保款项在预期的时间内得到回收。

（7）交易频繁度监控。对频繁的交易进行监控，特别是那些金额较小但频繁发生的交易，以识别可能的异常模式。

（8）关联交易审查。对与关联方之间的交易进行特别审查，确保交易的公允性和透明度。

（9）异常模式识别。使用数据分析技术，如机器学习和数据挖掘，来识别异常模式或潜在的风险信号。

通过这些核查规则,企业能够对潜在的财务风险进行早期识别和干预,从而维护应收账款的健康状态,保护企业的财务稳定。这些规则应定期审查和更新,以确保它们与企业内部控制要求和行业最佳实践保持一致。

9.3.4.4 全面稽查执行

运用系统内置的稽查工具,对应收账款数据进行全面的自动化稽查,识别出偏离正常业务水平的异常数据。

(1)自动化稽查。系统内置的稽查工具可以自动执行稽查任务,无须人工干预,这大大提高了稽查的效率和准确性。

(2)异常数据识别。通过设置的稽查规则和风险识别模型,系统能够识别出那些偏离正常业务水平的异常数据。

(3)多维度分析。系统可以进行多维度的数据分析,包括但不限于账龄分析、客户信用状况、收款周期等,以识别潜在的风险和问题。

(4)问题数据的筛查。系统通过大数据应用模型,筛查出真正有问题的数据,供财会人员进行审核。

通过这样的全面稽查执行,G 集团能够确保其应收账款的质量得到有效监控和管理,及时发现和纠正潜在的风险和问题,从而提高整个集团的财务管理水平和风险控制能力。

9.3.4.5 异常数据分析

对系统发现的异常数据进行深入分析,以确定是否存在坏账风险、管理不善或潜在的欺诈行为。

(1)数据审查。首先财会人员会审查系统识别出的异常数据,检查是否有明显的迹象表明可能存在问题。

(2)坏账风险评估。分析异常数据以确定坏账风险。这可能包括长期未收的款项、客户信用状况恶化或历史收款记录不佳等情况。

(3)管理不善调查。检查内部控制流程是否存在缺陷,导致异常数据的产生。这可能涉及审查信用管理政策、收款程序和会计处理等。

(4)欺诈行为识别。深入分析数据,寻找可能存在欺诈行为的迹象。这可能包括不寻常的交易模式、金额与业务规模不符或内部控制的绕过等。

(5)关联分析。利用画像标签系统和关联关系分析功能,识别与异常数据相关的客户或交易对手,以了解其业务背景和潜在风险。

(6)历史数据对比。将当前异常数据与历史数据进行对比,以识别变化趋势和模式,这有助于确定问题是否为一次性事件或持续存在的问题。

通过这一异常数据分析过程,G 集团能够及时发现并应对应收账款中的潜在问题,加强财务管理和内部控制,降低财务风险,并提升整体的业务运营效率。

9.3.4.6　问题整改通知

财会监督系统将稽查结果通知相关业务单位,要求其对发现的问题进行整改,并采取相应的风险控制措施。

(1)稽查结果通知。一旦系统完成对异常数据的分析并识别出潜在问题,财会人员将根据系统提供的稽查结果,向相关业务单位发出通知。

(2)整改要求。通知中将明确指出发现的问题,并要求相关单位对这些问题进行整改。整改措施可能包括修正会计错误、加强内部控制、改进流程等。通知中通常会设定一个整改期限,要求相关单位在此期限内完成整改工作。

(3)整改反馈。相关单位在完成整改后,需要向财会部门提供整改报告和证据,以证明问题已经得到妥善解决。

9.3.4.7　案例库构建

系统还会将稽查过程的经验累积,形成应收账款财务风险管理案例库,为未来的风险评估和决策提供参考。这一过程包括:

(1)经验累积。收集和整理在财会稽查过程中获得的经验和教训,包括成功的做法和需要改进的地方。

(2)案例收集。详细记录每个稽查案例的背景、过程、发现的问题、采取的措施以及最终的结果。

(3)风险管理。案例库中应包含对应收账款财务风险的识别、评估、监控和控制的详细信息。

(4)数据分析。利用案例库中的数据进行深入分析,以发现潜在的风险模式和趋势。

案例库为管理层提供决策支持,帮助他们基于历史数据和经验做出更加明智的决策。

9.3.4.8　模型优化与迭代

财会监督系统将利用机器学习技术,根据稽查结果不断优化和迭代风险分析模型,提高模型的准确性和查错效率,具体包括以下几个方面:

(1)数据驱动的模型优化。通过分析稽查结果中的实际数据,不断调整和优化风险分析模型,以提高模型对风险识别的准确性。

(2)机器学习算法应用。采用机器学习算法对历史稽查数据进行学习,自动识别数据中的模式和关联,从而优化风险识别规则。

(3)自我迭代更新。系统内置的查错、防弊模型能够根据新的稽查结果自动更新,实现模型的自我迭代和持续改进。

通过不断的学习和迭代,模型能够更准确地预测和识别潜在的风险和异常情况,提升 G 集团风险管理能力,更有效地支持企业的决策制定和业务运营。

9.3.4.9 持续监控

系统将实施持续监控机制,确保应收账款管理的质量得到持续改进,并及时响应新出现的风险。

(1)实时监控。利用数智化财会控制系统,对应收账款进行实时监控,及时发现异常波动或潜在风险。

(2)自动化警报。设置自动化警报机制,当检测到异常情况或偏离预设参数指标时,系统会自动发出警报,提醒相关人员采取行动。

(3)定期审查。定期对系统生成的报告和数据分析结果进行审查,评估应收账款管理的有效性,并确定是否需要进一步的调查或干预。

9.3.4.10 报告与决策支持

系统将稽查结果和分析报告提供给管理层,作为决策支持,帮助管理层了解应收账款的健康状况并制定相应的策略,促进企业的财务健康和业务增长。

(1)整合稽查结果。将财会控制系统的稽查结果进行整合,形成清晰、全面的报告。

(2)制作分析报告。基于稽查结果,制作包含深入分析的报告(如趋势分析、风险评估和建议的改进措施)。

(3)提供决策支持。将这些报告提供给管理层,帮助他们了解应收账款的整体健康状况和潜在的风险点。

(4)辅助策略制定。报告中的数据和分析结果可作为管理层制定收款策略、信用政策和风险缓解措施的依据。

(5)风险可视化。通过图表、仪表板等形式,将复杂数据可视化,使管理层能够直观地理解风险和问题。

(6)关键指标突出。在报告中突出显示关键指标和性能指标,以便管理层快速把握最重要的信息。

(7)问题识别。明确指出报告中识别的问题和风险,并提供可能的原因分析。

(8)建议措施。提供针对识别问题的应对策略和改进建议,帮助管理层制订行动计划。

9.3.5 G 集团数智化财会监督取得的成效分析

9.3.5.1 查错防弊能力的显著提升

(1)稽查精确度的提高。G 集团数智化财会监督系统的应用使得平均稽查精确度可以达到75%。这意味着在进行财务数据核查时,系统能够以较高的概率准确识别出问题数据。

(2)监督模式的转变。传统监督模式主要依赖人工抽查,而G集团通过数智化系统实现了监督全覆盖,即从"抽查模式"转变为"全过程、伴随式监督"。这种转变大幅提高了监督的广度和深度。

(3)技术辅助的强化。利用大数据技术,系统能够对企业运营过程中产生的海量数据进行实时分析和处理,及时发现异常情况。例如,在应收账款质量稽查中,系统能够通过分析应收账款管理系统、财务管理系统和司库管理系统等业务系统中的相关交易数据,来识别异常情况。

(4)问题数据的识别与整改。系统能够全面稽查集团内部各单位的应收账款数据,发现偏离正常业务水平的异常数据,并通知发生异常业务的单位进行整改,有效管控损失。

(5)案例模型的累积与优化。稽查过程的经验累积形成财务风险管理案例模型,通过机器学习持续更新、优化原有风险分析模型,实现模型的自我迭代升级,进一步提升查错效率。

9.3.5.2　风险管理与控制能力提升

(1)实时监控与处理能力。通过数智化财会监督系统,G集团实现了对财务数据的实时监控,能够及时捕捉到异常情况,从而快速响应并采取措施。这种实时监控机制显著提高了风险管理的时效性。

(2)风险识别与分析能力。系统内置的智能算法和机器学习技术,使得G集团能够更准确地识别潜在的风险和问题。例如,在应收账款质量稽查中,通过定义风险识别模型参数指标,如应收账款账面金额、坏账计提金额等,系统能够自动检测异常情况。

(3)自动化控制与减少人为干预。自动化控制模型的形成有助于减少人为干预,降低舞弊风险。通过预设的规则和算法,模型能够自动处理业务操作,减少人为因素的干扰和影响。

(4)风险模型的智能化与自动化更新。系统具备机器学习能力,能够根据稽查过程中的经验累积,自动更新系统内置的风险分析模型,形成自我升级迭代提升机制。这使得风险管理更加智能化和自动化。

(5)风险稽查规则的应用。系统设置了相应的风险稽查规则(如销售业务并不存在、费用报销部门与实际不符等),利用会计凭证画像标签功能、关联关系分析功能等技术检测异常情况并进行分析。

(6)风险管理的全面性。G集团的数智化财会监督系统不仅关注财务数据,还整合了物流、信息流、资金流等多方面的数据,实现了跨系统、跨业务域的数据比对和异常监测,从而改变了部门的管理方式以及运行机制。

(7)风险管理的持续性改进。数智化系统的应用使得 G 集团能够持续优化风险管理流程,通过定期评估和反馈,及时发现制度中存在的问题和不足,并采取相应的改进措施。

9.3.5.3　财务管理职能的数智化转变

(1)职能定位的明确化。通过数智化系统的实施,财务管理人员的职能定位变得更加明确,这有助于减少职责混淆,提高工作效率,虽然没有具体的数据,但这表明了财务管理职能的优化和提升。

(2)决策支持的强化。数智化系统提供了直观、丰富的数据分析结果图表,帮助决策层洞察业务、财务风险,从而做出更加科学的决策。这种决策支持的强化是财务管理职能转变的重要方面。

(3)计划、控制、评价职能的数智化。系统通过查错、防弊功能,为企业进行各种经营计划、财务预算的编制提供优化途径。例如,系统能够根据人工设定或大数据自动计算阈值,预测和发现问题,这体现了财务管理在计划和控制方面的数智化应用。

(4)业财融合的促进。数智化系统推动了财务数据和业务数据的整合,促进了业财融合的进程。这一点通过系统能够实现跨系统、跨业务域的数据比对和异常监测来体现。

(5)数据资产的价值发挥。系统通过业务模型发挥数据资产的价值,为业务经营提出管理型建议,以降本增效的方式助力企业价值创造。这一点反映了财务管理在数据驱动决策方面的数智化应用。

(6)财务管理的持续改进。系统的应用促进了财务管理职能的持续改进,通过定期评估和反馈,及时发现并改进制度中存在的问题,使制度更加完善和适应企业发展需要。

9.4　G 集团数智化财会监督的经验借鉴与启示

9.4.1　因地制宜的定制化系统建设

数智化财会监督系统构建需要因地制宜,进行定制化系统建设,主要是因为每个企业都有其独特的业务模式、管理需求、组织结构和文化特点。

(1)业务模式差异。不同企业的业务模式和流程各不相同,定制化系统能够更好地适应企业特定的业务需求。

(2)管理需求特定。企业管理层对财务监督的侧重点和需求各有差异,定制化系统能够满足特定的管理需求和监督标准。

（3）法规遵从性。不同地区和行业的法规要求不同,定制化系统有助于确保企业在不同地区的业务符合当地法律法规。

（4）组织结构适配性。企业的组织结构和层级关系影响信息系统的设计,定制化系统能够与企业的组织架构相匹配。

（5）文化和行为特点。企业文化和员工行为特点对系统接受度和使用效果有重要影响,定制化系统更容易融入企业文化。

（6）技术基础和能力。企业现有的技术基础和IT能力决定了系统实施的可行性,定制化系统能够更好地利用现有技术资源。

（7）成本效益考量。定制化系统允许企业根据自身预算和成本效益分析来决定系统的规模和功能,避免资源浪费。

总之,定制化的数智化财会监督系统能够更精准地服务于企业的特定需求,提高系统的实用性和有效性,从而为企业带来更大的价值和更好的投资回报。

9.4.2　顶层设计与组织架构优化

在数智化财会监督的实践中,顶层设计与组织架构优化被认为是确保成功实施的关键因素,这可以从理论和实务两个方面进行说明。

9.4.2.1　理论方面

（1）战略一致性。顶层设计确保数智化财会监督与企业的整体战略保持一致。根据管理会计和价值共创理论,企业的监督体系需要与企业的战略目标相匹配,以确保资源的有效配置和价值最大化。

（2）系统化思维。顶层设计采用系统化思维,考虑到监督体系的各个方面及其相互关系,这有助于构建一个全面、协调和高效的监督系统。

（3）变革管理。组织变革理论指出,成功的变革需要清晰的愿景和计划。顶层设计提供了这种愿景和蓝图,指导整个组织在数智化转型过程中的方向和步骤。

（4）风险管理。从风险管理的角度来看,顶层设计有助于识别和缓解数智化过程中可能出现的风险,确保监督体系的稳健性。

9.4.2.2　实务方面

（1）明确责任与流程。顶层设计有助于明确各个部门和个体的职责,优化流程,减少冗余和冲突,提高监督效率。

（2）技术支持与集成。在实务中,数智化财会监督需要依赖先进的信息技术。顶层设计可以确保技术选择与企业需求相符,并实现不同系统和平台的有效集成。

（3）数据治理。组织架构优化有助于建立清晰的数据治理框架,确保数据的质量和安全,这对于数智化监督至关重要。

（4）人员能力和培训。数智化转型需要具备相应技能的人员。顶层设计可以规划人员培训和发展，确保团队具备实施和操作新系统的能力。

（5）文化与接受度。组织架构优化有助于培养一种支持创新和变革的企业文化，提高员工对新技术和新流程的接受度。

（6）持续改进。实务中，顶层设计和组织架构优化为持续改进提供了基础，允许企业根据反馈和市场变化调整监督体系。

总结来说，顶层设计确保了数智化财会监督与企业战略的一致性，并提供了转型的蓝图和方向，而组织架构优化确保了监督体系在实务操作中的有效实施，两者共同构成了成功实施数智化监督的关键。

9.4.3 技术与人才双轮驱动的策略

在数智化财会监督的实践中，技术与人才双轮驱动策略的重要性体现在以下几个方面：

第一，技术是基础支撑。技术是数智化财会监督的基石，提供了数据处理、分析和决策支持的能力。没有先进的技术，财会监督的自动化、智能化和实时性就无法实现。

第二，人才是关键执行者。人才是技术应用的执行者和创新的源泉。他们不仅操作技术，还参与到系统的设计、优化和维护中，确保技术能够满足财会监督的实际需求。

第三，相得益彰。技术可以提高财会监督的效率，而人才可以保证监督活动的质量。两者结合，可以更有效地发现和预防财务风险，促进组织在财会监督方面的持续创新和快速适应市场变化，提升企业价值和管理水平，实现组织的战略目标。

那么，如何进行双轮驱动呢？

（1）高层重视。企业需要在高层重视与支持下，制定清晰的数智化战略和目标，确保技术发展和人才培养与企业战略相一致。

（2）技术投入。投资于先进的数智化技术和基础设施，如大数据分析、云计算、人工智能等，并确保技术的持续更新和升级。

（3）人才培养。这可以从三个方面入手：

①招聘，吸引具有数智化技能的人才。

②培训，对现有员工进行技术和业务流程的培训，提升他们的数智化能力。

③发展，为员工提供职业发展路径，鼓励他们学习新技术和管理技能。

9.4.4 制度与流程的标准化管理

在数智化财会监督的实践中，制度与流程的标准化管理是成功的关键因素之

一,原因如下:

第一,标准化管理确保了财会监督制度和流程的一致性,有助于企业遵守相关法规和标准,减少合规风险。

第二,通过标准化流程,可以消除冗余步骤,简化操作,提高监督工作的效率。

第三,标准化流程有助于减少人为错误,因为它们为执行任务提供了清晰的指导和检查点。

第四,标准化的制度和流程可以更好地识别、评估和控制财会监督中的风险。

第五,标准化使得监督和评估工作更加容易,因为有一个明确的基准来衡量绩效。

第六,标准化有助于知识的共享和传承,新员工可以通过标准化流程快速熟悉工作。

第七,标准化流程便于技术的整合和自动化,因为它们提供了一个稳定的基础来构建和优化技术解决方案。

为此,企业需要:

(1)制定标准流程,明确每个财会监督步骤的标准操作程序(SOP),确保所有员工遵循相同的流程。

(2)实施制度化管理,将成功的经验和做法转化为明确的制度和流程,形成书面文件,供全组织遵循。

(3)加强培训与教育,通过对员工进行标准化流程的培训,确保他们理解并能够正确执行标准流程。

(4)定期审查和更新标准化流程,持续优化,以反映最佳实践、技术进步和业务发展。

(5)重视技术支持,标准化流程的有效实施离不开信息技术的支持,例如通过企业资源计划(ERP)系统和工作流自动化工具。

(6)建立监督机制来确保流程得到正确执行,并定期评估流程的有效性。

(7)建立反馈机制,收集员工和用户的意见和建议,不断改进标准化流程。

(8)定期进行合规性检查,确保标准化流程符合所有相关的法律、法规和行业标准。

通过这些方法,企业可以建立和维护一个有效的标准化管理体系,为数智化财会监督的成功实施提供坚实的基础。

9.4.5　风险管理与内部控制的持续优化

风险管理与内部控制的持续优化,与财会监督的成效密切相关。

(1)数智化时代带来了更多的业务模式和交易类型,增加了财务活动的复杂性。持续优化风险管理和内部控制有助于应对这种复杂性。

（2）随着新技术的不断涌现，风险管理和内部控制的方法和工具也在不断发展。持续优化可以确保财会监督跟上技术的步伐。

（3）大数据时代产生了海量的财务和业务数据，持续优化可以更好地利用这些数据进行风险评估和控制。

（4）数智化时代要求财会监督能够实时响应市场和业务的变化，持续优化有助于实现对风险的实时监控和快速反应。

（5）监管环境日益严格，企业的合规性压力越来越大，企业需要持续优化内部控制以确保合规，并减少潜在的法律和监管风险。

（6）随着业务的数字化，内部欺诈的手段和机会也在增加，持续优化内部控制可以提高防范内部欺诈的能力。

（7）数智化技术的应用提高了业务连续性的要求，持续优化可以确保在面对各种风险时，企业的财务运营不受影响。

总之，企业通过持续优化风险管理和内部控制，可以更准确地评估风险，为管理层提供更高质量的决策支持；可以确保其财会监督体系的有效性，提高对财务风险的识别、评估、监控和应对能力，从而在数智化时代取得更好的成效，帮助企业持续获得竞争优势。

9.4.6　创新驱动与持续学习的文化建设

9.4.6.1　创新驱动与持续学习的文化内涵

创新驱动与持续学习的文化建设有助于企业形成一种积极向上、适应性强的组织氛围，使企业能够在激烈的市场竞争中保持领先地位，实现可持续发展。其内涵主要包括以下几个方面：

（1）创新意识。企业文化中强调创新的重要性，鼓励员工不断寻求改进和创新的方法来解决问题和提升业务流程。

（2）开放思维。培养一种开放和包容的思维模式，鼓励员工接受新思想、新策略，并愿意尝试不同的方法和途径。

（3）风险容忍。创新往往伴随着风险，企业文化中应包含对失败的宽容态度，鼓励员工不畏惧风险，勇于尝试新事物。

（4）持续学习。强调个人和组织持续学习的重要性，鼓励员工不断更新知识和技能，以适应快速变化的工作环境。

（5）知识共享。建立一种知识共享的氛围，鼓励员工分享他们的知识和经验，促进团队合作和集体智慧的形成。

（6）跨部门协作。鼓励跨部门的协作和交流，以促进不同背景和专业知识的员工共同参与创新和学习过程。

（7）持续改进。将持续改进作为企业文化的核心部分，不断寻求提高效率、降低成本和增强客户满意度的机会。

9.4.6.2　创新驱动与持续学习的文化建设对财会监督的影响

创新驱动与持续学习的文化建设，对财会监督非常重要：

（1）数智化时代技术发展迅速，创新驱动的文化可以鼓励企业和员工不断探索新技术的应用，适应技术变革。

（2）持续学习的文化使员工保持开放心态，愿意接受新的工作方法和流程改进，这对于财会监督的优化至关重要。

（3）创新和学习可以帮助企业在激烈的市场竞争中保持领先地位，提高财会监督的质量和效率。

（4）随着业务和市场的复杂性增加，创新思维和持续学习可以帮助财会监督人员更好地理解和应对这些复杂性。

（5）创新文化和学习氛围鼓励知识和经验的共享，有助于提升整个团队的能力和财会监督的整体水平。

（6）通过持续学习，财会监督人员可以获取最新的行业知识和最佳实践，从而帮助管理层做出更明智的决策。

（7）创新驱动的文化鼓励员工思考未来的趋势和可能性，帮助企业在财会监督方面采取预防性和前瞻性措施。

（8）一个鼓励创新和学习的工作环境可以提高员工的满意度和忠诚度，降低人才流失率。

（9）在数智化转型过程中，创新和学习的文化有助于减少员工对变革的抵抗，促进组织变革的顺利实施。

因此，创新驱动与持续学习的文化建设对于财会监督在数智化时代取得更好的成效至关重要，它不仅能够提升监督质量，还能够确保企业的长期成功和可持续发展。

9.5　案例简评与探索思考

9.5.1　案例简评

G集团的案例展示了数智化转型在提升财会监督效率和质量方面的显著成效。通过构建先进的数智化财会监督系统，G集团不仅优化了财务数据的实时监控、分析和报告流程,还显著提高了决策的效率和质量。这一转型体现了 G 集团在面对行业竞争和全球化布局带来的复杂性与风险时,所采取的前瞻性和创新性的应对策略。

G 集团数智化转型的战略规划与顶层设计体现了其对转型重要性的深刻认识,确保了转型与集团整体战略的一致性。技术集成与创新应用方面,通过大数据、云计算、人工智能等技术的融合,G 集团的财会监督系统能够高效处理海量数据,提升了风险管理能力。

数智化转型显著提升了财会监督的效率,通过自动化和智能化的监控手段,减少了人为错误,提高了监督的准确性和时效性。此外,G 集团通过数智化转型优化了资源配置,降低了成本,提高了资金使用效率,支持了远程工作和业务连续性,特别是在疫情期间,保障了企业的稳定运营。

G 集团的数智化财会监督系统的构建,包括统一技术平台、数据汇聚中心、数据共享中心、数据应用中心等,共同构成了一个强大的核心架构,有效支持了财务监督、风险管理和决策。通过 PDCA 闭环管理稽查和风险模型的优化迭代,G 集团实现了对业务流程的全过程控制和风险管理。

总体来看,G 集团的案例为其他企业提供了数智化转型的宝贵经验,特别是在如何构建一个高效、透明、风险可控的财务管理体系方面。通过不断的技术创新和系统优化,G 集团不仅提升了自身的竞争力,也为推动整个行业的数智化发展做出了积极贡献。

9.5.2　探索思考

(1) G 集团在数智化转型中通过哪些技术手段提升了财会监督的效率和质量?

(2) G 集团的数智化财会监督系统在查错防弊方面取得了哪些成效?

(3) 在数智化转型过程中,G 集团如何通过优化其组织架构来适应新的财会监督需求?

(4) 面对行业竞争和全球化布局带来的挑战,G 集团是如何通过数智化财会监督系统应对的?

(5) G 集团在数智化财会监督中是如何实现风险管理与内部控制的持续优化的?

10 HR集团以价值引领数智赋能、构建世界一流财务管理体系的经验分享

10.1 案例背景

10.1.1 HR集团简介

HR集团成立于1938年,起初作为贸易公司,为抗日战争提供物资支持。1952年隶属关系由中共中央办公厅变更为商务部。1999年,HR集团与外经贸部脱钩,列为中央管理。2003年归属国务院国资委直接监管,被列为国有重点骨干企业。2000年HR集团于对旗下业务进行整理,形成了电力、水泥、燃气、消费品、医药、地产和金融七大业务格局,建成HR集团多元化管理体系。2018年底,HR集团被选为国有资本投资公司试点企业,围绕"管资本"的功能定位,HR集团实施并购整合等各种资本运作并取得成效,2022年6月,名列首批国有资本投资公司名单。HR集团目前的业务范围涵盖大消费、综合能源、城市建设运营、大健康、产业金融、科技及新兴产业六大领域,下设25个业务单元,两家直属机构,实体企业3 000多家,在职员工约39万人。2023年,HR集团以营业额1 216.43亿美元名列《财富》世界500强第74位,所属企业中有8家在中国香港上市、9家在中国内地上市。

10.1.2 HR集团组织架构与业务范围

10.1.2.1 组织架构

HR集团着力打造符合世界一流国有资本投资公司的组织架构和职能建设。集团各层级组织遵循"战略引领、客户导向、权责对等、协同高效、风险可控、动态优化"的原则开展组织设计,优化完善权责体系,提升组织能力。

(1)精简为"三级管控层级"。HR集团的管理层级由四级进一步压缩为三级,包括:资本层、资产层、运营层,分别对应集团总部、业务单元、生产经营单位的功能定位,推动具体生产经营事项下沉、资本投资运营功能上移。

（2）优化总部职能。集团总部建设围绕国有资本投资公司"管资本"的目标，设定为价值创造型总部，发挥"引领、发展、服务、监管"的作用，打造战略导向、管控科学、决策高效的机制，重点聚焦战略管理、资产配置、资本运作、公司治理等核心职能。2021年集团部室重新定位，明确职能，进行了深度组织优化，提升了人岗匹配度，激发了组织活力。

（3）深化对业务单元的差异化管控。

（4）持续优化战略管控体系。在管控模式上，HR集团对业务单元实施战略管控，符合国有资本投资公司的典型特征，保障集团对业务单元战略的制定、执行、监控、评价实施闭环管理。

HR集团以多元化、多层次的资本市场运作，支持产业做强做优做大，借助财务手段释放业务价值。资本运作能力是HR集团多年积累的重要优势，也是HR转型为国有资本投资公司的核心能力之一。

通过这样的组织架构，HR集团能够实现对内高效管理和对外灵活运营，同时保持对市场变化的敏感性和对业务发展机会的把握能力。

10.1.2.2　业务范围

HR集团目前的主营业务包括大消费、综合能源、城市建设运营、大健康、产业金融、科技及新兴产业六大板块，形成了多元化的业务组合。

（1）大消费板块：涉及零售、饮料、食品等消费品的制造与销售，包括品牌建设和市场推广，满足消费者多样化的需求。

（2）综合能源板块：包括传统能源如煤炭、电力的生产与供应，以及新能源的开发，如风能、太阳能等，致力于能源的可持续供应和环境保护。

（3）城市建设运营板块：涵盖房地产开发、物业管理、城市基础设施建设等，参与城市规划和发展，提供高质量的居住和商业空间。

（4）大健康板块：涉及医药研发、生产、分销，以及医疗服务、健康管理等，致力于提升公众健康水平和提供优质的医疗保健服务。

（5）产业金融板块：提供包括银行业务、保险、投资、资产管理等金融服务，支持产业发展和满足市场多样化的金融需求。

（6）科技及新兴产业板块：投资和发展高新技术产业，包括电子、信息技术、新材料等，推动科技创新和产业升级。

HR集团通过这六大板块的业务布局，形成了一个综合性的产业生态，不仅增强了自身的市场竞争力，也为社会和经济的发展做出了积极贡献。同时，集团持续关注和投资新兴产业，以适应全球经济发展趋势和市场需求的变化。

10.1.3　HR集团财务状况与市场地位

作为中国领先的央企之一，HR集团以其稳健的财务状况和显著的市场地位在国内外市场上享有盛誉。

10.1.3.1　财务状况

（1）资产规模：HR 集团拥有庞大的资产规模，覆盖多个业务板块，包括房地产、零售、能源、健康、科技等多个领域。

（2）营业收入：集团的营业收入稳定增长，体现了其在多个业务领域的强大竞争力和市场份额。

（3）盈利能力：HR 集团的盈利能力强劲，净利润和毛利率保持在行业领先水平，显示了其有效的成本控制和运营效率。

（4）财务稳健性：集团保持了良好的财务稳健性，资产负债率保持在合理范围内，确保了企业的长期可持续发展。

10.1.3.2　市场地位

（1）行业领导者：HR 集团在多个业务领域占据行业领导者的地位，其品牌和产品在市场上具有广泛的认知度和影响力。

（2）市场份额：集团在关键业务领域的市场份额持续增长，通过不断的创新和市场拓展，巩固和扩大了其市场地位。

（3）国际化布局：HR 集团积极实施国际化战略，其业务遍布全球多个国家和地区，增强了其全球竞争力。

（4）创新能力：集团不断加大研发投入，推动产品和服务的创新，以满足市场需求和应对行业变化，保持了其在市场中的领先地位。

10.1.4　HR 集团构建世界一流财务管理体系的时代要求

随着大数据、人工智能、云计算等新兴技术的发展，财务管理数智化转型已成为提升财务管理效率、优化决策过程和增强风险控制能力的关键。国家层面，党中央、国务院对国有企业改革与发展非常重视，提出了加快建设世界一流企业的一系列重要论述和政策导向，为国有企业指明了发展方向。2022 年 2 月，国务院、国资委发布《关于中央企业加快建设世界一流财务管理体系的指导意见》（以下简称《指导意见》）、《关于开展对标世界一流企业价值创造行动的通知》（以下简称《行动通知》）等系列文件，为中国大型集团企业"对标国际先进企业，实现管理水平的全面提升"提供了明确的努力方向和行动指南。

作为一家在多元化民生领域具有重要地位的大型中央企业，HR 集团积极响应国资委的号召，致力于提升管理水平和财务管理能力，并已取得显著成效。本案例将深入探讨 HR 集团如何通过价值引领和数智赋能，构建世界一流的财务管理体系。我们将研究 HR 集团在这一过程中采取的策略、实施效果以及面临的挑战，旨在为其他企业在财务管理体系建设方面提供参考与借鉴，共同推动企业的高质量发展。

10.2　世界一流财务管理体系的基本要求

10.2.1　对标一流的整体布局

《行动通知》中明确提出对标一流的整体布局——"137"整体布局,为国有企业提供了一套全面的改革和发展框架,旨在通过系统化的措施提升企业的价值创造能力。

"137"整体布局指的是一个目标、三个转变和七项举措(图 10-1)。

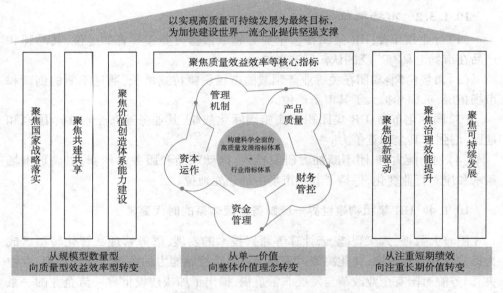

图 10-1　"137"整体布局示意

10.2.1.1　一个目标

一个目标指的是构建世界一流企业的目标。这不仅是规模和数量的扩张,更重要的是质量和效益的提升,以及在全球市场中的竞争力和影响力。

10.2.1.2　三个转变

三个转变指的是:

(1)从规模型、数量型向质量型、效益效率型转变。强调企业应从注重规模扩张转向注重质量和效率,提高经营效益和市场竞争力。

(2)从单一价值向整体价值理念转变。推动企业从关注单一财务指标转向全面考虑企业的社会责任、环境影响和长期可持续发展。

（3）从注重短期绩效向注重长期价值转变。鼓励企业超越短期利润最大化，更多地关注长期发展、品牌建设和创新能力。

10.2.1.3　七项举措

涉及以下七个关键领域的整体布局和分步实施：

（1）聚焦效率效益核心指标。确立和优化关键的财务和非财务指标，以衡量和提升企业的运营效率和效益。

（2）聚焦创新驱动发展。加强研发投入，鼓励创新，以科技进步和创新作为企业发展的核心动力。

（3）聚焦国家战略落实。确保企业战略与国家宏观政策和战略方向相一致，支持国家重大战略的实施。

（4）聚焦治理效能提升。通过完善公司治理结构，提高决策效率和透明度，增强企业治理能力。

（5）聚焦可持续发展。推动企业在环境、社会和公司治理（ESG）方面的表现，实现长期可持续发展。

（6）聚焦共建共享。倡导开放合作，与各方利益相关者共同创造价值，实现资源共享和风险共担。

（7）聚焦体系能力建设。构建和完善企业的内部管理体系，提升企业的整体运营能力和市场适应性。

这一整体布局体现了国有企业改革的深度和广度，旨在逐过综合性的改革措施，提升国有企业的整体竞争力和价值创造能力，实现可持续发展，并在全球化竞争中取得优势。

10.2.2　世界一流财务管理体系的目标

关于世界一流财务管理体系的定义，虽然没有普遍共识，但《指导意见》中提出的 20 字方针"支撑战略、支持决策、服务业务、创造价值、防控风险"，为建设世界一流财务管理体系提供了明确的目标和方向。

10.2.2.1　支撑战略

世界一流企业的财务管理日渐向战略型和价值型的方向转型。财务管理体系应与企业的战略规划紧密结合，为实现企业的长远目标和愿景提供支持。这包括确保财务资源的有效配置，以支持企业的关键战略举措。

10.2.2.2　支持决策

现代企业管理的核心是经营，经营的重点在于决策。财务部门应提供准确、及时的财务数据和分析,帮助管理层做出明智的业务决策。这涉及财务信息的透明度和可访问性,以及对数据的深入洞察。

10.2.2.3　服务业务

财务管理不仅是后台支持职能,还应主动服务业务部门,通过财务专业知识帮助业务部门实现目标,提高业务效率和效果。

世界一流企业华为认为,财务人员应深入业务前线,与业务单元、功能部门、资本、产品、销售、交付等领域建立伙伴关系,提供端到端的财务支持。

财务流程应围绕业务、专业、支撑三个层次交付财务结果。

(1)业务层次:面向具体业务单元,如产品线、客户销售和合同交付,体现财务与业务的协同。

(2)专业层次:面向公司整体,开展经营管理、融资、资金、税务、核算与报告等专业性工作。

(3)支撑层次:结合业务和专业能力,提供风险与内控财经运作等支撑服务。

10.2.2.4　创造价值

创造价值是现代企业财务管理的核心目标。世界一流的财务管理体系应专注于为股东和其他利益相关者创造持续价值,包括通过成本控制、资本效率提升、收入增长和资产增值等方式实现。

10.2.2.5　防控风险

企业是在风险管理中创造价值。财务管理体系应具备识别、评估、监控和缓解财务风险的能力,确保企业能够应对市场波动、信用风险、流动性风险等潜在威胁。

这些目标共同构成了世界一流财务管理体系的核心,旨在通过财务资源的有效管理和运用,提升企业的竞争力、盈利能力和市场适应性。实现这些目标需要企业在组织结构、流程设计、技术应用、人才培养和文化建设等方面进行综合考虑和持续改进。

10.2.3　世界一流财务管理体系的职能

《指导意见》中提出世界一流财务管理体系应具有如下五项基本职能。

10.2.3.1　强化核算报告,实现合规精准

核算报告是企业对外展示财务状况和经营成果的重要手段。世界一流的财务管理体系要求企业建立精确的会计核算体系,确保规范化和标准化,实现会计核算智能化和报表编制自动化。加强决算管理和审计,确保会计信息质量,构建多维度的财务报告分析体系。

10.2.3.2　强化资金管理，实现安全高效

资金是企业的血液。有效的资金管理能够确保企业资金的安全、流动性和效益性。世界一流的财务管理体系强调通过顶层设计和组织架构优化,建立高效的司库管理体系,实现资金的集约管理和动态监控,提高资金运营效率,降低成本,防控风险,并加强境外资金管理。

10.2.3.3　强化成本管控，实现精益科学

成本控制是提高企业竞争力的关键。建立全面的成本管控机制,从源头到过程实施严格管理;通过创新和优化降低成本,强化成本考核和激励,确保成本效益最大化。

10.2.3.4　强化税务管理，实现规范高效

税务管理直接关系到企业的合规性和税负。世界一流的财务管理体系要求企业建立规范的税务管理体系,推进集团化税务管理,建立统筹机制,加强政策研究和应用,实现税务管理自动化,开展数据分析,强化风险防控,并优化境外税务管理。

10.2.3.5　强化资本运作，实现动态优化

资本运作是企业实现资本增值和效益最大化的重要手段。世界一流的财务管理体系强调对资本结构的动态管理,优化资本结构和运作,遵循市场规律,通过法制化方式减量,通过专业化整合和资产证券化盘活存量,实施改革措施做优增量,提升上市公司管理和金融业务,实现资本动态优化。

这五项基本职能体现了世界一流财务管理体系的全面性和深入性,要求企业在财务管理的各个方面都达到高标准,以支持企业的可持续发展和市场竞争力。通过这些职能的实施,可以提升企业的财务管理水平,确保合规性、效率和战略支持,同时防控财务风险,为企业的长期发展和市场竞争力提供坚实的财务基础。

10.2.4　世界一流财务管理体系的内容

《指导意见》中提出的世界一流财务管理体系,包括以下五个核心。

10.2.4.1　全面预算管理体系

建立全面的预算管理体系,实现财务预算与业务、投资、薪酬的融合,确保预算与企业战略紧密结合。强化预算执行跟踪和考核,实行"无预算不开支"原则,确保预算的刚性约束和闭环管理。

10.2.4.2　合规风控体系

构建全面的财务内部控制体系,细化关键环节管控,提高自动控制水平,实现

内控的标准化、流程化、智能化。强化合规管理,建立分类、分级的风险评估和应对机制,采用信息化手段实现风险的早发现、早预警、早处置。

10.2.4.3 财务数智体系

制定财务数字化转型规划,建立集成的数字化、智能化财务系统,推动业财信息整合,实现数据驱动的决策。完善数据治理体系,提升数据质量,激活数据价值,探索财务共享模式创新,提高共享效率。

10.2.4.4 财务管理能力评价体系

建立与企业战略和业务特点相适应的财务管理能力评价体系,科学设计评价指标,分类、分级制定评价标准,完善评价工作机制,深化评价结果应用,动态优化评价体系。

10.2.4.5 财务人才队伍建设体系

健全财务人才的选拔、培养、使用、管理和储备机制,构建多层次财务人才培养体系,提高中高级财务人才占比,加强总会计师和财务部门负责人队伍建设,加大轮岗交流,强化履职管理,营造良好的团队氛围和财务文化。

这五部分内容共同构成了世界一流财务管理体系的框架,旨在提升企业的财务管理水平,支持企业的可持续发展和市场竞争力。

10.3 HR 集团构建世界一流财务管理体系的做法

10.3.1 坚持守正创新,不断丰富完善 5C 价值管理框架

HR 集团的 5C 体系是一个综合性的财务管理模式,由以下五个关键模块构成:

(1)资本结构(Capital Structure):涉及公司资本的来源、成本和结构,是公司价值的基础。

(2)现金创造(Cash Generation):指通过经营活动将资本转化为现金流入,为公司提供持续增长的资金。

(3)现金管理(Cash Management):包括现金的流动性管理、周转和集中,确保资金的有效使用。

(4)资金筹集(Capital Raising):指通过不同渠道和方式筹集资金,以支持公司的扩展和运营。

(5)资产配置(Capital Allocation):动态调整资产组合,优化资源分配,以实现公司价值的增长。

这五个模块不仅体现了公司价值的关键要素,也与现金流折现的公司价值评估方法相吻合。5C 体系内在的逻辑循环是:公司在价值创造过程中,首先考虑资本来源、资本成本和结构比例,设定公司资本结构;通过经营活动将资本转化为有竞争力的产品或服务,实现现金创造,获得持续增长所需的内部资金来源;通过付息、派息、现金周转与资金集中等进行现金管理;通过与资产结构相适配的资金筹集安排,获得持续增长所需外部资金来源,并通过资产配置活动动态调整资产组合,以实现公司价值持续增长,从而形成价值创造的完整循环。在这个循环中,每一步都为下一步提供支持和基础,从而推动公司价值的持续增长。

在"十一五"和"十二五"期间,HR 集团建立了这一具有自身特色的 5C 体系。2021 年,5C 体系在国资委的评选中荣获"标杆项目"的称号。

随后,HR 集团继续对 5C 体系进行创新和完善,特别强调了精益管理和风险控制,并升级了财务数智化体系,以提高管理效能。在数字化工具的支持下,财务管理与业务的结合更加紧密,实现了全价值链的财务支持,使业财融合更加具体、高效,逐步形成了具有 HR 特色的财务管理体系框架(图 10-2),即"一核心、双引擎、三支撑"。

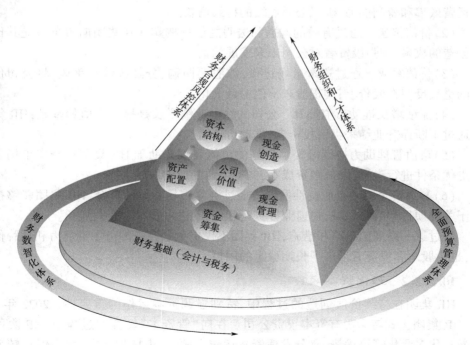

图 10-2　具有 HR 特色的财务管理体系框架

其中：

一核心：指 5C 价值管理作为核心。

双引擎：指全面预算管理和财务数智化作为推动力。

三支撑：包括坚实的会计与税务基础、系统的财务合规风控体系、科学的财务组织和人才体系。

这一框架旨在全面提升财务运行的质量和效率，加强其在战略支撑、决策支持、业务服务、价值创造和风险防控方面的能力。通过这种体系，HR 集团能够更有效地推动企业的高质量发展。

10.3.2 持续价值创造，强化资本运作和司库管理

10.3.2.1 以价值创造驱动企业发展良性循环

为落实国资委关于强化上市公司管理要求，HR 集团构建了包含价值创造、价值传递和价值释放三个关键环节的市值管理体系，形成了以业绩增长推动市值提升、市值管理助力持续融资、募集资金驱动企业发展的良性循环。

（1）价值创造。HR 集团专注于提高公司的内在价值，通过优化业务结构、提高运营效率和盈利能力，确保公司业绩的持续增长。

（2）价值传递。通过有效的沟通和透明的信息披露，HR 集团向市场传递其价值创造的成果，增强投资者对公司未来发展的信心。

（3）价值释放。通过资本市场运作，如股票回购、分红政策等手段，将公司价值的增长反映在股价上，实现股东价值的最大化。

（4）业绩增长推动市值提升。公司的稳健业绩增长是提升市值的基础，HR 集团通过不断提升业绩来吸引投资者，推动市值增长。

（5）市值管理助力持续融资。良好的市值表现有助于 HR 集团在资本市场上以更优条件进行融资，降低融资成本，支持公司的持续发展。

（6）募集资金驱动企业良性发展。通过资本市场募集的资金，HR 集团能够投资于关键项目和战略领域，加速业务扩张和创新，进一步推动企业成长。

通过这一系列的策略和措施，HR 集团不仅提升了自身的市场竞争力和品牌价值，也为股东和投资者带来了长期稳定的回报。

10.3.2.2 强化资本运作

HR 集团在持续价值创造的过程中，特别强调资本运作的重要性。2022 年 6 月，HR 集团正式转为国有资本投资公司。在向"管资本"转变的过程中，HR 集团不断强化多元化管控优势，充分发挥资本运作本领，以市场为导向，大力促进转型创新，全力推动集团资本运作项目高效实施，提升资产证券化率；有序采用"改制上市、引战混改"等改革措施，优化资产和业务质量，做优增量；加强退出管理，服务企

业战略,优化资本结构,加大"两非"剥离、"两资"清理工作力度,盘活存量,激发资本活力,促进资本在流动中增值,实现动态优化。

HR集团在其持续追求价值增长的过程中,特别强调资本运作的关键作用。

(1)向"管资本"转变。2022年6月,HR集团正式转为国有资本投资公司,这一转变为其资本运作提供了新的平台和机遇。

(2)多元化管控。HR集团在向"管资本"转变过程中,加强了对多元化业务的管控能力,利用其在不同领域的管理优势,提升了整体运营效率。

(3)以市场为导向,大力促进转型创新。集团以市场需求为导向,推动业务转型和创新,确保资本运作与市场趋势相符合,提高资本运作的适应性和有效性。

(4)全力推动集团资本运作项目高效实施。HR集团积极推动资本运作项目,通过高效的执行和管理,提升了资产的证券化率,增加了资产的流动性和市场价值。

(5)有序出台改革措施。通过改制上市、引入战略投资者、混合所有制改革等措施,HR集团优化了资产和业务结构,提高了业务的质量和效益。

(6)加强退出管理,优化资本结构。根据企业战略需要,集团有序地退出不符合发展方向的领域,通过剥离非主业和非优势业务("两非"剥离)以及清理低效资产和无效资本("两资"清理),HR集团优化了资本结构,盘活了存量资产,提高了资本的使用效率。

通过上述措施,HR集团激发了资本的活力,促进了资本在流动中的增值,实现了资本结构和运营的动态优化,为实现集团长期可持续发展奠定了坚实的基础。

10.3.2.3　强化司库管理

司库管理是企业资金管理的核心,HR集团通过深化建设具有特色的司库管理体系,实现对全集团资金的集约管理和动态监控。其具体做法是:

(1)建立"五个1"司库体系,即

一个中心:指的是集团资金管理的中心化平台,负责集团内所有资金的集中调度和管理。这个中心作为资金运作的核心,确保资金流动性和效益性,同时作为决策支持的基地。

一个智库:代表集团的财务智囊团,由财务专家和分析师组成,负责提供深入的市场分析、财务策略建议和风险评估。智库通过对财务数据的研究,为集团的战略规划和决策提供智力支持。

一个护网:指的是集团建立的财务风险控制和安全防护网络。这个网络通过监控、预警和防范机制,保护集团资金安全,避免金融风险和欺诈行为,确保资金的稳健运作。

一个中枢:财务部门作为集团资金管理的神经中枢,协调和管理集团内部的资金流动和信息传递。中枢负责资金的分配、调拨和优化配置,以支持集团的运营和发展。

一个平台:指的是集团建立的综合性资金管理平台,该平台集成了资金管理、风险控制、数据分析和报告等多种功能。平台通过技术手段提高资金管理的自动化、信息化和智能化水平,提升操作效率和决策质量。

这"五个1"构成了 HR 集团司库管理体系的关键部分,共同支撑起集团的财务管理架构,实现资金的高效运作和风险的精准防控,为集团的战略实施和业务发展提供坚实的财务保障。

(2)集约管理和动态监控。通过这一体系,HR 集团实现了对集团内全部资金的集中管理和实时监控,从而提升了资金运营的效率并有效控制了资金风险。

(3)数据价值挖掘。深化对司库数据的分析和应用,HR 集团能够从多个角度和层面进行综合研判,这增强了战略决策的支持力度、经营活动的分析精度和财务风险的控制强度。

(4)内部资金流动优化。通过打破内部资金流动的壁垒,HR 集团建立了高效的资金募集和管理模式,这有助于降低整体的资金成本。

(5)强化应收应付管理。通过强化对应收账款和应付账款的管理,集团确保资金流动性和财务健康。

(6)加强供应链金融业务。加强对供应链金融业务的管理,提高 HR 集团的资金使用效率和效益。

通过上述措施,HR 集团不断巩固和提升其司库管理水平,实现了资源的统筹管理、管理能力的赋能、风险的有效防控和价值的持续创造,为企业的持续发展和保持市场竞争力提供了坚实的财务支持。

10.3.3　支撑服务业务,强化预算管理和业财融合

10.3.3.1　支撑服务业务

财务管理应该支持战略、支持决策,这是毫无疑义的,但如何支撑和服务业务,是一个需要深思的课题。HR 集团通过采取以下一些方法,让财务管理更好地服务于业务:

(1)深入理解业务。财务人员需要深入理解业务模式、市场环境和业务流程,以便更好地与业务部门沟通和合作。

(2)加强成本管理。通过成本分析和控制,帮助业务部门识别成本节约的机会,提高成本效益。

(3)开展绩效评估。建立与业务目标一致的财务指标体系,评估业务绩效,为业务改进提供依据。

（4）财务风险管理。识别业务运营中的财务风险，并提供风险缓解策略，确保业务的稳健发展。

（5）有效资金管理。通过有效的资金管理，确保业务部门有足够的资金支持其运营和发展，同时优化资金使用效率。

（6）提供数据支持。为业务部门提供财务数据支持，帮助它们进行市场分析、投资评估和战略规划。

（7）推动流程优化。通过财务视角识别业务流程中的瓶颈和效率问题，推动流程优化和改进。

（8）合作与沟通。建立财务部门与业务部门之间的紧密合作关系，确保财务信息和业务需求的顺畅交流。

通过这些方法，财务管理不仅能够支持企业的战略和决策，还能够深入业务运营的各个层面，为业务发展提供实际的支持和服务。这种深入的业务融合有助于提升整个组织的运营效率和市场竞争力。

10.3.3.2　充分发挥预算的战略引领和价值导向作用

预算不仅作为资源分配的工具，还承载着引领战略实施和价值创造的重要角色。HR 集团致力于深化预算管理，以实现其战略引领和价值导向的功能。

（1）做实做深做细预算管理。HR 集团致力于将预算管理做得更加"实""深""细"，为企业的战略实施和价值创造提供坚实的支持。

实：确保预算编制基于实际业务需求和市场情况，反映真实的经营计划和目标。通过精确的数据和合理的预测，使预算成为企业经营活动的可靠指导。

深：深入挖掘预算管理的潜力，将预算管理与企业战略紧密结合，确保预算能够支持企业的长期发展和核心竞争力的构建。

细：细化预算管理的各个环节，包括预算的编制、审批、执行、监控和评估。确保预算管理覆盖每一个业务单元和成本中心，实现对成本和资源的精确控制。

（2）发挥集团总部作用。HR 集团总部在企业整体运营和战略实施中扮演着核心角色，通过预算管理，集团总部能够更好地发挥其在引领、发展、服务和监督方面的重要作用。

引领作用：总部负责制定集团的整体战略方向和长远目标，引导下属企业与集团战略保持一致，确保所有业务活动都能够支持集团的愿景和使命。

发展作用：总部通过提供资源、技术和管理支持，推动集团及下属企业的持续发展。这包括投资于关键领域、拓展新市场、促进创新和改进业务模式。

服务作用：总部为下属企业提供共享服务，如财务、人力资源、法务、信息技术等方面的服务，以提高整个集团的运营效率和服务质量。

监督作用：总部建立和维护集团的治理结构和内部控制体系，确保合规经营，并对下属企业的业绩进行监控和评估,确保目标的实现和风险的控制。

（3）优化预算指标体系。HR集团致力于优化其预算指标体系,以实现财务预算与其他关键业务领域的紧密结合,包括:

①整合性预算制定。通过建立一个综合性的预算框架,将财务预算与业务、投资和薪酬等其他预算领域融合,确保预算的全面性和协调性。

②战略对齐。确保预算指标与集团的战略目标保持一致,使预算成为实现这些战略目标的重要工具。

③业务驱动。预算指标应反映业务需求和市场动态,确保预算能够支持业务的增长和适应市场变化。

④投资协同。将投资预算与财务预算相结合,确保投资决策与集团的财务状况和战略目标相匹配,提高资本的使用效率。

⑤薪酬联动。薪酬预算与财务预算的融合,确保薪酬政策既能激励员工,又符合公司的财务能力和市场竞争力。

⑥资源优化配置。通过预算的有机融合,实现资源在不同业务和项目之间的优化配置,提高资源使用效率。

⑦成本控制。在预算融合过程中,强化成本控制意识,确保各项开支在预算范围内得到有效管理。

⑧风险管理。融合的预算体系有助于识别和评估不同业务领域的风险,实现风险的早期发现和预防。

通过这种优化的预算指标体系,HR集团能够更好地实现战略目标,提高运营效率,增强风险控制能力,并促进业务的持续健康发展。优化预算指标,确保财务预算与业务、投资和薪酬等其他预算领域实现有机结合。

（4）搭建财务预测模型,科学优化预算资源投向。为确保有限的资源得到有效的配置,HR集团致力于构建一个与企业战略紧密相连的中长期财务预测模型。该模型具有下述特点:

①战略一致性。财务预测模型的设计与企业战略目标同步,真实反映企业的成长方向和市场定位,使模型输出与企业愿景和计划保持一致。

②基于数据的方法。利用历史财务数据和市场趋势,结合统计学和计量经济学的技术手段,建立和优化预测模型,以增强预测结果的可靠性。

③全面考量。在构建财务预测时,综合考虑宏观经济条件、行业发展趋势、市场竞争状况及企业内部运营效率,确保从多个角度进行深入分析。

④指导资源配置。依据财务预测模型提供的信息,对企业的预算和资源进行科学分配,优先考虑那些展现出最大潜力和与企业战略最为契合的领域。

通过这种方式,HR集团能够确保其财务预测模型不仅科学、准确,而且能够为企业的资源配置提供战略指导,从而支持企业的长期发展和市场竞争力。

(5)成本控制理念。HR 集团的成本控制理念是其财务管理的核心部分,旨在通过持续的成本降低和效率提升来增强企业的竞争力。

①坚持持续降低成本的经营理念,通过优化流程、提高效率和采用成本效益分析,不断寻求减少不必要的开支。

②实行"无预算不开支"的原则,意味着所有费用支出都必须在预算范围内进行,未经预算的费用不予批准,从而可确保成本的严格控制。

③引入精益管理的方法,消除浪费,优化价值链,确保每个环节都能为最终产品或服务增加价值。

④采用科学的方法和工具进行成本管理,包括成本分析、成本核算和成本控制,确保成本管理的系统性和有效性。

(6)预算执行监控。HR 集团强化预算执行监控的措施,以确保预算目标的顺利实现,具体做法包括:

①跟踪监控。建立一个系统化的跟踪机制,持续监督预算的执行情况,确保各项财务活动与预算计划相符。

②监测分析。定期对预算执行数据进行监测和深入分析,评估预算执行的效率和效果。

③确保准确性。通过精确的数据分析,确保预算执行的准确性,减少误差和不必要的支出。

④偏差识别。快速识别预算执行过程中出现的任何偏差,包括预算超支或执行滞后。

⑤纠正措施。对于发现的偏差,及时采取纠正措施,调整资源分配或改进执行策略。

⑥绩效反馈。将预算执行情况作为绩效评估的一部分,及时反馈给管理层和相关部门。

通过这些措施,HR 集团能够确保预算的严格执行,及时调整和优化资源配置,从而支持企业战略目标的实现和企业价值的最大化。

10.3.3.3　业财融合

HR 集团致力于实现业务与财务的深度融合,采取了一系列措施来提升财务管理的效能和对业务的支持。

(1)加强业务财务职能。HR 集团通过增强业务部门与财务部门的协同,确保财务职能与业务需求紧密结合,提高决策的数据支持能力。

(2)优化管理报告体系。改进报告流程,确保管理报告能够及时、准确地反映业务和财务状况,为管理层提供清晰的业务洞察。

（3）强化营运资本管理。通过有效管理存货、应收账款和应付账款，优化现金流和资本流转，提高资金使用效率。

（4）数字化赋能。利用数字化技术，如自动化报表生成、数据分析和预测模型，提升财务管理的智能化水平。

（5）建立多维度指标体系。构建一个全面的指标体系，涵盖产品、市场和项目等多个方面，以实现对企业经营的全方位监控。

（6）价值跟踪分析。开展持续的价值分析，追踪关键价值驱动因素，确保业务活动与企业价值增长保持一致。

（7）精益管理。应用精益管理原则，优化全员、全要素和全价值链的资源配置和流程，减少浪费，提高效率。

（8）解决业务痛点。通过深入分析业务流程中的瓶颈和问题，提供定制化的财务解决方案，帮助业务部门克服挑战。

（9）质量发展赋能。通过财务管理的优化和创新，为企业提供持续的质量改进和增长动力。

通过这些措施，HR 集团的财务管理不仅提高了自身的专业性和效率，而且更加深入地融入企业的整体运营中，为企业的高质量发展提供了有力支持。

10.3.4　构建智能财务，强化数智赋能和协同共享

10.3.4.1　率先构建 4I 财务数智化体系

立足于新发展阶段要求和信息技术变革大势，HR 集团在财务管理领域采取了创新的策略，积极拥抱数字化转型，成为中央企业中首个建立 4I 财务数智化体系的先行者。

4I 财务数智化体系（图 10-3）代表了四个关键方向：Indicator（指标牵引）、Insight（洞察赋能）、Integration（集约发展）、Intelligence（智能互通）。

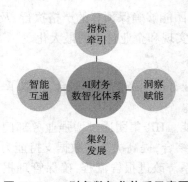

图 10-3　4I 财务数智化体系示意图

（1）指标牵引：利用关键绩效指标（KPIs）和其他相关指标来引导和衡量财务表现，确保业务目标与财务目标一致。

（2）洞察赋能：通过数据分析和洞察，HR 集团能够更好地理解业务趋势，为决策提供支持。

（3）集约发展：通过整合资源和流程，HR 集团优化了财务管理的集约化发展，提高了运营效率。

（4）智能互通：通过智能化技术，HR 集团实现了不同系统和部门之间的智能互通，提升了数据的流动性和决策的响应速度。

这些措施共同助力 HR 集团构建起世界一流的财务管理体系，提升了企业的全球竞争力。通过 4I 财务数智化体系的构建和实施，HR 集团不仅提升了财务管理的质量和效率，而且为企业的持续发展和市场适应性奠定了坚实的基础。

10.3.4.2　创新技术注智，推进财务全领域数字化应用

HR 集团建立了一个在行业中具有特色的新技术卓越运营体系，推动实现数字化转型，利用最新技术提升财务工作效率。

（1）通过智能化技术，简化了会计核算过程，减少了人为错误，提高了准确性。

（2）报表编制过程实现了自动化，加快了报表生成速度，提高了信息的时效性。

（3）构建了集中的财务数据平台，促进了数据的整合和共享，为决策提供了统一的数据支持。

（4）开展多角度的财务分析，评估企业价值的不同方面，为管理层提供全面的业务洞察。

（5）建立了资金风险的预警系统，能够及时识别和预警潜在的财务风险。

（6）深入分析税务数据，挖掘其中的价值，优化税务策略，确保合规并减少税负。

通过上述措施，HR 集团的财务管理实现了高效率、集约化和规范化，支持了集团整体财务的健康和战略目标的实现。

10.3.4.3　财务数智先行，带动全价值链信息流重塑

HR 集团将数字化和智能化作为财务管理的先行军，驱动整个价值链的信息流重塑。

（1）采用科学和前瞻性的系统化思维方法，确保技术应用与企业战略和运营需求紧密结合。

（2）利用云计算、大数据、物联网、人工智能和移动互联网等前沿技术，推动财务共享中心的升级。

（3）将财务共享中心从传统的服务模式转变为企业级的数据中心，推动财务共享中心转型，以支持更广泛的数据共享和分析。

（4）建立从数据产生到整理、分析和应用的全生命周期管理体系，确保数据的质量和可用性。

（5）创建完善的数据管理体系，包括数据中台的建设，以促进数据的有效管理和利用。

（6）通过数据的整合和分析，形成有价值的数据资产，为企业决策和运营提供支持。

（7）挖掘和激活数据资产的潜在价值，为业务创新和优化提供动力。

通过这些措施，HR集团不仅提升了财务管理的智能化水平，而且加强了对整个企业运营的数据分析和支持能力，为企业的持续创新和高质量发展奠定了坚实的基础。

10.3.4.4 数字场景赋能，提升管理决策效能

HR集团推动业财信息全面对接和整合，利用精益科学的业务场景赋能手段，促进精细化、全程化、数字化反映，推动管理报告向业务前端延伸，推进经营决策由经验主导向数据和模型驱动转变，发挥监控经营风险、支持业务决策、评价业绩表现等作用，实现业财一体化管控和协同优化。

HR集团利用数字化手段赋予管理场景新的能力，以提升决策的质量和速度。

（1）推动业务和财务信息的全面对接与整合，确保数据的一致性和可用性。

（2）采用精益和科学的业务场景赋能方法，提升业务流程的精细化管理。

（3）促进业务流程的数字化，实现全程化和数字化的监控与反映。

（4）将管理报告的视角从传统的后方管理向前端业务延伸，以便更好地指导和支持业务活动。

（5）推动经营决策从依赖经验向基于数据和模型的驱动转变，提高决策的科学性和准确性。

（6）利用数字化手段监控经营风险，及时发现并应对潜在的威胁。

（7）通过数据分析和模型预测，为业务决策提供有力的支持。

（8）建立业绩评价体系，利用数字化手段客观评估业务表现和员工绩效。

通过这些措施，HR集团能够更有效地利用数字化技术，实现业务、财务和技术的一体化管控，促进跨部门和跨职能的协同优化，提升管理决策的效能，增强企业的竞争力和市场适应性。

10.3.5 规范基础管理，强化职能监管和合规风控

HR集团通过夯实基础规范管理，健全风险防控体系，加强源头治理，强化穿透监测，实现经营、财务风险精准识别，及时预警、有效处置，构筑其高质量发展的管理根基。

10.3.5.1　夯实财务基础管理，强化职能监管

HR 集团致力于加强其财务基础管理并提升监管职能。

(1)建立多元产业会计政策体系,确保各项会计政策能够覆盖集团内多元化的产业。

(2)建立一套具有"软约束"特性的核算规范,这些规范既具有指导性,又能够灵活适应实际业务需求。

(3)重点关注新业务、新要素和重大交易,确保会计政策既实用又能够及时更新以适应变化。

(4)创建一个"全面体检+专项诊断"结合的财务基础评价模型,以全面评估和深入分析财务基础状况。

(5)加强对于特定问题的评估力度和深度,确保能够及时发现并解决潜在的财务问题。

(6)通过会计基础评价,发挥监督检查的作用,并确保整改措施得到有效执行,形成从评估、监督到整改的"闭环"工作流程,实现财务基础管理水平的持续提升。

(7)强化年度决算成果运用,充分利用年度决算的结果,结合外部审计的建议,建立整改清单和问题跟进机制。

(8)推动对识别出的风险问题进行有序的管理和解决,确保问题能够得到及时的纠正。

通过这些措施,HR 集团旨在建立一个更加健全、透明和高效的财务管理体系,以支持其长期的业务发展和风险控制。

10.3.5.2　推进集团化税务筹划管理,统筹风险控制与成本优化

HR 集团致力于提升其税务筹划与管理能力,以应对国家税制改革和税务征管环境的新变化。

(1)推动税务管理的集团化,以实现税务筹划和合规的统一标准。

(2)通过加强财税政策的研究,HR 集团不断完善税务政策库和信息库,确保所有应缴税款都能及时足额缴纳,确保各级子企业能够充分利用税收优惠政策。

(3)加强对重大经营决策的税务支持,确保税务筹划与企业战略紧密结合,并强化从决策到执行的全过程税务管控。

(4)建立智能化的税务管理系统,利用技术提高税务处理的自动化水平,提升效率和准确性。

(5)定期开展税务风险的自查工作,并进行监督检查,有效识别和管理税务风险,确保及时发现并解决潜在的税务问题。

通过这些措施,HR 集团能够更好地适应税制改革,优化税务成本,控制税务风

险,提高整体税务管理水平,以支持企业的稳健运营和可持续发展。

10.3.5.3 构建财务内控合规体系,严守合规底线

HR 集团不断优化完善财务制度,完善细化关键环节管控举措,强化经营管理活动事前、事中、事后监控,强化依法合规经营理念;坚持底线思维,严控财务边界,牢牢守住不发生重大风险的底线。HR 集团完善债务风险、资金风险、投资风险、税务风险、汇率风险等各类风险管理举措,加强对重要子企业和重点业务管控,建立分类、分级风险评估和应对机制。同时,采用信息化、数字化手段,实现风险"早发现、早预警、早处置"。

HR 集团致力于构建一个坚实的财务内控和合规体系,以确保企业活动的合规性并坚守风险管理的基本原则。

(1)持续改进和完善其财务制度,确保制度的全面性和适应性。

(2)对财务管理中的关键环节进行细化和强化,确保这些环节的控制措施得当。

(3)加强对经营管理活动的全程监控,包括事前预防、事中控制和事后审计。

(4)坚持依法合规的经营理念,确保所有经营活动都在法律和规定的框架内进行。

(5)运用底线思维方法,严格控制可能引发重大风险的财务边界,完善针对债务、资金、投资、税务和汇率等各类风险的管理措施。

(6)建立分类、分级的风险评估体系,加强对集团内重要子公司和关键业务的风险控制。

(7)利用信息化和数字化工具,提高风险管理的效率,实现风险的早期发现、预警和处理。

通过这些措施,HR 集团旨在构建一个更加稳固的财务内控和合规体系,以预防和控制风险,保障企业的长期稳定发展。

10.3.6 完善支撑体系,强化人才培养和队伍建设

完善财务人才队伍建设体系,是支撑财务管理职能落地、实现财务管理体系有效运行的根本保障,也是推进财务管理转型升级的主线和重点。

HR 集团优化财务职能与岗位设置,实现财务管理无死角;优化矩阵式管理模式,提升纵向监管服务能力,推动集约化财务管控体系建立,打造"管控有力、集约高效、反应灵敏"的财务组织。通过开展多层次财务人员培养,加大轮岗交流力度,加强中高端人才队伍建设,构建与高质量发展相匹配的复合型财务人才能力框架。同时,完善财务负责人闭环履职管理体系,打通双线汇报渠道,加强对财务负责人的帮扶支持。HR 集团还强化党建引领和文化建设,培养"上下同欲、风清气

正"的团队氛围和健康向上的财务文化,推动财务人才不断提高政治素质和党性修养,着力打造政治过硬、作风优良、履职尽责、专业高效、充满活力的财务人才队伍。

HR 集团致力于构建和完善其财务人才队伍,以确保财务管理职能的有效实施和转型升级。

10.3.6.1　打造"管控有力、集约高效、反应灵敏"的财务组织

(1)管控有力。确保财务组织在资源配置、风险管理和决策支持方面具有强有力的控制能力。

(2)集约高效。通过优化流程和集中管理,提高财务运作的效率,减少冗余,确保资源的合理利用。

(3)反应灵敏。建立一个能够快速响应市场变化和内部需求的财务体系,及时调整策略以适应不断变化的环境。

10.3.6.2　优化财务职能与岗位设置

(1)重新审视和调整财务部门的职能,确保它们与企业战略和运营需求相匹配。

(2)根据职能需求,合理设置财务岗位,明确各个岗位的职责和要求。

(3)通过优化职能和岗位设置,实现对企业所有财务活动的全面覆盖,消除管理盲区。

10.3.6.3　改进财务管理模式

HR 集团积极探索财务管理模式的改革,以提高财务监管和服务的效率。

(1)优化其矩阵式管理模式,以提高跨部门和跨职能团队的协同效率。

(2)通过加强纵向监管体系,HR 集团能够更有效地监控和管理下属单位的财务活动。

(3)提升对下属单位的财务监管服务能力,确保它们能够获得必要的支持和指导。

(4)推动建立集约化的财务管控体系,以实现资源的集中管理和优化配置,提高财务流程的效率和对市场变化的响应速度,为公司高层管理提供更强的决策支持。

10.3.6.4　重视人才培养

HR 集团高度重视财务人才的培养和发展,采取了一系列措施来打造一支与企业高质量发展相匹配的,专业、高效、尽责、有活力的复合型财务人才队伍:

(1)实施针对不同层级财务人员的培养计划,包括基础培训、专业提升和领导力发展等。

(2)通过加大轮岗交流的力度,让财务人员有机会在不同的岗位和部门工作,

以拓宽视野和增强综合能力。

（3）特别关注中高端财务人才的培养和发展，通过专业培训、项目参与和职位晋升等方式，提升他们的专业技能和管理能力。

（4）构建一个综合的能力框架，包括财务知识、业务理解、数据分析、决策支持和领导力等多方面能力。

（5）确保财务人才培养与企业的发展战略和业务需求相匹配，使财务人才能够更好地支持企业的发展。

（6）加强财务人员的团队合作和沟通能力，以促进跨部门和跨职能的协作。

10.3.6.5 重视党建与文化建设

HR集团在推动企业发展的同时，特别强调党建工作和文化建设的重要性。

（1）通过加强党建工作，HR集团致力于构建一个坚强的党组织，确保企业沿着正确的方向发展。

（2）通过加强团队文化建设，培养一种正直、积极的团队文化，鼓励员工遵守职业道德，诚实守信，公平公正地开展工作。

（3）注重提高财务人才的政治素质，确保他们能够理解和贯彻党的方针政策，以及国家的法律法规。

（4）加强财务人员党性修养，培养他们的责任感和使命感，推动建立一个健康的财务文化，强调透明度、责任感和合规性，确保财务管理的质量和信誉，确保在财务管理工作中始终坚持正确的政治方向。

（5）利用党建和文化建设的引领作用，形成积极向上的企业精神和价值观，引导员工的行为和决策。

通过这些措施，HR集团旨在打造一个政治素质高、专业能力强、具有良好团队文化的财务人才队伍，为企业的稳定和发展提供坚实的政治保障和文化支撑。

10.4 HR集团财务管理体系的成效评估

10.4.1 取得的成效

10.4.1.1 资本结构优化

（1）资产负债率。HR集团的资产负债率在2018年达到峰值后，在2019年显著下降，表明债务水平的降低和资本结构的改善。

（2）主营业务比率。2018年后，HR集团主营业务比率有所提升，2018年前在94%～102%区间波动，2018年后稳定在98%～101%区间，表明主营业务对利润的贡献更加集中。

这些数据反映了 HR 集团在资本结构优化方面的努力和取得的成效,包括降低债务水平、提高资本集中度和优化资本配置。

10.4.1.2　资本获利能力提升

资本收益率在 2018 年达到最大值 44.45%,后续 2019—2021 年虽因新冠疫情有所波动,但 3 年的资本收益率均在 36% 以上,整体高于 2013—2016 年的资本收益率水平。

10.4.1.3　成长能力增强

(1)国有资本保值增值率指标始终大于 100%,表明 HR 集团始终保持着资本的增值。特别是 2019 年达到了 126.66%,显示了改革对资本增值速度的正面影响。

(2)三年资本平均增长率指标在 2018 年改革后有显著提升。2018 年前的数据呈现下降趋势,而改革后,三年资本平均增长率大幅上升,到 2021 年达到了 17.38%,相较于 2018 年有近 8 个百分点的增长,表明 HR 集团的资本积累和扩张取得了稳步发展。

这些数据表明,通过改革,HR 集团不仅保持了资本的稳定增长,而且在资本增速上实现了显著提升,从而增强了整体的成长能力。这种增长能力的提升有助于 HR 集团在市场竞争中保持优势,实现长期的可持续发展。

10.4.1.4　风险抵抗能力提高

(1)HR 集团已获利息倍数在 2018 年改革后呈现明显上升趋势,2020 年达到最大值 7.51,2021 年回落至 7.05。这一指标的提高反映了 HR 集团在长期偿债能力上的增强,说明公司的获利能力足以为债务偿付提供较强的保障。

(2)速动比率作为衡量企业短期偿债能力的指标,HR 集团在 2018 年改革后保持相对稳定,长期保持在 0.65%~0.75% 的区间内。速动比率的稳定表明 HR 集团在短期内应对债务风险的能力得到了维持和小幅提升。

这些数据反映了 HR 集团在改革后通过有效的财务管理和战略调整,增强了自身的风险抵抗能力,为公司的稳健运营和可持续发展提供了坚实的财务基础。

10.4.1.5　综合财务绩效提升

(1)综合财务绩效得分排名有所提高。HR 集团在 2014—2017 年的财务绩效得分排名中,资本获利能力和资本配置能力基本保持在第三名,企业营运能力在 2018 年以前排名位于前三,而企业防风险能力自 2015 年起至 2020 年常年保持在第一名。企业成长能力在 2018 年改革后跃升为第一名,并在后续三年内保持这一排名。

(2)企业成长能力的提升。改革对 HR 集团的企业成长能力产生了显著的正面影响,与同期转为国有资本投资公司的其他四家大型中央企业相比较,HR 集团自 2018 年改革后的企业成长能力得分明显提升,并在后续的三年内均保持在第一名的位置。这进一步证明了改革对 HR 集团资本积累和扩张的正面影响。

10.4.1.6　市场绩效变化

关于市场绩效变化,可以通过典型事件计算累计超额收益率(CAR)来衡量市场对特定事件的反应。这里以 HR 医药收购博雅生物为例进行说明。

(1)被并购对象:博雅生物是专注于血液制品领域的企业,拥有先进的生产技术和较强的研发创新能力,是国内血制品行业的领先企业。

(2)收购过程:2020 年 9 月,HR 医药首次发布收购意向,但由于博雅生物控股股东高特佳集团的债务问题,收购一度中止。2021 年 5 月,随着高特佳债务问题的缓解,收购进程重新启动。最终在 2021 年 11 月,HR 医药完成对博雅生物的控股收购,博雅生物成为 HR 医药的非全资附属公司。

(3)事件日、事件窗口和估计窗口的确定:2020 年 9 月 30 日,HR 医药首次披露《有关建议收购博雅生物医药集团控股权》的公告,因此选择此日为事件日。事件窗口设定为事件日前后 20 个交易日,即 2020 年 9 月 2 日至 2020 年 11 月 3 日。估计窗口设定为事件日前 120 日至事件日前 21 日,即 2020 年 3 月 10 日至 2020 年 9 月 1 日。

(4)累计超额收益率(CAR):在 HR 医药收购博雅生物的事件窗口期内,累计超额收益率在事件日前两日(-2)由负转为正,数值为 0.93%;事件日(0)当天,累计超额收益率为 2.79%;事件日后的第 4 个交易日(+4),累计超额收益率再次达到小高峰,数值为 2.52%;在事件日后的 20 天内,累计超额收益率虽有波动,但基本保持为正数。这表明市场对此次收购事件持积极态度,认为收购对 HR 医药是有利的。具体数值如表 10-1 所示。

表 10-1　　　　　　　　　具体数值

交易日期	时间	E(Rt)	AR	CAR
2020-09-28	-2	…	4.88%	0.93%
2020-09-29	-1	…	0.07%	0.99%
2020-09-30	0	…	1.79%	2.79%
2020-10-09	+4	…	…	2.52%

10.4.2　问题与挑战

HR 集团对财务管理体系改革也不是一帆风顺的,也面临着一些问题与挑战。

10.4.2.1　内部管理与外部环境的适应性问题

(1)房地产市场热度下降。房地产市场的整体热度下降可能对 HR 集团的房地产板块产生负面影响。由于房地产市场的周期性波动,需求减少可能导致房地产销售放缓,进而影响 HR 集团的营业收入和利润。

(2)医药板块内部业绩问题。医药板块可能还面临其他内部业绩问题,如研发投入不足、产品线老化、市场竞争加剧等。这些问题可能导致 HR 集团在医药行业的竞争力下降,影响其业绩表现。

(3)战略与内部管理调整需求。为应对外部环境的变化,HR 集团需要在战略与内部管理上进行调整。战略调整可能包括对现有业务的重组、对新业务领域的探索、对创新和技术升级的投资等。内部管理调整可能包括优化资产结构、提高资产运营效率、加强成本控制、提升产品和服务质量、加快创新步伐等。

10.4.2.2　技术更新与财务人才队伍建设的挑战

(1)研发投入的需求。HR 集团需要持续加大研发投入,以促进产品创新和技术升级。这在医药板块尤其重要,因为药品和医疗产品需要不断适应市场需求和法规变化。

(2)产品营销策略的更新。随着消费者需求和市场环境的变化,HR 集团需要更新其产品营销策略,以提高产品的市场竞争力。例如,东阿阿胶需要寻找新的营销切入点,以重获消费者信任。

(3)技术创新的推动。技术创新是推动企业发展的关键因素。HR 集团需要通过研发新技术、改进生产工艺或引入先进的管理方法,来提升产品质量和生产效率。

(4)财务人才队伍的建设。高质量的人才队伍是实现技术更新和业务发展的基础。HR 集团需要吸引和培养具有创新能力和财务技能的人才,以支持企业的长期发展。

(5)财务人才结构的优化。企业需要不断优化财务人才结构,确保财务人才队伍的多样性和综合性,以支持跨领域和跨部门的创新合作。

10.4.2.3　政策变化与市场波动的影响

(1)医药行业政策的变化。如"两票制"的实施,简化了药品流通环节,减少了中间层级,这对 HR 集团医药流通业务构成挑战。新规可能导致医药流通企业的市场份额和利润空间受到压缩。

(2)药品出厂价调整。部分药品的出厂价格下调直接影响了以药品出厂额为基数计算收益的医药流通企业。HR 集团作为医药流通企业之一,其业绩可能因此受到负面影响。

（3）供应链中断风险。重大公共卫生事件可能导致供应链中断，影响 HR 集团的原材料采购和产品销售，进而影响财务绩效。

10.4.2.4　财务数据方面

（1）盈利能力波动。受政策变化和市场波动的影响，HR 集团的盈利能力可能会出现波动。例如，医药板块可能因政策调整而面临盈利压力。

（2）成本控制压力。在原材料价格波动、生产成本上升等因素的影响下，HR 集团需要加强成本控制，以维持利润水平。

（3）现金流管理。医药板块的应收账款增多可能影响现金流状况。HR 集团需要优化现金流管理，确保充足的现金流支持日常运营和长期发展。

（4）投资回报不确定性。长期股权投资的回报存在不确定性，HR 集团需要对投资项目进行严格的风险评估和投后管理。

10.4.2.5　非财务数据方面

（1）营运效率下降。总资产周转率和应收账款周转率的下降趋势反映了 HR 集团在资产运营效率上的挑战。这可能意味着集团需要优化库存管理、提高销售效率或改善供应链流程。

（2）市场份额。尽管 HR 集团可能在某些领域拥有稳定的市场份额，但在高度竞争的市场中，持续增长和维护市场份额需要不断的市场分析、竞争对手监控和战略调整。

（3）新客户取得。获得新客户是企业增长的关键。HR 集团需要通过市场推广、产品创新和优质的客户服务来吸引新客户，并提高市场渗透率。

（4）创新能力。创新是企业持续发展的核心。HR 集团需要持续投入研发，推动产品创新、服务创新以及业务模式创新，以适应快速变化的市场需求。

（5）管理费用率上升。管理费用率的上升可能指出了组织结构效率的问题或资源配置的不合理。HR 集团需要审视和优化管理流程，减少不必要的开支。

10.4.2.6　国际化挑战

作为国有资本投资公司，HR 集团在国际化过程中可能面临不同市场环境、法律法规和文化差异等方面的挑战，这要求集团在财务管理体系上具备国际视野和适应性。从财务管理的角度来看，这些挑战主要有：

（1）货币风险管理。国际交易涉及多种货币，汇率波动可能对财务状况产生影响。HR 集团需要采取适当的对冲策略来管理货币风险。

（2）政治和经济风险评估。国际市场可能存在政治不稳定、政策变动和经济波动等风险。HR 集团需要对这些风险进行评估，并制定相应的风险管理（包括财务风险管理）措施。

（3）国际财务报告标准。国际财务报告需要遵循国际财务报告准则（IFRS）。HR 集团需要确保其财务报告的透明度和一致性。

（4）跨国税务规划。跨国公司需要进行有效的税务规划，以优化税负并避免双重征税。

（5）国际资本市场运作。HR 集团需要了解不同国家的资本市场特点，包括股票市场、债券市场和风险投资等，以便进行有效的资本运作。

（6）社会责任和可持续发展。国际社会越来越关注企业的社会责任和可持续发展。HR 集团需要在其业务中融入社会责任和可持续发展的原则。

10.5　案例简评与探索思考

10.5.1　案例简评

本案例深入剖析了 HR 集团如何以价值引领和数智赋能为核心，构建起世界一流的财务管理体系。HR 集团的实践不仅体现了国有企业在财务管理领域的创新，也展示了其在全球化和数字化背景下的转型升级。

首先，HR 集团通过 5C 价值管理框架的持续创新和完善，强化了资本运作和司库管理，实现了资本结构的优化和资本获利能力的提升。这不仅提升了企业的市场竞争力，也为股东和投资者带来了长期稳定的回报。

其次，HR 集团在预算管理和业财融合方面的实践，体现了财务管理的战略引领和价值导向作用。通过深化预算管理，优化预算指标体系，HR 集团确保了预算与企业战略的紧密结合，支持了企业的长期发展和核心竞争力的构建。

再次，HR 集团的数智化转型尤为突出。通过建立 4I 财务数智化体系，HR 集团推动了业财信息的全面对接与整合，利用精益科学的业务场景赋能手段，促进了管理决策从由经验主导向数据和模型驱动的转变。

此外，HR 集团在规范基础管理、强化职能监管和合规管理、风控管理方面的努力，为财务管理的稳健运行提供了坚实保障。通过夯实财务基础管理、推进集团化税务筹划管理以及构建财务内控合规体系，HR 集团有效提升了风险管理能力。

最后，HR 集团对财务人才的重视和培养，为财务管理体系的有效运行提供了人才保障。通过优化财务职能与岗位设置、改进财务管理模式以及重视人才培养，HR 集团构建了与高质量发展相匹配的复合型财务人才队伍。

综上所述，HR 集团的案例为其他企业提供了宝贵的经验和启示，特别是在财务管理创新、世界一流财务管理体系建设、国有企业改革、数智化转型以及价值最大化等方面。通过本案例研究，可以为其他企业乃至整个行业的财务管理体系建设提供参考,共同推动企业高质量发展。

10.5.2　探索思考

(1)什么是 5C 价值管理框架?HR 集团是如何通过 5C 价值管理框架来优化资本结构和提升资本获利能力的?

(2)在 HR 集团的财务管理体系中,是如何开展业财融合以支持集团业务的有序发展的?

(3)HR 集团是如何通过数智化转型提升财务管理的质量和效率的?

(4)在构建世界一流财务管理体系的过程中,HR 集团是如何应对内部管理与外部环境的适应性问题的?

(5)HR 集团是如何通过财务人才队伍建设体系来支撑财务管理职能落地和转型升级的?

11 企业财务管理成功的关键因素及借鉴

11.1 企业财务管理成功的关键因素

前面我们对八家企业的财务管理情况进行了介绍,分别涉及战略与价值型财务管理体系建立、财务规划、预算管理、财税控制、成本控制、应收账款管理、财会监督、世界一流财务管理体系的构建等。通过对案例的深入分析与思考,我们认为,成功的企业财务管理可以从战略、规划、方法三个维度12个方面进行归纳(图11-1)。

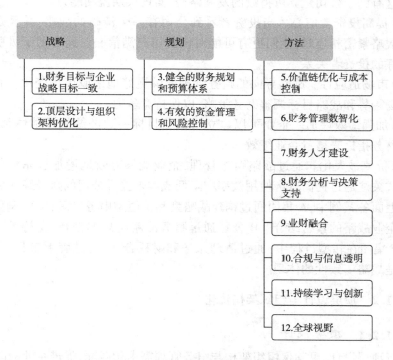

图 11-1 企业财务管理成功的关键因素

11.1.1　财务目标与战略目标一致

财务管理必须以战略为导向,以确保企业的财务决策与整体业务目标和长期发展计划相一致。成功企业的财务管理将财务目标与战略目标紧密结合,注重长远规划和目标的实现,通过将战略融入财务决策,企业可以在竞争激烈的市场环境中保持领先地位。

(1)目标一致性。战略导向的财务管理可以确保所有财务决策都支持公司的愿景、使命和战略目标,从而提高组织内部的一致性和协调性。

(2)有效资源配置。战略财务管理有助于优化资源配置。企业需要根据其长期目标来分配财务资源,包括资金、人力和物力,确保资金投入最能促进公司增长和获得竞争优势。

(3)提高决策效率。有了明确的战略指导,财务决策更加有据可依,减少了不确定性,提高了决策的效率和效果。

(4)注重长期规划。战略财务管理注重长期财务规划,而不仅仅是短期财务成果。这有助于公司建立可持续的发展路径,实现长期盈利能力。

(5)提高投资者信心。当投资者看到公司有一个清晰的战略,并且财务管理与这个战略紧密相连时,他们更有可能对该公司充满信心。这有助于吸引资本和保持良好的投资者关系。

(6)市场适应性。战略导向的财务管理能够更好地适应市场变化。企业可以根据市场趋势和战略目标调整财务策略,以保持竞争力。

(7)加强绩效评估。企业可以建立与战略目标一致的绩效评估体系,通过财务和非财务指标来衡量企业绩效。

(8)价值最大化。通过战略财务管理,企业能够有效地增加股东价值。这种管理方式关注通过提高资产使用效率和降低成本来提升公司的财务绩效。

在上面各案例中,A集团通过构建战略型和价值型财务管理体系,确保了财务管理与企业战略的紧密结合。B公司通过财务战略与规划创新,支持了企业价值创造。F集团在转型过程中,通过清理账务和财税合规,为挂牌上市打下了基础,这些都是战略一致性的体现。

11.1.2　顶层设计与组织架构优化

11.1.2.1　顶层设计

进行顶层设计,可确保组织架构与财务管理需求相匹配,促进企业战略执行。

顶层设计是指在组织或项目实施变革时,从宏观和战略的角度出发,对整体架构、目标、路径、资源配置、风险管理等方面进行系统性规划和设计的过程。它是一种高屋建瓴的设计理念,强调全局视野和长远规划,确保各部分协调一致,共同服务于既定的战略目标。顶层设计是组织变革成功的基石,它为变革提供了一个清晰的方向和框架,有助于统一思想、凝聚力量,确保变革工作的有序进行。

顶层设计的优劣直接关系到企业战略的执行与成效。

(1)战略定位。顶层设计需要明确财务数智化转型的战略目标和方向,将其与企业整体战略相结合,确保转型工作与企业的长远发展目标一致。

(2)政策支持。高层领导的重视和支持是财务数智化转型成功的关键。需要制定相应的政策,为财务数智化转型提供必要的资源、资金和人力支持。

(3)文化塑造。顶层设计应推动企业文化的变革,鼓励创新思维和数据驱动的决策文化,为财务数智化转型创造良好的氛围。

(4)流程重构。对现有财务流程进行梳理和优化,设计符合数智化要求的流程,确保转型后的流程更加高效、透明。

(5)技术路线。明确技术选择和实施路径,选择适合企业特点的财务信息系统和工具,确保技术的先进性和适用性。

(6)风险管理。识别和评估数智化转型过程中的风险,制定风险应对策略,确保转型过程中的安全和稳定。

11.1.2.2 组织架构优化

组织架构优化是指对企业的组织结构进行调整和改善,以提高组织的运作效率、适应市场变化和实现战略目标的过程。这种优化通常涉及对组织内部的部门设置、职责划分、管理层次、决策流程、资源配置等方面进行系统的审视和改进。

(1)部门协同。优化组织架构,加强财务部门与其他部门之间的沟通与协作,打破信息孤岛,实现数据共享。

(2)角色重塑。随着财务职能的转变,需要对财务人员的角色和职责进行重新定义,培养具备数据分析、技术运用等新技能的财务团队。

(3)人才培养。建立人才培养机制,通过培训和引进专业人才,提升团队的整体数智化能力。

(4)决策机制。优化决策流程,利用数据分析结果,提高决策的科学性和及时性。

(5)激励机制。建立与数智化转型相匹配的激励机制,鼓励员工积极参与转型过程,激发创新和改进的动力。

(6)技术支持团队。设立专门的技术支持团队或与 IT 部门紧密合作,为财务数智化提供持续的技术支持和服务。

通过顶层设计和组织架构的优化,企业能够确保财务管理数智化转型有明确的指导方向和组织保障,从而提高转型的成功率,实现财务管理的现代化和智能化。HR集团和G集团的案例展示了顶层设计与组织架构优化在财务管理数智化转型中的关键作用。HR集团在财务管理体系建设中,展现了顶层设计与组织架构优化的重要性,通过优化资本结构、强化风险管理、推动业财融合等措施,HR集团建立了与企业战略和业务特点相适应的财务管理体系。G集团通过数智化转型战略,实施了战略规划与顶层设计,构建了数智化财会控制系统,显著提升了财会监督的效率和质量。

11.1.3　健全的财务规划和预算体系

财务规划是确保公司战略得以实施并最终达成目标的过程,预算是连接财务管理与战略管理的桥梁,它将公司的战略目标转化为具体的行动计划和财务数字,从而确保战略能够被有效执行和监控。成功企业的财务管理依托于健全的财务规划和预算体系,具体表现在以下几个方面:

(1)明确的战略目标。企业根据自身的长期愿景和战略目标,制定清晰的财务规划,确保所有财务活动都围绕这些目标进行。

(2)详尽的预算编制。基于财务规划,企业制定详尽的预算,包括收入、成本、投资和资本支出等,确保预算覆盖所有业务领域。

(3)资源的合理分配。通过预算管理,企业能够合理分配资源,优先支持那些与企业战略紧密相关的项目和活动。

(4)成本控制。预算为成本控制提供了基准,帮助企业监控和限制不必要的支出,提高成本效益。

(5)灵活性和适应性。成功的预算体系能够适应市场和环境的变化,同时保持对战略目标的承诺。它允许企业在必要时调整预算,以应对新的挑战和机遇。

(6)绩效评估。预算为绩效评估提供了标准,使企业能够衡量各部门和员工的绩效,确保他们的贡献与企业目标一致。

(7)风险管理。财务规划和预算还包括对潜在风险的评估和管理,确保企业能够预见并缓解可能的财务风险。

(8)鼓励共同参与。在制定财务规划和预算的过程中,企业鼓励各部门和团队的参与,以确保预算的全面性和可执行性。

在上述案例中,B公司通过财务战略与规划创新,实现了与战略和资源能力匹配的财务策略,包括稳健的增长规划和盈利能力提升。

11.1.4　有效的资金管理和风险控制

有效的资金管理和风险控制是成功企业财务管理的核心特征,具体表现在以下几个方面:

（1）流动性管理。企业维持适当的流动资金水平，确保能够满足日常运营和紧急需求，同时避免过多的资金闲置。

（2）应收账款管理。通过制定明确的信用政策和收款程序，企业能够高效地回收销售产生的应收账款，减少坏账损失。

（3）应付账款管理。合理安排应付账款的支付时间，利用供应商的信用条件优化现金流，同时保持良好的供应链关系。

（4）现金流预测。企业通过准确的现金流预测，规划短期和长期的资金需求和来源，确保资金的持续供应。

（5）风险识别。企业能够及时识别财务活动中的各种风险，包括市场波动、汇率变动、利率变化等。

（6）风险评估。对识别的风险进行评估，确定其可能性和影响程度，为企业的风险管理决策提供依据。

（7）风险控制策略。制定有效的风险控制策略，如风险避免、转移（通过保险或衍生工具）、减轻和接受。

（8）内部控制。建立和维护强有力的内部控制系统，包括财务报告的准确性、合规性和防止欺诈。

（9）合规性。确保所有财务活动遵守相关法律法规，减少法律和监管风险。

（10）持续监控与报告。企业建立风险监控系统，实时跟踪风险的发展变化，并定期向管理层报告风险管理情况。

（11）应急预案。制订应急预案，确保在风险事件发生时能够迅速有效地应对，减少损失。

（12）风险共享与转移。通过合作和保险等方式，与外部伙伴共同分担风险，降低企业的单独风险承担。

在案例中，A集团通过加强资金管理和风险控制，显著提高了财务职能在企业战略决策中的作用。B公司通过财务战略与规划创新，实现了资金的增值和风险的有效控制，为企业的持续发展和市场竞争力提供了坚实的保障。

11.1.5　价值链优化与成本控制

价值链优化与成本控制是财务管理中两个相互关联的重要概念。价值链是由迈克尔·波特（Michael Porter）提出的，它描述了企业内部的一系列价值创造活动，这些活动从原材料采购开始，经过生产、销售，最终到达客户手中。通过优化这些活动，企业可以提高效率和竞争力，同时实现成本控制。以价值链为基础的成本控制是成功企业财务管理的关键因素之一。其中包括：

（1）活动识别与分析。企业首先需要识别价值链中的所有活动，包括内部后勤、生产操作、外部后勤、营销与销售、服务等。然后,分析每项活动的成本驱动因素,以确定成本节约的潜在领域。

(2)识别成本驱动因素。通过识别与理解每个价值链活动的成本驱动因素,企业可以更有效地管理和控制成本。例如,通过改进产品设计来减少生产成本,或者通过优化供应链管理来降低物流成本。

(3)价值链协同。协同包括垂直协同(即与供应商和分销商合作,共同降低成本)与水平协同(即与同行业的其他企业合作,共享资源和能力),企业通过在价值链的不同环节之间实现协同效应来降低成本。例如,通过改进产品设计,可以减少生产成本和原材料成本;通过精益生产、自动化和流程改进等手段提高生产效率,降低单位成本;优化销售渠道和分销网络,减少销售和市场推广成本。

(4)价值链优化重构。企业可能会通过重构价值链来优化成本结构。这可能包括外包非核心活动、引入自动化和信息技术,或者改变产品和服务的设计。

(5)持续改进。通过持续的流程改进和成本管理,企业可以不断寻找降低成本和提高效率的机会。

(6)客户价值导向。成本控制应以增加客户价值为导向。企业应专注于那些对客户有显著影响的活动,并在此类活动上投入资源。

以价值链优化为基础进行成本控制,企业不仅能够降低成本,提高利润率,还能够在竞争激烈的市场中保持竞争力,实现可持续发展。在本案例中,D公司通过价值链整合与专家团队分析,有效提升了市场竞争力。公司实施了成本控制优化方案,包括研发环节的成本控制、采购成本的降低、生产成本的控制、销售费用的管理等,从而在降低成本的同时提升了产品和服务的质量。

11.1.6 财务管理数智化

财务管理数智化,即利用大数据、云计算、人工智能等现代信息技术,实现财务管理的自动化和智能化。财务管理的数智化转型是企业在当今数字经济时代保持竞争力的关键。

(1)提高数据处理能力。数智化转型能够帮助财务部门处理大量数据,提高数据分析和处理的效率,从而为决策提供更快、更准确的支持。

(2)加强决策支持。通过数智化工具和平台,财务部门可以实时获取业务数据,为管理层提供更加及时和深入的洞察,更加支持数据驱动的决策。

(3)提升自动化水平和效率。数智化转型允许财务流程自动化,减少手动操作和纸质文档的使用,提高工作效率,降低错误率。

(4)节约成本。通过自动化和流程优化,数智化转型有助于降低运营成本,减少对人力资源的依赖。

（5）风险管理。数智化工具可以帮助企业更好地识别和管理财务风险，通过数据分析预测潜在的风险点，并提前采取措施。

（6）合规性和透明度。数智化转型有助于确保财务报告的合规性，提高财务透明度，便于监管和内部审计。

（7）数据驱动的洞察。通过收集和分析大量数据，财务部门可以发现业务趋势和模式，为战略规划和业务发展提供数据支持。

（8）客户体验。数智化转型可以改善客户体验，例如通过在线自助服务、快速响应客户查询等，提高客户满意度。

（9）促进创新。数智化环境鼓励创新思维，财务部门可以利用新技术（如区块链、人工智能）来开发新的财务管理模式和工具。

（10）适应移动办公。数智化转型支持移动办公，使得财务人员可以在任何地点进行工作，提高灵活性和响应速度。

财务管理的数智化转型不仅仅是采用新技术，它还涉及企业文化、组织结构和业务流程的变革。企业需要制定清晰的数智化转型战略，确保所有相关方面都能适应这一变革，从而实现财务管理的现代化和长远发展。

总之，通过财务管理数智化，成功企业能够提高财务管理的透明度、效率和响应速度，同时为战略规划和业务发展提供强有力的数据支持。在案例中，HR 集团积极拥抱数智化转型，建立了 4I 财务数智化体系，推动业财信息整合，实现了数据驱动的决策。通过这一体系，HR 集团不仅提升了财务管理的质量和效率，而且为企业的持续发展和市场适应性奠定了坚实的基础。

11.1.7　重视财务人才建设

财务人才建设是财务管理成功的根本，注重财务人才的培养和发展，构建多层次的人才培养体系，提升财务团队的专业能力和综合素质。

（1）人才培养体系。成功的企业会建立一个多层次的财务人才培养体系，涵盖从初级到高级的不同职业发展阶段。这个体系可能包括内部培训、外部专业认证、在职学习和导师制度等。

①内部培训。通过定期的内部培训课程，提升财务人员的专业技能和业务知识。

②外部认证。鼓励财务人员获取 CPA（注册会计师）、CFA（注册金融分析师）等专业认证，以提高其专业地位和市场竞争力。

③在职学习。提供在职学习机会，如参与项目、轮岗、在线课程等，以促进知识和技能的持续更新。

④导师制度。实施导师制度，由经验丰富的财务人员指导、帮助年轻财务人员

快速成长。

（2）专业能力提升。企业会重视财务团队的专业能力提升，包括财务分析、预算管理、风险管理、内部控制等方面的知识和技能。

（3）综合素质培养。除了专业技能，还会注重财务人员综合素质的培养，如沟通能力、团队协作、领导力、创新思维等。

（4）职业发展路径。为财务人员提供清晰的职业发展路径，使他们能够看到自己在组织中的成长空间和晋升机会。

（5）绩效评估体系。建立公正的绩效评估体系，根据财务人员的表现和贡献进行激励和晋升。

（6）人才激励。通过有竞争力的薪酬、奖金、股权激励等手段，吸引和留住优秀的财务人才。

（7）跨部门交流与合作。鼓励财务人员与其他部门交流与合作，了解业务全貌，增强其对企业整体运营的理解。

（8）能力框架构建。构建一个综合的能力框架，包括财务知识、业务理解、数据分析、决策支持和领导力等多方面能力。

（9）战略和业务需求匹配。确保财务人才培养与企业的发展战略和业务需求相匹配，使财务人才能够更好地支持企业的发展。

（10）党建与文化建设。通过加强党建工作和文化建设，提高财务人才的政治素质和职业道德，构建正直、积极的团队文化；培养财务人员对组织文化的认同感，确保他们的价值观和行为与企业目标一致。

通过财务人才建设，成功企业能够构建一个专业高效、充满活力的财务团队，为实现企业的财务目标和战略规划提供坚实的人才支持。在案例中，HR集团在财务管理体系建设中，特别强调了财务人才建设的重要性。集团通过优化财务职能与岗位设置，实施了针对不同层级财务人员的培养计划，包括基础培训、专业提升和领导力发展等。HR集团的案例展示了通过财务人才建设，企业能够提升财务管理的专业性和效率，支持企业的高质量发展。

11.1.8　重视财务分析和决策支持

成功的财务管理能够进行有效的财务分析，深入了解业务绩效和财务状况，为决策提供可靠的数据支持。这有助于优化资源配置、发现潜在机会和问题，并做出明智的决策。

（1）深入的财务分析。企业进行深入的财务分析，包括对财务报表的详细审查、财务比率分析、成本效益分析等，以评估企业的财务健康状况和业务绩效。

（2）数据驱动的决策。基于准确的财务数据和分析结果，企业能够做出更加客观和科学的决策,提高决策的质量和效率。

(3)业务绩效评估。通过财务分析,企业能够评估不同业务单元的绩效,识别优势和劣势,从而优化资源配置和业务结构。

(4)风险识别与管理。财务分析有助于企业及时发现潜在的财务风险,并采取相应的风险管理措施。

(5)战略规划。财务分析为企业提供了战略规划的依据,帮助企业确定长期发展的方向和目标。

(6)投资决策。通过财务分析,企业能够评估投资项目的财务可行性,确定投资优先级和资源分配。

(7)成本控制。财务分析有助于企业发现成本节约的机会,实现成本效益最大化。

(8)市场趋势预测。企业通过财务分析预测市场趋势和消费者行为,为市场策略的制定提供支持。

(9)竞争对手分析。财务分析还可以用于评估竞争对手的财务状况和市场表现,为竞争策略的制定提供参考。

(10)持续监控与改进。企业通过持续的财务分析监控业务和市场的变化,及时调整策略以应对挑战。

通过重视财务分析和决策支持,成功企业能够确保其决策基于充分的信息和深入的理解,从而提高企业的竞争力和市场适应性。在上述案例中,B公司通过财务战略与规划创新,强化了财务分析和决策支持。公司利用基于杜邦分析体系的希金斯可持续增长模型,评估盈利能力、资产效率和股利政策等因素,为增长策略和资源配置提供决策支持。

11.1.9　强调业财融合

业财融合,即业务与财务的深度融合,是现代财务管理发展的一个重要趋势。这种融合打破了传统上业务与财务之间的界限,推动财务管理从后台支持角色转变为前端战略伙伴。之所以说业财融合成为财务管理发展的必由之路,是因为:

(1)提高决策效率。业财融合使得财务数据能够更快地反映业务实际情况,为管理层提供及时、准确的决策支持。

(2)增强战略支持。通过业财融合,财务部门能够更好地理解业务模式和运营流程,从而提供更具战略性、前瞻性的财务建议和规划。

(3)优化资源配置。业财融合有助于财务部门根据业务需求和公司战略目标,更加科学地分配和利用资源,提高资源使用效率。

(4)控制风险。业财融合后的财务管理能够更有效地识别和评估业务活动中的风险,及时采取措施进行风险控制和应对。

(5)促进价值创造。业财融合有助于财务部门从单纯的成本控制转向价值创造,通过分析业务数据,发现新的盈利点和成本节约机会。

(6)提升绩效管理。业财融合可以实现财务指标与非财务指标的有机结合,为绩效评估提供更全面的视角,推动业务和财务目标的同步实现。

(7)支持数字化转型。随着大数据、云计算等技术的发展,业财融合可以更好地利用这些技术手段,推动财务管理的数字化转型,提升数据处理和分析能力。

(8)增强跨部门之间协同。业财融合促进了跨部门之间的沟通与协作,有助于形成以业务为导向、以财务为支撑的协同效应。

(9)适应市场变化。市场环境的快速变化要求企业具备灵活的应对能力,业财融合使得企业能够更加敏捷地适应市场变化,快速做出反应。

(10)促进持续创新。业财融合鼓励财务部门参与业务创新过程,通过财务视角为产品开发、服务改进等提供支持,促进企业持续创新。

总之,业财融合不仅有助于提升财务管理水平和效率,还能为企业带来更广阔的视野和更深层次的价值创造,是财务管理适应现代企业竞争需求的必然选择。

在案例中,D公司通过价值链整合,强化了业财融合,优化了内部和外部价值链,实现了成本控制和市场竞争力的提升,这是业财融合成功实施的典型案例。

11.1.10　财务合规与信息透明

财务合规与信息透明也是成功企业的财务管理特征之一,这要求企业在财务管理中遵循法律法规,确保信息的真实性、准确性和完整性。

(1)遵守法律法规。企业严格遵守财务相关的法律法规,包括会计准则、税法、证券法规等,确保所有财务活动合法合规。

(2)诚信经营。建立诚信的经营环境,通过透明的财务管理和报告,提高企业的市场信誉和投资者信心。

(3)信息披露。按照监管要求,及时、准确、完整地披露财务信息,包括财务报表、经营成果、重大事件等。

(4)合规管理体系。建立和维护有效的合规管理体系,以识别和管理与财务相关的风险,防止违规行为。

(5)提升透明度。通过透明的财务报告和沟通,增强与投资者、债权人和其他利益相关者的信任。

(6)审计与监督。定期进行内部和外部审计,确保财务报告的准确性和合规性,及时发现并纠正问题。

(7)技术应用。利用信息技术,如ERP系统,提高财务数据的准确性和报告的透明度。

（8）员工培训。对员工进行合规性和信息透明度的培训，确保他们理解相关法规和企业政策。

通过财务合规性与信息透明，成功企业不仅能够避免法律风险和财务损失，还能够在资本市场中树立良好的形象，吸引更多的投资，促进企业的可持续发展。在案例中，F集团在面临财税失控和资金压力的情况下，决定进行全面的财税合规转型。通过聘请专业会计师事务所进行全面清查和账目重建，解决了历史遗留问题，优化了内部控制体系，恢复了财务健康和信誉。F集团的案例展示了通过财税合规转型，企业能够重建信任，为挂牌上市和长期发展打下坚实基础。

11.1.11　持续学习和创新

成功的财务管理者具备持续学习和创新的精神。这种精神对于适应不断变化的商业环境、提高工作效率和财务绩效至关重要。

（1）关注行业趋势。财务管理者持续关注财务管理领域的最新趋势，如新兴技术、法规变化和行业最佳实践。

（2）终身学习。鼓励财务管理团队参与持续教育和专业发展活动，以保持专业知识和技能的现代性。

（3）创新文化。培养一种创新文化，鼓励员工提出新想法，实施创新解决方案，以提高财务管理的效率和效果。

（4）技术适应性。随着新技术的出现，如区块链、人工智能和大数据分析，财务管理者积极评估和采纳这些技术以优化流程。

（5）改进和优化。财务管理者不断寻求流程和系统改进的机会，以消除浪费、降低成本并提高服务质量。

（6）风险管理创新。在风险管理方面，通过采用新的模型和工具，如实时监控系统和预测分析，来提高对潜在风险的识别和管理能力。

（7）数据驱动的创新。利用数据分析和反馈，驱动创新决策，确保财务管理的创新措施基于实际数据和业务需求。

（8）持续改进机制。建立持续改进机制，如定期审查会议和反馈循环，以确保财务管理流程和策略的持续优化。

通过持续学习和创新，成功企业能够保持财务管理的先进性，适应商业环境的变化，并提高企业的竞争力。案例里HR集团在财务管理体系建设中，展现了持续学习和创新的精神。集团通过建立4I财务数智化体系，推动了业财信息整合，实现了数据驱动的决策。这体现了HR集团对最新技术趋势的关注和快速适应。D公司在成本控制方面，通过持续学习和创新，实施了价值链整合和成本控制优化方案。公司不断探索新的成本节约机会,实现了成本效益的最大化。HR 集团和 D 公司的例子展示了通过持续学习和创新,企业能够在财务管理领域实现显著的改进和优化。

11.1.12　具有全球视野

对于跨国经营的企业,财务管理需要考虑全球市场环境、法律法规和文化差异,实现全球化的战略布局。这要求企业具有全球视野,在财务管理上具备国际化的思维和策略,以适应全球化的商业环境。

(1)全球市场洞察。企业需要深入了解不同国家和地区的市场环境(包括经济状况、市场规模、增长潜力和消费者行为)。

(2)跨国法律法规遵从。企业必须遵守经营所在国的法律法规,包括税法、会计准则和财务报告要求。

(3)文化差异适应。企业应尊重并适应不同文化背景下的商业习惯和消费者偏好,以实现有效的市场渗透。

(4)国际财务报告标准。企业应采用国际财务报告准则(IFRS)等全球认可的会计标准,确保财务报告的透明度和一致性。

(5)外汇风险管理。企业需要有效管理与国际交易相关的外汇风险,通过套期保值等手段减少汇率波动的影响。

(6)全球资金管理。企业应优化全球资金配置,实现资金在不同国家和地区的高效流动和使用。

(7)国际税收规划。企业需要进行国际税收规划,以实现合法避税并减少跨国经营的税务成本。

(8)全球供应链管理。企业应建立高效的全球供应链,确保原材料和产品的稳定供应和分销。

(9)国际投资决策。企业在全球范围内进行投资决策时,需要考虑政治、经济和社会等多方面因素。

(10)社会责任和可持续发展。企业在全球经营中应积极履行社会责任,推动可持续发展战略。

(11)国际合作与交流。企业应积极参与国际合作与交流,与全球伙伴建立良好的合作关系,共同应对全球市场的变化和挑战。

(12)技术和创新的全球整合。企业需要整合全球的技术资源和创新能力,以保持在全球竞争中的领先地位。

通过具备全球视野,成功企业能够在全球化竞争中把握机遇、应对挑战,并实现持续稳定的发展。在案例中,HR 集团在国际化过程中,面对不同市场环境、法律法规和文化差异等挑战,通过优化资本结构、强化风险管理、推动业财融合等措施,实现了全球化的战略布局。HR集团的案例展示了企业如何通过全球视野和战略布局,在国际市场中取得成功。

11.2　企业应该如何借鉴

11.2.1　财务战略与企业整体战略保持一致

11.2.1.1　明确企业愿景和使命

明确企业愿景和使命是确保企业长期成功和持续发展的关键。企业需要根据行业的发展与自身的情况,确定长期愿景和使命,并确保所有战略规划都围绕这些核心理念展开。

(1)确定企业愿景。企业愿景是对企业未来状态的描述,它回答了"我们希望成为什么样的企业"这个问题。愿景反映了企业的核心价值观和文化,它具有激励性,能够激励员工为之共同努力。愿景是具体的,但同时也具有一定的抽象性,以允许灵活的解释和适应未来的变化。为此,企业一方面需要审视当前状态,分析企业的核心竞争力、市场地位、资源和能力。另一方面要展望未来,思考未来5~10年甚至更长时间内企业希望达到的目标。

(2)确定企业使命。企业使命是企业存在的理由,它回答了"我们的业务是什么""我们为谁服务"的问题。具体来说,包括:

①确定企业的业务范围,即企业的主要业务领域和目标市场。

②描述企业如何为客户创造价值。

③体现企业对社会的责任和贡献。

11.2.1.2　制定清晰的企业战略

制定清晰的企业战略是确保企业能够有效竞争和可持续增长的关键,包括市场定位、增长目标和竞争策略等。

(1)市场定位。市场定位是企业如何在目标顾客心中区别自己产品或服务的过程。为此,企业需要:

第一,分析市场。研究目标市场的需求、趋势、顾客行为和竞争对手。

第二,确定差异化优势。识别企业的核心竞争力,这些优势可以是产品特性、服务质量、品牌形象等。

第三,选择目标市场。根据企业的资源和能力,选择最有潜力的细分市场。

第四,传达定位。通过营销和沟通策略,确保顾客理解企业的市场定位。

(2)增长目标。增长目标是企业期望在未来一定时间内实现的规模扩张和业

务发展,包括:

①设定具体目标。根据企业的愿景和使命,设定具体的收入增长、市场份额、客户数量等目标。

②平衡增长。考虑有机增长和通过并购等手段的外部增长。

③考虑可持续性。确保增长目标符合可持续发展原则,不损害企业的长期利益。

④设定时间框架。为不同的增长目标设定明确的时间框架。

(3)竞争策略。竞争策略是企业如何在市场中与竞争对手互动和获取优势的计划。为此,企业需要:

①分析竞争对手。了解竞争对手的优势、劣势和策略。

②选择竞争方式。根据企业的市场定位和资源,选择适当的竞争策略,如成本领先、差异化或集中化。

③寻求创新。通过技术创新、产品创新或商业模式创新来获取竞争优势。

④保持灵活。制定灵活的竞争策略,以应对市场变化和竞争对手的行动。

⑤合作与联盟。考虑与竞争对手或其他行业伙伴建立合作关系,以共同开发市场或分享资源。

11.2.1.3 理解财务战略的作用

财务战略不仅仅是关于成本控制,它还涵盖了更广泛的财务决策和规划,包括资本结构、投资决策、风险管理以及资金筹集等方面。

(1)资本结构。资本结构涉及企业如何组合债务和股权来融资其运营和投资。它对企业的财务成本、财务风险和股东价值有重大影响。企业一方面需要平衡债务与股权的比例,以降低资金成本并优化企业的资本结构。另一方面可以利用债务来增加企业的财务杠杆,提高投资回报率,当然也要注意过度杠杆可能带来的风险。

(2)投资决策。投资决策关注企业如何分配资源以获取最大的财务回报。投资决策涉及资本预算、现金流分析、风险管理等三个方面。

(3)风险管理。风险管理涉及识别、评估和应对可能影响企业财务状况的不确定性(包括市场风险、信用风险、流动性风险、操作风险等)。

(4)资金筹集。资金筹集是关于企业如何从不同的来源获取资金(包括债务融资、股权融资、混合融资等)。

(5)成本控制。成本控制是财务战略中的一个重要组成部分。包括三方面:①成本效益分析,确保每项支出都能带来相应的价值。②预算管理,即制定和执行预算,监控实际支出与预算的偏差。③成本优化,即通过提高效率、减少浪费和优化流程来降低成本。

理解财务战略的这些方面有助于企业做出更明智的财务决策,提高财务灵活性,降低成本,优化资本使用,最终增强企业的竞争力和盈利能力。

11.2.1.4　建立战略导向的财务管理体系

建立战略导向的财务管理体系需要一系列的规划和执行步骤,确保财务活动支持企业的长期目标和战略计划。除了前面阐述的明确企业愿景和战略目标外,制定财务战略规划、设立财务政策和程序、实施关键措施、建立组织结构和责任等也非常重要。

(1)制定财务战略规划。根据企业战略目标,制定财务战略规划,包括资金筹集、投资、融资和风险管理策略,以确保财务战略与企业核心竞争力、市场定位、发展阶段相匹配。

(2)设立财务政策和程序。企业需要制定一系列财务政策和程序(包括预算编制、资本支出审批、成本控制、现金流管理等),以确保日常财务活动符合战略目标。

(3)实施以下关键措施:

①基于战略目标,开发详细的年度预算和滚动预测,确保预算与战略计划一致,并能够灵活应对市场变化。

②建立资本支出审批流程,确保投资决策与战略目标一致。

③制定融资策略,以支持企业增长和投资需求。

④管理财务杠杆,平衡债务和股权融资,优化资本成本。

⑤实施全面的风险管理计划,包括识别、评估和缓解财务风险,定期审查风险敞口,确保风险控制措施与战略目标相匹配。

⑥开发有效的财务报告系统,提供实时、准确的财务数据和分析,并利用财务比率分析、趋势分析等工具来监控财务绩效。

(4)建立组织结构和责任。企业需要确定财务管理的组织结构,明确各个角色的责任和权限,并确保财务团队具备必要的技能和经验,以支持战略目标的实现。

(5)监控和评估。企业需要定期监控财务战略的实施情况,评估其对企业战略目标的贡献,并根据监控结果调整财务战略和管理体系。

(6)持续改进。企业通过定期的战略回顾和财务审计,不断改进财务管理体系。同时,保持对外部市场动态的敏感性,及时调整财务战略以应对变化。

11.2.1.5　制定与战略一致的财务目标

财务部门需要根据企业战略,确定关键的财务指标,这些指标应该能够反映战略实施的效果。常见的财务指标包括:

(1)利润率:包括净利润率和毛利率。利润率反映企业的盈利能力,毛利率反映产品或服务的盈利潜力。

（2）资本回报率：包括投资回报率（ROI）和股东权益回报率（ROE）。前者是利润与投资的比率，衡量投资效益；后者是净利润与股东权益的比率，反映企业使用股东资本的效率。

（3）现金流：包括经营现金流和自由现金流。前者是企业日常运营产生的现金流量，反映企业的现金生成能力；后者是经营现金流减去资本支出，表示企业可用于分红、偿债或再投资的现金。

财务部门根据企业战略目标，为每个财务指标设定具体的、量化的目标值。目标值应该是具有挑战性但可实现的，并且与企业的长期和短期战略目标保持一致。

11.2.1.6 进行资源配置规划

有效的资源配置是确保企业战略目标得以实现的关键，为此企业需要：

（1）明确战略优先级。确定企业战略中的关键优先级，这些优先级将指导资源的分配。以下方法可以帮助确定优先级：

①使用优先级矩阵（如 MoSCoW 或 RICE）来评估不同战略活动的相对重要性。根据每个活动的"重要性"和"紧迫性"进行排序。

②结合 SWOT 分析来确定优先级。优先考虑能够利用优势、克服劣势、抓住机会和缓解威胁的活动。

③通过创建和实施战略地图，企业可以更清晰地规划其战略路径，确保所有关键活动都与整体战略目标保持一致，并有效分配资源，推动这些目标的实现。

④对每个潜在的战略活动进行成本效益分析，选择投资回报率最高或成本效益比最佳的活动作为优先项。

（2）资源需求分析。对资金、人力和物力等资源的需求进行详细分析，识别每个战略活动所需的具体资源类型和数量。

（3）资源评估。评估企业当前可用资源的状况，包括资金储备、员工技能和设备能力，确定资源缺口，并考虑如何填补这些缺口。

（4）资金配置。根据战略目标和财务预算，确定哪些项目或产品线最具增长潜力和回报率，有效分配资金资源，并优化运营成本，减少非必要的开支。

（5）人力资源配置。根据战略需求，调整和优化人力资源。包括：①招募具备关键技能的人才，以支持战略活动。②对现有员工进行培训，提升其技能和效率。③调整团队结构，确保有适当的人员来执行战略任务。

（6）物力资源配置。确保必要的物力资源得到有效分配。包括投资于新技术或设备，以提高生产效率和创新能力；改善或扩展基础设施，以支持业务增长。

（7）风险管理。在资源配置中考虑潜在风险，并为应对风险预留一定资源。包括设置应急资金，以应对不确定性和意外事件；通过资源多元化，减少对单一资源的依赖;保持资源配置的敏捷性和灵活性,以便快速响应市场变化。

(8)监控。建立监控系统,跟踪资源的使用情况和效果。包括:①设计使用关键绩效指标(KPIs)来衡量资源分配的效果。②定期审计资源使用情况,确保资源被有效利用。③基于监控和评估结果,持续优化资源配置策略。

通过上述举措,企业可以确保资源得到有效配置,从而支持企业战略目标的实现,并提高整体的竞争力和盈利能力。

11.2.1.7　加强战略规划与预算管理的整合

(1)明确战略目标与预算目标的关系,确保预算目标直接支持战略目标。在预算编制前,与各部门负责人讨论战略目标和预期成果,确定哪些资源(如人力、资金、技术)将最有助于实现这些目标;在预算编制过程中,要求各部门提供其预算请求与战略目标之间的明确关联。

(2)制定基于战略的预算框架,该框架将战略目标转化为具体的预算目标和指标。

(3)在预算分配时,根据战略优先级设定预算限制和指导原则,优先考虑那些对实现战略目标至关重要的项目。对于与战略目标不一致的预算项目,应进行严格的评估和可能的削减。

(4)定期进行预算审查,评估预算项目与战略目标的匹配程度,重点关注预算项目是否支持战略规划,确保预算资源被分配到最能够推动战略目标实现的领域,并由高层管理团队和董事会批准最终预算,确保预算与战略一致。

通过上述举措,企业可以确保其预算编制过程与战略规划紧密结合,从而更好地实现战略目标,提高财务效率和业务绩效。

11.2.1.8　建立绩效评估体系

建立与战略目标一致的绩效评估体系对于监控企业业务的进展,确保战略目标实现至关重要。为此,企业需要:

(1)设置一系列能够反映其在实现战略目标方面表现的关键绩效指标(KPIs),包括财务指标和非财务指标。财务指标有利润、收入增长、回报率和现金流等。非财务指标包括客户满意度、员工满意度、品牌认知度、市场占有率和运营效率等。

(2)制定绩效评估框架,将关键绩效指标(KPIs)与企业的战略目标相对应。

(3)为每个 KPI 设定明确的目标值和基准,以便于衡量和比较。基准可以是历史数据、行业平均水平或竞争对手的表现。

(4)定期评估 KPIs 的实现情况。企业根据战略目标和业务周期的性质选择合适的评估周期与频率,如季度、半年或年度。

(5)将绩效评估结果与激励计划相结合,以奖励那些对实现战略目标做出显著贡献的个人和团队。

通过建立这样一个绩效评估体系,企业可以确保其战略目标得到有效监控,员工的行为与这些目标保持一致,并且可以及时调整战略以应对不断变化的商业环境。

11.2.2　优化组织架构的同时兼顾部门需求

在进行组织架构优化时,平衡不同部门之间的利益和需求是一项复杂但至关重要的任务。以下是一些步骤和策略,可以帮助企业在优化过程中实现平衡。

11.2.2.1　明确共同目标

(1)沟通愿景。确保所有部门都清楚组织的总体愿景和目标,并理解它们对实现这些目标的重要性。

(2)建立共识。通过会议、研讨会和内部沟通活动,促进不同部门之间的对话,以建立对共同目标的共识,减少利益冲突。

11.2.2.2　重新定义各部门的角色和职责

(1)对现有组织架构进行全面的评估,了解各部门和岗位的角色、职责以及它们如何支持企业战略。

(2)识别角色重叠、职责缺失或不明确的情况。

(3)基于提高组织的灵活性和响应市场变化能力的需要,确立组织架构优化的目标,设计新的组织结构图,重新定义各部门的角色和职责,为每个部门和岗位设定明确的目标和期望,确保它们与企业战略相一致。

11.2.2.3　深入了解各部门的需求

(1)通过调研和沟通,了解各部门的具体需求、优势、挑战和目标。

(2)有效地识别和解决不同部门之间的利益冲突和重叠,促进组织内部的和谐与协作,提高企业整体的工作效率和绩效。

11.2.2.4　建立跨部门沟通机制

(1)建立跨部门工作小组或委员会,以处理特定的项目或问题,帮助促进不同部门之间的合作和沟通。

(2)制定明确的信息共享政策,确保关键信息能够及时、透明地在各部门之间共享;同时,确保政策涵盖了保密性、安全性和合规性的要求。

(3)定期举行跨部门会议,如每月或每季度的业务回顾会议,定期分享信息、讨论问题和协调工作。

(4)利用技术工具,如企业社交网络、项目管理软件或协作平台,建立跨部门沟通的虚拟空间,促进不同部门之间的沟通和信息共享,确保决策过程中考虑到各方的意见和需求。

(5)鼓励非正式的交流和社交活动,以促进部门间的友好关系和信任。非正式交流可以帮助打破壁垒,促进更开放和诚实的沟通。

11.2.2.5 制定公平的资源分配方案

(1)创建一个由不同部门代表组成的资源分配委员会,负责审查和批准资源分配请求。

(2)确定资源分配的准则和标准,这些标准应该与组织的战略目标和部门职责紧密相关。标准可以包括部门业绩、项目重要性、客户满意度、创新能力和成本效益等。

(3)收集各部门的业绩数据、预算使用情况和资源需求,以便向各部门负责人和员工征求意见,了解他们对资源分配的看法和建议。

(4)在资源分配时,优先考虑对组织战略目标贡献最大的项目或部门,确保关键业务领域和项目获得足够的资源支持。

(5)在资源分配决策过程中保持透明,向所有相关部门解释决策背后的理由。

(6)公开资源分配结果,让所有员工了解资源的分配情况。

(7)建立反馈和申诉机制,让部门可以在资源分配决策中提出异议或请求复议。这种机制有助于纠正可能的错误和偏差,确保资源分配的公正性。

11.2.2.6 建立激励表彰机制

(1)确定跨部门合作中希望表彰的具体行为和成果,设定清晰的表彰标准,如团队协作、创新思维、项目成功等。

(2)提供多样化的激励措施,包括物质奖励、精神表彰、职业发展机会等。

(3)设立专门针对跨部门合作的奖项,以鼓励不同团队之间的协作。如,"最佳跨部门协作奖""卓越团队精神奖"等。

(4)设立定期(如每月、每季度、每年)的表彰活动,使表彰成为组织文化的一部分。

(5)建立公平、公正的表彰评选机制,确保表彰过程透明、公平、公正,让所有员工都有机会获得认可。

(6)个人和团队表彰并重。个人表彰可以激发员工的积极性,团队表彰则促进协作精神。

(7)邀请高级管理层参与表彰活动,提高表彰的正式性和重要性。领导的参与和认可可以极大地提升员工的荣誉感和归属感。

(8)利用内部通讯、新闻简报、社交媒体等渠道宣传表彰活动和获奖者。一方面有助于提高获奖者的声誉,另一方面也可激励其他员工向他们学习。

(9)为获奖者提供长期职业发展的机会,如培训、晋升机会等。这有助于激励员工持续表现出色,并在组织内建立长期的职业生涯。

通过上述举措,企业可以更有效地在组织架构优化过程中平衡不同部门之间的利益和需求,促进整个组织的和谐与效率。

11.2.3 制定预算要充分考虑潜在的财务风险

11.2.3.1 常见的财务风险

在制定预算时,潜在的财务风险可能来自多个方面,对组织的财务稳定性和长期发展构成威胁。常见的财务风险有:

(1)市场波动:市场需求、价格波动、竞争行为等因素可能影响收入和成本。

(2)成本超支:实际发生的费用可能超过预算,导致财务压力。

(3)收入不达预期:销售或服务收入可能低于预期,影响现金流。

(4)汇率风险:跨国业务可能面临货币汇率波动的风险。

(5)信用风险:客户或合作伙伴可能无法按时支付款项。

(6)利率变动:贷款利率的上升可能增加财务成本。

(7)法规变化:税收、劳动法等法规的变化可能影响预算的准确性。

(8)操作风险:内部流程、系统故障或人为错误可能导致损失。

(9)战略风险:战略决策失误可能导致资源浪费和财务损失。

(10)其他不可预见事件:如自然灾害、健康危机(如疫情)等不可预见事件。

11.2.3.2 评估和控制潜在的财务风险的方法

(1)定期进行风险评估,可使用风险矩阵来评估风险的可能性和影响程度,识别可能影响预算的潜在风险。

(2)设计具有灵活性的预算,包括建立预算储备或应急基金等,允许在必要时调整预算分配,以应对未预见的支出。

(3)监控现金流状况,确保有足够的流动资金应对短期需求。

(4)在投资和收入来源上采用多样化策略,减少对单一市场或产品的依赖。

(5)考虑使用套期保值工具来对冲汇率和利率风险。

(6)对客户进行信用评估,控制信用期限和额度。

(7)购买信用保险,以降低客户违约的影响。

(8)建立和维护有效的内部控制体系,防止操作风险。

(9)定期进行内部审计,确保财务报告的准确性和合规性。

(10)进行市场趋势和竞争对手分析,预测市场变化,根据市场反馈调整预算和战略。

通过上述方法,企业可以更好地评估潜在的财务风险,并采取相应的控制措施来减轻这些风险的影响,从而保护企业的财务健康和长期成功。

11.2.4 发挥财务部门资金管理和风险控制在企业战略决策中的作用

加强资金管理和风险控制对于提高财务部门在企业战略决策中的作用至关重要。以下一些策略可供参考。

11.2.4.1 建立全面的资金管理策略

财务部门应制定包括流动性管理、现金流预测、长期资金规划等在内的全面资金管理计划。

（1）流动性管理。流动性管理的目标是确保企业有足够的流动性来应对日常运营需求，同时避免过度持有现金，造成资源浪费。方法是：①建立现金储备政策，确定合理的现金余额目标。②定期监控流动性比率（如流动比率和速动比率），确保企业能够及时偿还短期债务。

（2）现金流预测。包括短期预测和长期预测。短期预测通常为1~3个月，以管理日常现金流。长期预测通常为6个月、1年甚至更长时间，以支持长期资金规划和战略决策。预测时，需要考虑不同情景下的变量，如销售波动、成本变化、季节性因素等，进行敏感性分析。

（3）长期资金规划。长期资金规划的目标是确定最优的资本结构，平衡债务和股权，以降低资金成本和财务风险。具体包括三个方面：

①债务管理策略，包括债务重组、偿还计划和新债务的筹集。

②股权融资规模。在适当的情况下，企业可考虑通过发行新股或私募融资等方式筹集资金。

③投资评估，确保长期投资符合企业的战略目标并产生足够的回报。

除此之外，企业还应建立严格的信用政策和客户评估流程，减少坏账风险；优化供应链融资（如采用应付款融资、预付款折扣等），以改善现金流；实施风险管理策略，包括对冲、保险和风险转移，以减轻市场波动对资金的影响；定期监控与审查资金管理策略的有效性，确保它们与企业的战略目标保持一致。

通过建立全面的资金管理策略，财务部门能够更好地支持企业战略决策，提高企业的财务弹性，降低风险，并为企业的长期成功奠定坚实的财务基础。

11.2.4.2 优化现金流

重点是通过有效的应收账款管理和应付账款管理来优化企业的现金流。

（1）应收账款管理。管理的要点是：

①设定合理的信用条件，包括信用期限和信用额度。加强对新客户进行信用评估，以减少潜在的坏账风险。

②严格收款流程，实施自动化收款系统，如电子发票和自动扣款，以提高收款效率，定期审查应收账款的账龄分析报告，优先处理逾期账款。

③与客户建立良好的沟通,了解他们的支付习惯和可能影响支付的问题。可以通过提供早期支付折扣,以鼓励客户快速支付。

④加强催收,对于逾期未付的账款,制定和实施有效的催收策略。必要时,考虑使用第三方催收服务。

(2)应付账款管理。管理的要点是:

①制定适当的支付时间表,以优化现金流出。同时,充分利用供应商提供的付款期限,尽量延迟支付,同时保持良好的供应商关系。

②审查采购流程,确保只有在必要时才进行采购。同时,通过批量采购或长期合同谈判,获取更优惠的价格和支付条款。

③尽可能实施电子发票处理系统,对发票进行及时和准确的审核,确保支付的正确性,减少手动处理错误和延迟。

④预测未来的支付需求,提前安排资金。财务部门在预算和资金规划中需要考虑应付账款的支付计划。

(3)现金流监控。管理的要点是:

①定期进行现金流分析,监控日常现金流量,确保现金储备充足。

②设立现金流预警机制,以便在现金流出现潜在问题时及时采取措施。

③定期审查现金流预测模型,确保其反映当前的商业环境和操作条件。

通过优化应收账款和应付账款管理,企业能够更有效地控制现金流,减少资金占用,提高资金使用效率,从而增强企业的财务稳定性和市场竞争力。

11.2.4.3 实施严格的内部控制和风险管理

(1)建立和维护强有力的内部控制系统,以确保财务活动的合规性和透明度。

(2)定期进行风险评估,识别潜在的财务风险,并制定相应的风险管理策略。

11.2.4.4 提高财务报告的准确性和及时性

确保财务报告准确反映企业的财务状况,及时提供给决策者,提高决策的正确性。

(1)制定严格的财务流程,确保所有财务交易都遵循既定的政策和程序。

(2)使用财务软件和自动化工具,提高财务数据准确性,同时,加强对输入财务系统的数据进行验证,确保其准确无误。

(3)提升报告及时性。尽可能缩短财务报告周期,如从月度报告到每周甚至每日报告,采用实时财务报告系统,以便快速获取和更新财务数据。

(4)增强财务报告的可理解性。具体措施包括:①使用清晰、一致的格式和图表来展示财务信息,使其易于理解;②提供必要的注释和解释,帮助非财务背景的决策者理解报告内容;③对非财务人员进行财务报告培训,提高他们的财务知识和理解能力。

（5）加强沟通，定期与业务部门和管理层举行会议，讨论财务报告和其背后的业务影响。

（6）保持财务报告的透明度，确保所有利益相关者都能获得必要的信息。

（7）关注法规变化，及时更新财务报告流程，以适应新的要求。

通过实施这些策略，企业可以确保财务报告不仅准确反映财务状况，而且能够及时提供给决策者，从而提高决策的质量和效率。这不仅有助于企业内部管理，还能增强外部利益相关者对企业的信任和投资信心。

11.2.4.5 参与战略规划过程

财务部门在企业战略规划过程中发挥重要作用的表现，是为企业的长远发展提供财务洞察和建议。其中，财务部门参与企业的战略规划过程是前提。

（1）财务部门需要了解企业的短期和长期业务目标，以及这些目标如何与财务指标相联系，财务负责人应积极参与战略规划会议，提供财务数据和见解。

（2）构建财务分析模型，为企业战略规划提供成本、收益和投资回报的预测信息，评估潜在战略决策的财务风险，并提出风险缓解措施。

（3）基于财务分析，对如何最优地分配资本提出建议，以支持战略目标的实现。并通过成本效益分析，确保资源的有效利用。

（4）提供准确、及时的财务数据，支持管理层做出基于数据驱动的战略决策。

（5）在战略规划的关键环节提供财务建议，如市场扩张、产品开发和新技术的采用。

（6）建立关键绩效指标（KPIs），监控战略规划的执行情况。

（7）根据市场变化和财务结果，建议管理层及时调整战略规划和财务预测。

通过这些举措，财务部门可以确保其不仅仅是企业战略规划的被动参与者，而是成为提供关键财务洞察和推动企业成功实现战略目标的重要合作伙伴。这不仅有助于提升财务部门的地位，也有助于企业更有效地利用财务资源，实现可持续发展。

11.2.5 进行价值链优化时成本控制和产品质量并重

在进行价值链优化时，平衡成本控制和产品质量之间的关系是一项挑战，但也是实现企业长期成功的关键。以下是一些策略和方法可供参考。

11.2.5.1 应用价值工程

价值工程（Value Engineering，VE）是一种系统性的、功能性的方法，旨在提高产品的价值，同时降低成本。在成本管理中，应用价值工程的基本要点包括：

（1）功能分析。识别产品或服务的所有功能，分析每个功能是否必要，并确定这些功能对最终用户的价值，以及是否有更经济的方法来实现这些功能。

(2)价值定义。明确价值的概念,即用户需求与产品或服务的成本之间的关系。价值不仅仅是价格,还包括质量、可靠性、交付时间等因素。

(3)团队协作。在成本管理中,组建跨学科的团队,包括设计、工程、采购、生产、市场和财务等部门的代表。通过团队协作,利用不同的专业知识和经验来识别成本节约的机会。

(4)成本分解。将产品的成本分解为直接成本(如材料、劳动力)和间接成本(如管理费用、折旧)。分析每项成本对产品价值的贡献,以确定可以优化的领域。

(5)创新思维。鼓励团队成员提出创新的想法和解决方案,如考虑替代材料、设计改进、工艺创新等,以降低成本或增加产品价值,实现成本效益。

(6)数据分析。使用数据分析工具和技术来评估不同方案的成本和价值,确保提出的改进方案在经济上是合理的。

(7)供应商和客户参与。与供应商合作,寻找共同降低成本的机会;利用客户反馈来了解哪些功能对客户最重要,从而优化产品的价值。

(8)持续改进。价值工程是一个持续的过程,需要定期回顾和评估成本控制措施的有效性。通过建立持续改进的机制,鼓励团队成员不断寻找提高价值的方法。

11.2.5.2 全面质量管理

全面质量管理(Total Quality Management,TQM)是一种以客户为中心的管理哲学,它强调在整个组织中持续地进行质量改进。

11.2.5.2.1 全面质量管理的关键要素

全面质量管理的关键要素包括:

(1)客户焦点。目标是确保产品和服务满足或超越客户期望。方法是通过市场研究和客户反馈收集信息,以指导质量改进。

(2)全员参与。鼓励所有员工参与到质量改进的过程中,从管理层到生产线员工。通过团队工作,提高员工的参与度和责任感。

(3)持续改进。通过持续改进的方法,如PDCA(计划—执行—检查—行动)循环,不断评估和改进产品和服务。

(4)过程管理。识别和优化关键业务流程,以减少缺陷和浪费,并通过标准化流程和提高过程稳定性来提高产品质量。

(5)供应商关系管理。与供应商建立紧密的合作关系,确保供应链的质量,通过供应商质量评估和合作,提高原材料和组件的质量。

(6)数据驱动决策。收集和分析质量数据,以识别问题和机会,使用数据来指导决策,确保改进措施基于事实和证据。

11.2.5.2.2 全面质量管理降低成本的机制

全面质量管理降低成本的机制如下:

（1）减少缺陷和返工。通过改进设计和生产过程,减少产品缺陷,降低返工率和废品率,降低内部失败成本和外部失败成本。

（2）提高效率。通过优化流程和提高生产效率,减少时间和资源的浪费,提高产量和产能利用率,降低单位成本。

（3）预防优于检查。重视预防措施,避免质量问题发生,而不是依赖于事后的检查,从而减少检查和维修的成本。

（4）增强客户信任和忠诚度。高质量的产品和服务可以增强客户信任,提高客户忠诚度,避免因质量问题而导致的客户流失和市场信誉损失。

总之,通过全面质量管理,企业不仅能够提高产品质量,还能够通过降低成本、提高效率和增强客户满意度来实现长期的竞争优势。

11.2.5.3　目标成本法

目标成本法(Target Costing)的核心是在产品设计阶段就平衡成本控制和产品质量,以确保产品在市场上的竞争力和盈利性。目标成本法在平衡这两者关系时的基本要点如下:

（1）市场导向。确定目标成本时,首先考虑市场能够接受的产品价格和企业的利润目标。市场导向的策略有助于确保产品设计符合客户的期望和支付意愿,同时满足企业的财务目标。

（2）早期设计介入。成本控制应在产品设计初期就介入,而不是在产品开发后期。早期介入有助于在设计阶段就识别成本和质量的关键影响因素,从而采取有效措施。

（3）成本与质量权衡。在确定目标成本时,必须考虑到产品的关键质量属性,这些属性不应因成本削减而受损。应在不影响关键质量特征的前提下,寻找成本优化的机会,如简化设计、采用成本效益高的材料等。

11.2.5.4　供应链管理

供应链管理在平衡成本控制和产品质量方面扮演着关键角色。应与供应商建立紧密的合作关系,通过共享成本和风险信息,提高原材料和零部件的质量。

（1）供应商选择与合作。选择合适的供应商,他们应具备提供高质量原材料或组件的能力,同时能够提供有竞争力的价格。同时应与供应商建立长期合作关系,通过互利合作实现成本和质量的双赢。

（2）质量第一原则。在供应链管理中,应始终将产品质量放在首位,避免因追求短期成本节约而牺牲长期的产品质量和品牌声誉,确保供应商的质量管理体系与企业的标准相符。

（3）增强成本透明度。通过成本透明度,与供应商共享成本信息,进行成本结构分析,以识别成本节约的机会,共同寻找降低成本的同时保持或提升质量的途径。

（4）供应链整合。通过整合供应链，减少不必要的环节，缩短交货时间，降低库存成本，从而实现整体成本控制，提高供应链的响应速度，增强对市场变化的适应性。

11.2.5.5　流程优化

优化生产流程，消除浪费，提高效率，同时确保关键质量控制点得到有效维护，这是一个系统工程，需要综合考虑多个方面。

（1）确定流程优化的目标，包括成本节约目标和产品质量目标。同时，设定优先级，确保在优化过程中，产品质量不会因成本削减而受损。

（2）进行流程映射和分析。通过流程映射，详细记录当前流程的每个步骤，包括物料流、信息流和作业流。同时，分析每个步骤的增值性，识别浪费和不必要的成本点。

（3）应用价值流分析工具，识别流程中的非增值活动，如过度加工、等待、不必要的运输等。通过消除这些非增值活动，可以在不牺牲质量的情况下降低成本。

（4）推行流程标准化和规范化。标准化作业流程，可以减少变异性，确保每个产品或服务都符合质量标准；规范化作业流程，有助于提高效率，减少错误和返工，从而降低成本。

（5）进行成本效益分析。对每个优化措施进行成本效益分析，评估相关措施对产品质量的潜在影响，确保成本节约不会损害质量。

（6）实施 PDCA（计划—执行—检查—行动）改进循环，持续监控流程性能，识别改进机会。通过持续改进，逐步提高效率，同时确保产品质量的稳定和提升。

通过上述举措，企业可以在降低成本的同时保持或提高产品质量，实现成本效益和客户满意度的双重目标。

11.2.6　制定数智化战略应基于企业现有业务流程和企业文化

在制定数智化战略时，确保与现有业务流程和企业文化相融合是至关重要的。以下是一些关键步骤和建议。

11.2.6.1　评估现有业务流程

（1）创建详细的业务流程映射，包括所有关键环节和交接点，分析每个流程的效率、成本、价值和用户体验。

（2）识别流程中的瓶颈、浪费和不必要的复杂性，确定可以通过数智化（如自动化、数据分析、人工智能等）改进的领域。

（3）根据业务影响、实施难度和资源可用性，确定数智化改造的优先级。选择那些能够带来最大业务价值、提升效率或降低成本的流程作为首要目标。

11.2.6.2 理解企业文化

(1)深入了解企业文化,包括价值观、行为准则和工作方式,评估企业文化对数智化变革的接受程度和适应性。

(2)获得高层领导对数智化战略的认同和支持,他们的支持对于推动变革至关重要。

(3)推动企业文化变革,鼓励创新和灵活性,确保数智化战略与企业文化相契合。

11.2.6.3 技术与业务目标对齐

(1)选择能够与现有系统和技术基础设施兼容的解决方案,确保所选技术与现有业务流程无缝整合。

(2)确保数智化技术解决方案与业务目标和战略目标一致。

11.2.6.4 试点与迭代

(1)设计一个渐进式的变革计划,分阶段实施数智化,避免对现有业务流程造成过大冲击。

(2)为员工提供必要的培训,帮助他们掌握新的技能和工具,以适应数智化的要求。

(3)在特定区域或流程进行试点项目,验证数智化解决方案的有效性。

(4)根据试点结果进行迭代,逐步优化和扩大数智化应用范围。

11.2.6.5 监控与评估

(1)建立监控机制,跟踪数智化流程的性能和业务影响。

(2)持续监测技术发展趋势,根据业务需求和技术发展灵活调整数智化战略。

(3)建立反馈机制,定期评估数智化战略的实施效果,收集员工对数智化过程的反馈,并根据评估与反馈进行优化调整。

通过上述举措,企业可以确保数智化战略与现有业务流程和企业文化相融合,从而实现平稳转型和最大化数智化带来的效益。

11.2.7 评估和提升财务团队的专业能力和综合素质

11.2.7.1 评估

评估财务团队的专业能力和综合素质可以从专业技能、工作经验、综合素质、业绩表现等几个方面进行。

(1)专业技能评估。包括:

①知识测试。通过书面考试或在线测试,评估团队成员在会计原则、财务管理、税务规划、内部控制等方面的专业知识。

②案例分析。提供真实的财务案例,让团队成员分析并提出解决方案,以此来评估他们的分析能力和应用知识的能力。

③实操考核。在实际工作中观察团队成员处理财务报表、预算编制、成本控制等任务的能力。

(2)工作经验。包括:

①工作年限。一般来说,工作经验丰富的财务人员更能应对复杂的财务问题。

②行业经验。评估团队成员在不同行业或类型企业中的工作经验,了解他们对特定行业财务问题的处理能力。

(3)综合素质评估。包括:

①沟通能力。财务人员需要与内外部多方沟通,评估他们的语言表达、倾听和协调能力。

②团队合作。通过团队项目或角色扮演,观察团队成员的协作精神和团队贡献。

③解决问题能力。通过模拟实际工作中遇到的问题,评估财务人员解决问题的能力和创新思维。

(4)证书和资质。包括:

①专业证书。如中高级会计师职称、CPA(注册会计师)、CFA(特许金融分析师)等,这些证书是专业能力的一种体现。

②继续教育。评估团队成员是否持续进行专业学习和提升,以保持专业知识的更新。

(5)业绩表现。包括:

①工作质量。通过财务报告的准确性、及时性、完整性等方面来评估工作质量。

②业绩指标。设定关键业绩指标(KPIs),如成本节约、预算控制、资金管理等,来评估团队成员的业绩表现。

③适应性。评估团队成员在面对变化和新挑战时的适应能力。

④领导能力。对于担任管理职位的财务人员,评估其领导团队、激励员工和推动变革的能力。

⑤同事评价。通过同事的反馈了解财务团队成员在日常工作中的人际关系和专业表现。

11.2.7.2 提升

提升财务团队的专业能力和综合素质是一个持续的过程,需要结合培训、实践、反馈和激励机制。以下是一些策略和建议:

(1)定制化培训。包括:

①基础技能培训。提供会计基础、财务分析、税务法规等基础技能的培训。

②高级技能培训。针对高级财务人员,提供如财务建模、风险管理、战略规划等高级技能的培训。

③专项技能培训。根据团队需求,提供特定领域的培训,如国际财务报告准则(IFRS)等。

(2)实践和经验分享。包括:

①案例研究。通过分析真实案例,让团队成员在实践中学习和提升。

②轮岗制度。鼓励团队成员在不同财务岗位上轮岗,增加经验和视野。

③经验分享会。定期举办经验分享会,让团队成员分享成功经验和解决特定问题的方法。

(3)持续教育和专业认证。包括:

①支持考取专业证书。鼓励团队成员考取 CPA、CFA、ACCA 等专业证书。

②提供继续教育的机会。为团队成员提供参加行业研讨会、网络课程等继续教育的机会。

③建立学习型组织。鼓励团队成员分享知识和经验。

(4)技术和工具的运用。包括:

①引入先进的财务软件。使用先进的财务软件和工具,提高工作效率和准确性。

②数据分析技能。培训团队成员使用数据分析工具,如 Excel 高级功能、SQL、Python 等,以提升数据分析和决策能力。

(5)团队合作和领导力发展。包括:

①团队建设活动。通过团队建设活动增强团队协作精神。

②建立导师制度。让经验丰富的高级财务人员指导新成员或那些希望提升能力的员工。

③领导力培训。为有潜力的财务人员提供领导力培训,培养未来的财务领导者。

(6)激励机制。包括:

①绩效奖励。建立与专业能力和业绩挂钩的激励制度,如年终奖金、股权激励等。

②职业发展路径。为团队成员提供清晰的职业发展路径,鼓励他们为长远发展而努力。

通过上述措施,可以全面提升财务团队的专业能力和综合素质,从而为企业创造更大的价值。

11.2.8　通过财务分析为企业高管提供财务建议

为企业高管提供深入的财务见解和建议是财务部门与人员的核心职责之一。

以下是一些步骤和方法,可以通过财务分析为企业高管提供有价值的信息。

11.2.8.1 准确领会高管需求

(1)了解他们的职业背景、管理风格和以往的关注点。

(2)了解他们最关心的财务问题(如利润、现金流、成本控制等)或业务担忧(如业务挑战和潜在风险)。

11.2.8.2 收集和整理财务数据

(1)根据需求设定财务分析的范围,包括时间跨度和具体财务指标。

(2)收集相关的财务数据,包括历史和当前的财务报表、预算报告等。

(3)进行数据清洗,去除异常值和重复数据,确保数据的准确性、完整性和一致性。

11.2.8.3 财务指标分析

利用财务指标评估企业的财务健康状况。重点包括:

(1)盈利能力分析。分析毛利率、净利润率、资产回报率等指标。

(2)运营效率分析。评估存货周转率、应收账款周转率、固定资产周转率等。

(3)财务稳定性分析。检查企业的负债比率、流动比率、速动比率等指标。

(4)市场表现分析。对比行业平均水平,分析企业市场份额和增长潜力。

(5)成本结构分析。分解成本,找出成本驱动因素,提出成本控制和效率提升的建议。

(6)现金流分析。评估现金流入和流出,预测未来的现金流状况,确保企业有足够的流动性。

(7)预算与实际结果对比分析。将实际财务结果与预算进行对比,评估预算的准确性和业务的执行效率。

11.2.8.4 趋势分析

分析财务数据的趋势,识别业务增长、下滑或其他重要变化。包括:

(1)历史趋势分析。分析公司过去几年的财务数据,识别趋势和周期性变化。

(2)行业趋势分析。研究行业趋势,了解宏观经济和行业变化对公司的影响。

11.2.8.5 风险分析

(1)识别和评估财务数据中的潜在风险,如市场风险、信用风险等。

(2)对识别的风险进行量化,评估其可能对公司财务的影响。

(3)进行情景分析和压力测试,评估不同情景下企业的财务表现,预测潜在的市场变化对企业的影响。

11.2.8.6 竞争对手分析

(1)识别直接和间接竞争对手。直接竞争对手提供类似的产品或服务,而间接竞争对手则满足相同的市场需求但方式不同。

（2）通过财务分析比较竞争对手的财务绩效，包括竞争对手的盈利能力、运营效率、财务稳定性、成长性、财务风险等。

（3）从财务的角度提炼竞争对手的成功经验，考虑将其应用到企业的财务管理中。

（4）从财务的角度识别竞争对手的弱点，并提出如何利用这些弱点来提升本企业市场地位的建议。

11.2.8.7　提供战略建议

（1）基于上述财务分析的结果，提供战略建议，如资源配置、成本控制、投资决策等。

（2）定期向管理层报告财务分析的发现，并与相关部门沟通，确保信息共享。

通过上述举措，财务分析不仅能够提供对企业当前财务状况的深入了解，还能够为企业的长期战略规划和决策提供有价值的见解和建议。

11.2.9　业务和财务部门应保持良好的沟通和协作

业财融合是指将业务运营与财务管理紧密结合，以促进企业资源的有效配置和风险控制。为确保业务部门和财务部门在此过程中保持良好的沟通和协作，可以采取以下措施：

11.2.9.1　建立共同目标

（1）企业应该有一个清晰、具体的愿景和使命，这是所有部门共同奋斗的方向。通过内部沟通活动，确保每个员工都能理解并认同企业的愿景和使命。

（2）定期与业务部门和财务部门共享企业的战略规划，让他们了解企业的长期目标和实现这些目标的关键步骤，讨论战略规划中的财务预算和业务计划，确保两个部门都能对如何实现这些目标有共同的理解。

（3）让业务部门和财务部门一起，共同制定具体的（Specific）、可衡量的（Measurable）、可达成的（Achievable）、相关的（Relevant）和时限性的（Time-bound）SMART 目标，并确保这些目标既符合企业的长期战略，也考虑到短期的运营需求。

11.2.9.2　跨部门沟通机制

（1）设立专门的工作小组或项目组，负责处理业财融合的相关事务。

（2）定期召开跨部门会议，讨论业务发展、财务状况和合作事宜。

（3）使用双方都能理解的术语和概念，减少专业术语带来的障碍。

11.2.9.3　角色互换和培训

（1）安排业务部门和财务部门的人员进行角色互换或交叉培训，增进对彼此工作的了解和尊重。

（2）举办内部分享会，让两个部门的员工介绍自己的工作流程和挑战。

11.2.9.4　共享信息和数据

（1）使用共享的数据库或财务系统，确保业务部门能够访问到关键的财务数据，反之亦然。

（2）定期共享关键的业务报告和财务报告，以便双方都能及时了解对方的动态。

11.2.9.5　制定协作流程

（1）制定明确的协作流程和责任分配，确保双方在预算编制、成本控制、项目评估等关键环节的协作顺畅。

（2）对协作流程进行定期评估和优化，以适应业务发展和市场变化。

11.2.9.6　激励机制

（1）设立跨部门合作的激励机制，如奖金、表彰等，鼓励员工在业财融合中发挥积极作用。

（2）对在业财融合中表现突出的个人或团队给予奖励和认可。

11.2.9.7　解决冲突

（1）当出现分歧或冲突时，及时介入并采取措施解决，避免问题扩大。

（2）建立中立的调解机制，帮助双方在冲突中找到共同点和解决方案。

通过这些措施，企业可以促进业务部门和财务部门之间的有效沟通和协作，实现业财融合，提高企业的整体运营效率和决策质量。

11.2.10　在遵纪守法的前提下探索业务的灵活性和创新性

企业在遵守法律法规的同时保持业务的灵活性和创新性，需要在合规管理和业务发展之间找到平衡点。

11.2.10.1　深入理解法律法规

企业需要了解法律法规，包括但不限于公司注册、税务、劳动法、环境保护、知识产权保护、反垄断、反贿赂和反洗钱等方面。深入理解法律法规是企业合规经营的基础，也是企业社会责任的重要体现。只有深入了解相关法律法规的具体要求和精神，才能确保企业活动在法律框架内进行。

企业应组织定期的研究和培训活动，确保员工特别是管理层和合规人员了解相关法律法规的具体条款及其背后的立法意图和目的，从而在经营活动中更好地体现法律精神。可以邀请法律专家举办讲座，或者派遣员工参加外部的法律培训。

11.2.10.2　建立内部合规制度

(1)建立内部合规制度,包括制定合规手册、操作流程和内部控制机制。

(2)确保员工了解并遵守这些内部规定。

(3)定期审查和修订合规策略,以适应法律法规的变化。

11.2.10.3　合规检查

(1)设立合规部门或指定合规官,负责监督和执行全面合规检查。

(2)对企业活动进行风险评估,识别可能违反法律法规的环节,评估企业的业务活动是否遵守了相关法律法规。

(3)建立合规审查流程,确保所有新业务和产品在推出前都经过了合规性评估。

11.2.10.4　合规与创新的平衡

平衡合规要求与创新需求是一个挑战,但也是确保企业长期成功的关键。合规确保了企业的合法性和稳定性,而创新则是企业持续竞争力和增长的动力。在制定企业战略时,企业需要平衡合规要求与创新需求,确保两者相辅相成。

(1)强调合规意识,确保创新团队理解合规的重要性,在创新项目的早期阶段就考虑合规性,避免后期因合规问题导致项目失败。

(2)利用合规要求作为创新的起点,例如,通过解决合规挑战来开发新的产品或服务。

(3)对创新项目进行专项管理,全面评估合规风险,包括潜在的法律风险、市场风险和操作风险,并制定相应的风险缓解策略和应对计划。

(4)定期监督合规和创新活动的效果,评估平衡策略的有效性,根据市场变化、合规要求更新和业务反馈,调整平衡策略。

11.2.10.5　法律顾问咨询

(1)聘请专业法律顾问,为企业提供法律咨询和风险评估。

(2)在涉及重大决策或复杂法律问题的情况下,应寻求专业法律意见。

通过上述措施,企业可以更好地理解和遵守法律法规,降低法律风险,维护企业声誉,促进企业的可持续发展。

通过这些策略,企业可以在确保合规的同时,保持业务的灵活性和创新性,从而在市场中保持竞争优势并实现可持续发展。

11.2.11　在推动财务管理创新时要关注风险

在推动财务管理创新时,平衡创新与风险是确保财务稳健性和可持续性的关键。以下是一些策略,可以帮助企业在追求财务管理创新的同时,有效管理和控制风险。

11.2.11.1 风险意识文化

（1）建立一种风险意识文化，鼓励员工在追求创新的同时，识别和评估潜在风险。

（2）定期进行风险教育和培训，确保团队了解风险管理的最佳实践。

11.2.11.2 全面风险评估

（1）在引入新的财务管理实践或技术之前，进行全面的风险评估。

（2）评估可能的风险类别，如操作风险、财务风险、市场风险、法律和合规风险、技术风险、声誉风险等。评估这些风险可能对组织造成的潜在影响，包括短期和长期影响。

11.2.11.3 制订风险管理计划

（1）根据风险评估的结果，对风险进行优先级排序，重点关注那些可能造成重大影响或发生可能性较高的风险。

（2）制订相应的风险管理计划，包括风险规避、减轻、转移或接受策略。

（3）确保风险管理计划与创新的步伐保持一致，能够适应快速变化的环境。

11.2.11.4 分阶段实施

（1）财务管理创新应该分阶段实施，可以选择一个合适的小范围区域或部门来实施，或选择那些对创新持开放态度且对整体业务影响较小的区域来实施。

（2）在实施过程中，密切监控项目的进展，并收集来自参与者和利益相关者的反馈，了解他们对创新的看法和建议。

（3）根据试点评估的结果，对财务管理实践或技术进行调整和优化。修正计划中的不足，解决在试点过程中发现的问题。

（4）在成功完成试点并做出相应调整后，逐步扩大创新的范围。这样，企业可以逐步学习并调整策略，减少大规模实施时可能遇到的风险。

通过上述策略，企业可以在追求财务管理创新的同时，有效平衡风险，确保财务健康和长期成功。

11.2.12 通过本地化的财务团队支持全球扩张财务战略

建立和维护一个本地化的财务团队对于支持企业的全球扩张至关重要。企业需要做到：

（1）了解目标市场。深入研究目标市场的经济环境、财务法规、税务政策和文化特点。

（2）招聘本地人才。优先招聘具有目标市场经验和知识的财务人才，他们更熟悉当地的商业环境和法规。

（3）全球培训计划。为本地财务团队提供全球培训，确保他们理解企业的全球战略、财务政策和合规要求。

（4）文化适应性。培养财务团队的文化适应性，使他们能够有效地与不同文化背景的同事和客户沟通。

（5）本地化领导。任命具有本地市场知识和全球视野的领导者，以指导财务团队。

（6）沟通渠道。建立有效的沟通渠道，确保本地团队与总部之间的信息流通和决策协调。

（7）统一平台。使用统一的财务软件和技术平台，以实现全球财务数据的一致性和可访问性。

（8）绩效管理。设定明确的绩效指标，评估本地财务团队的工作效果，并与全球目标相对应。

（9）风险管理。与本地团队合作，识别和管理与当地市场相关的财务风险。

（10）参与决策。让本地财务团队参与到全球战略决策中，利用他们的市场知识为决策提供支持。

通过这些措施，企业可以建立一个既了解本地市场又与全球战略保持一致的财务团队，从而有效地支持企业的全球扩张。

11.3　本章总结与探索思考

11.3.1　本章总结

本章深入探讨了企业财务管理成功的关键因素，通过分析 8 家不同企业的财务管理实践，从战略、规划、方法三个维度提炼出 12 个关键成功因素。这些因素包括财务目标与战略目标的一致性、顶层设计与组织架构优化、健全的财务规划和预算体系、有效的资金管理和风险控制、价值链优化与成本控制、财务管理数智化、财务人才建设、财务分析和决策支持、业财融合、财务合规与信息透明、持续学习和创新以及具有全球视野的财务管理。

这 8 家企业案例展示了财务管理在企业战略实施、资源配置、风险管理、价值创造和决策支持中的核心作用。通过战略导向的财务管理，企业能够提高决策效率、优化资源配置、增强市场适应性和竞争力。数智化转型和业财融合的实践，提高了财务管理的透明度、效率和响应速度。同时，财务人才建设和持续学习创新的文化，为企业财务管理的持续改进和适应市场变化提供了支持。此外，全球视野的财务管理有助于企业在全球市场中把握机遇、应对挑战。

11.3.2　探索思考

（1）在财务管理中，为什么顶层设计和组织架构优化如此重要？

（2）分析思考财务规划和预算体系对企业的重要影响。

（3）分析思考价值链优化与成本控制是如何帮助企业提升核心竞争力的。

（4）财务管理数智化对企业有何长远影响？

（5）分析思考财务分析和决策支持在企业财务管理中扮演的重要角色。

12 企业财务管理面临的挑战与建议

12.1 当前企业财务管理面临的挑战

企业财务管理面临着多方面的挑战,这些挑战来源于经济环境、技术变革、市场竞争以及法规政策等多个方面。

12.1.1 经济波动和不确定性

经济周期性波动、市场不确定性以及全球性的经济事件(如金融危机、疫情暴发等)对企业财务状况产生了巨大影响,使得预测和规划变得困难。

随着业务增长,制订准确且及时的财务计划变得复杂,需要处理大量数据,而缺乏适当工具和流程会降低效率。

12.1.2 技术革新与数字化转型

随着技术的快速发展,企业需要投资于新的财务软件和系统,以实现自动化、提高效率和数据分析能力。数字化转型对于许多企业来说是一个重大的挑战,因为它要求改变现有的工作流程和提升员工技能。

12.1.3 网络安全威胁

网络安全威胁和违规行为的增加使财务数据面临风险,需要强有力的网络安全措施和跨部门合作。

12.1.4 成本控制和优化

在竞争激烈的市场中,企业需要在不牺牲质量和服务的前提下,找到降低成本和优化开支的方法,这对于财务管理的精细度和创新能力提出了高要求。

效率低下或无效的流程,如手动数据输入和缺乏标准化,会降低财务报告制作和分析速度。

12.1.5 风险管理与决策支持

企业需要更加强大的风险管理体系来识别、评估和应对各种风险。同时,财务部门需要提供及时、准确的数据和分析,支持企业决策。

12.1.6 人才和技能短缺

随着财务管理变得更加复杂和专业化,企业对于拥有高级分析技能、理解金融科技和适应快速变化的财务专业人士的需求日益增加。

12.1.7 大数据分析和利用

大数据和高级分析工具的运用要求企业有能力收集、处理和分析大量数据,以便从中提取有价值的洞察,这对于许多企业来说是一个重大的挑战。

12.1.8 投资者关系和资本市场压力

企业需要与投资者保持良好的沟通,满足他们对透明度和绩效的期望,同时应对资本市场的不确定性。

12.1.9 管理债务

在不危及财务稳定的情况下,判断企业能够承担的债务额度,需要优化债务状况并了解偿付能力。

12.1.10 实时业务洞察

缺乏及时的业务洞察会限制企业的决策和策略性计划。

为了应对这些挑战,企业需要采取一系列措施,如加强网络安全、优化现金流管理、采用自动化和人工智能技术提高效率、加强跨部门协作、提高财务透明度和合规性等。通过这些措施,企业可以更好地适应不断变化的全球市场环境,实现可持续的财务健康和增长。

12.2 未来发展趋势

数智化财会监督的未来发展趋势体现在多个层面,随着技术的进步和企业需求的变化,这些趋势将塑造财会监督的新面貌。

12.2.1 财会监督将会实现自动化、常规化、高效率

(1)随着人工智能、机器学习、大数据分析和自动化工具的进步,财会监督将

自动化执行复杂的数据分析和监督任务,并提供即时的监督和反馈,从而提高响应速度和决策质量。

(2)通过流程再造和优化,财会监督的常规化将减少冗余步骤,确保监督活动更加高效和标准化。

(3)自动化的财会监督系统能够更有效地识别和评估风险,实现风险管理的自动化和智能化。

(4)自动化的审计和报告流程将减少准备时间,提高报告的准确性和可靠性。

(5)通过自动化常规任务,财会人员可以将更多时间和精力投入战略性分析和决策支持中,提高财务管理的效率。

12.2.2　区块链技术推广应用的显著效果

(1)透明度提升。区块链提供了一个去中心化的账本,所有交易对网络参与者都是可见的,极大地提高了信息的透明度。

(2)可追溯性增强。区块链中的每一笔交易都会被永久地记录并添加到链上,确保了交易历史的不可篡改性和可追溯性。

(3)安全性加强。区块链采用加密技术保护数据,确保每笔交易的安全性,并且区块链可以用来安全地存储和验证用户身份信息,确保只有授权用户才能进行交易和访问数据。

(4)减少欺诈风险。由于区块链的不可篡改性,欺诈行为很难在系统中隐藏,从而降低欺诈发生的可能性。

尽管区块链技术具有巨大的潜力,但目前在实际推广应用中,还需要解决技术标准、法律框架、用户教育、系统互操作性等挑战。随着这些问题的逐步解决,区块链技术在财会监督中的应用将越来越广泛,为提高财务数据的透明度、可追溯性和安全性,减少欺诈风险做出重要贡献。

12.2.3　环境、社会与治理(ESG)因素将会纳入财会监督

(1)随着全球对 ESG 议题的关注增加,监管机构越来越多地要求企业在其财务报告中披露 ESG 相关信息,以提高透明度和问责性。

(2)投资者,尤其是机构投资者,越来越倾向于投资那些展现出良好 ESG 表现的企业。他们认为这些企业具有更强的长期价值和风险管理能力。

(3)社会大众对企业的社会责任和道德行为有更高的期望。消费者、员工和社区都希望企业在环境保护和社会责任方面做出积极贡献。

(4)ESG 因素与企业面临的各种风险密切相关,如环境风险、社会不公和治理不善。财会监督需要考虑这些因素,以确保企业的长期稳定和可持续发展。

(5)企业的 ESG 表现直接影响其声誉和品牌价值。良好的 ESG 实践可以帮助企业建立积极的品牌形象,吸引客户和优秀人才。

数智化财会监督的未来将是一个不断演进的过程,企业需要紧跟技术发展的步伐,不断创新和改进,以实现更高效、更透明、更智能的财务管理。

12.2.4 将会逐步形成全球化的财会监督框架

随着经济全球化,需要统一的国际财务报告标准(IFRS)和监督指南来确保跨国企业的财务透明度和一致性。这样做的意义是:

(1)推动监督技术平台的标准化,以实现跨国数据的无缝集成和分析。

(2)协调不同国家的合规性要求,减少企业在不同法域运营时面临的合规性挑战。

(3)财会监督范围扩展至全球供应链,确保整个供应链的合规性和道德标准。

(4)在全球化框架中强化数据安全和隐私保护措施,应对跨国数据流动的挑战。

(5)利用全球化的技术解决方案,如云服务和区块链,来支持跨国界的财务监督。

(6)建立全球化的危机管理机制,以应对可能影响多个国家和地区的财务危机。

总之,逐步形成全球化的财会监督框架将有助于企业更有效地管理跨国运营中的复杂情况,同时提高全球市场的稳定性和预测性。这要求监管机构、企业和利益相关者共同努力,建立和维护一个协调一致的全球监督体系。

12.3 给企业财务管理工作的建议

未来的财务管理充满了挑战和机遇。企业财务管理团队需要不断提升自身的技能和知识,紧跟技术发展趋势,并紧密配合组织的战略目标,为组织的发展和成功做出积极贡献。以下是提升财务管理工作的质量和效果的一些建议。

12.3.1 数字化转型势在必行

数字化工具可以提高财务流程的效率,减少错误和重复工作,并提供更准确的数据分析和决策支持。为此,建议企业:

(1)投资先进的财务管理系统。企业可选择能够集成会计、预算、财务报告、分析等功能的财务管理软件,以实现数据的无缝流动和实时处理。

(2)自动化会计流程。通过自动化工具,如机器人流程自动化(RPA),减少手动数据录入和处理的工作,提高数据处理的速度和准确性。

(3)建立实时报告系统。建立实时报告系统,以便管理层能够及时获取关键财务指标和业务性能数据,加快决策过程。

(4)充分利用云计算等先进数字化技术。建立以云计算为基础的财务管理系统,以提高数据的可访问性、灵活性和可扩展性,同时降低IT维护成本。

(5)利用大数据分析和商业智能工具,从大量数据中提取有价值的洞察,支持数据驱动的决策。

通过这些措施,企业的财务管理团队可以有效地应对未来的挑战,抓住数字化带来的机遇,为组织的长期成功做出更大的贡献。

12.3.2　加强风险管理与合规管理

风险管理与合规管理都非常重要,这是确保企业财务健康和可持续发展的关键。为此,建议企业:

12.3.2.1　建立全面的风险管理框架

(1)制定一个全面的风险管理框架,涵盖市场风险、信用风险、操作风险、法律风险等。

(2)确保风险管理策略与企业的整体战略和财务目标相一致。

12.3.2.2　风险识别与评估

(1)定期进行风险识别和评估,包括内部风险和外部风险。

(2)利用先进的技术(如数据分析、人工智能和机器学习),来识别和监控风险。

(3)使用定量和定性的方法来评估风险的可能性和影响。

12.3.2.3　制定风险缓解措施

(1)针对识别的风险制定缓解措施,如风险避免、风险转移(通过保险或衍生工具)、风险减轻和风险接受。

(2)建立应急计划,以应对潜在的风险事件。

12.3.2.4　加强合规性监控

(1)密切关注相关的法律法规变化,如税法、会计准则、反洗钱法规等。

(2)定期进行合规性审查,确保财务管理活动符合最新的法律和行业要求。

12.3.2.5　健全内部控制

(1)加强内部控制体系,包括审批流程、授权体系、信息安全和物理安全。

(2)定期进行内部审计,以检查内部控制的有效性。

(3)使用自动化工具来提高合规性监控和报告的效率。

通过这些措施,企业可以有效地管理和缓解风险,确保财务活动的合规性,从而保护企业的资产和声誉,支持企业的稳定增长和市场信任。

12.3.3 将ESG纳入财务战略与决策

将环境、社会和治理(ESG)因素纳入财务战略与决策是现代企业实现可持续发展的关键步骤。为此,建议企业:

12.3.3.1 制定ESG政策和目标

(1)明确企业在环境保护、社会责任和良好治理方面的政策和目标。

(2)设定具体、可衡量的ESG目标,如减少碳排放、提高能源效率、促进员工多样性和包容性等。

12.3.3.2 评估ESG风险和机会

(1)识别和评估企业在运营中可能面临的ESG相关风险,如环境法规变化、供应链社会责任问题等。

(2)探索ESG带来的机遇,如绿色金融、社会责任营销等。

12.3.3.3 整合ESG到财务战略

(1)在制定财务战略时,考虑ESG因素如何影响企业的长期价值和风险状况。

(2)将ESG目标与财务目标相结合,确保两者相互支持和加强。

12.3.3.4 在投资决策中考虑ESG

(1)在投资决策中,评估潜在投资的ESG表现和风险。

(2)优先考虑那些与企业ESG目标一致的投资项目。

12.3.3.5 加强ESG披露和报告

(1)定期发布ESG报告,披露企业在环境、社会和治理方面的表现和进展。

(2)遵循国际公认的ESG报告标准,如全球报告倡议(GRI)或可持续发展会计准则委员会(SASB)。

12.3.3.6 提升ESG绩效管理

(1)将ESG指标纳入绩效管理体系,与财务绩效指标一起进行评估。

(2)通过激励机制,鼓励管理层和员工实现ESG目标。

12.3.3.7 加强供应链ESG管理

(1)要求供应商和合作伙伴遵守相同的ESG标准。

(2)通过审计和评估,确保供应链的ESG合规性。

12.3.3.8 培养ESG文化

(1)在企业内部推广ESG的重要性,培养一种以ESG为导向的企业文化。

(2)通过培训和教育,提高员工对 ESG 的认识和参与度。

通过这些措施,企业不仅能够提升其社会责任感和可持续发展能力,还能够在资本市场和消费者市场中建立良好的声誉,吸引更多的投资和业务机会。

12.3.4　构建学习型财务管理团队

财务管理靠的是人才。构建一个学习型的财务管理团队对于适应不断变化的商业环境和技术创新至关重要。为此,建议企业:

12.3.4.1　建立持续学习的文化

(1)鼓励财务团队成员将学习视为个人和职业发展的重要组成部分。

(2)通过共享学习资源和经验,建立一个知识共享的团队环境。

12.3.4.2　加强数字技能培训

(1)定期组织数字技能培训,如数据分析、云计算、人工智能和大数据分析工具的使用。

(2)提供实践机会,让团队成员通过实际项目应用新学的技能。

12.3.4.3　制订专业发展计划

(1)为财务团队成员制定个人职业发展计划,包括短期和长期的职业目标。

(2)支持团队成员参加专业认证课程,如 CPA、CFA、CIA、CMA 等。

12.3.4.4　定期组织培训和研讨会

(1)定期组织内部和外部的培训课程,涵盖最新的财务管理知识、技能和法规变化。

(2)鼓励团队成员参加行业研讨会和会议,以了解行业趋势和最佳实践。

12.3.4.5　利用在线学习资源

(1)利用在线课程和资源,如 MOOCs(大规模开放在线课程)和专业网站,为团队成员提供灵活的学习方式。

(2)创建一个在线学习资源库,包括视频教程、文章、研究报告和网络研讨会。

12.3.4.6　鼓励跨部门学习

(1)鼓励财务团队与其他部门如 IT、市场营销和运营团队进行交流,以获得更广泛的业务视角。

(2)通过跨部门项目,促进不同背景和专业知识的团队成员之间的学习和合作。

12.3.4.7　适应变化的能力

(1)培养团队成员的适应性和灵活性,以便他们能够迅速适应新的法规、技术和市场变化。

(2)通过模拟练习和案例研究,提高团队成员解决复杂问题的能力。

12.3.4.8 激励和认可

(1)通过奖励和认可机制,激励团队成员参与学习和自我发展活动。

(2)适时表彰团队成员的学习成就,如完成认证课程或成功实施新技能。

通过这些措施,企业可以培养出一个适应性强、技能娴熟且持续学习的财务管理团队,为应对未来的挑战和把握机遇做好准备。

12.3.5 提升财务数据透明度与可追溯性

透明度和可追溯性被视为财务管理的核心价值。提升财务数据的透明度和可追溯性是确保企业财务健康和合规性的关键。为此,建议企业:

12.3.5.1 实施标准化的财务报告流程

(1)制定统一的财务报告模板和标准,确保所有部门和分支机构都遵循相同的流程和格式。

(2)通过标准化流程,提高财务报告的一致性和可比性。

12.3.5.2 采用先进的财务管理软件

(1)使用集成的财务管理软件,以自动化会计分录、财务报表生成和财务分析。

(2)确保财务软件能够生成详细的审计跟踪和历史记录,以支持数据的可追溯性。

12.3.5.3 加强数据治理和质量管理

(1)实施数据治理框架,确保数据的准确性、完整性和一致性。

(2)定期进行数据质量检查,以识别和纠正数据问题。

12.3.5.4 决策过程透明

(1)确保财务决策过程的透明度,包括预算分配、资金调拨和投资决策。

(2)记录决策依据和过程,以便在需要时进行审查。

12.3.5.5 重视审计的作用

(1)加强内部审计功能,确保审计团队具备必要的资源和专业知识,以进行有效的财务审计。

(2)定期进行外部审计,以提供独立的意见和保证。

12.3.5.6 利用区块链等技术提高可追溯性

(1)使用区块链等技术提高交易和记录的可追溯性,确保数据不被篡改。

(2)实施版本控制系统,以追踪财务文档和记录的更改历史。

12.3.5.7　定期财务披露

(1)定期向管理层、董事会和监管机构披露财务信息,包括关键的财务指标和风险暴露。

(2)确保披露的信息真实、准确、完整,符合监管要求。

12.3.5.8　及时响应监管变化

(1)密切关注监管环境的变化,及时调整财务报告和监督流程,以确保持续合规。

(2)与监管机构保持沟通,了解他们的期望和要求。

通过这些措施,企业可以提高财务数据的透明度和可追溯性,增强利益相关者的信任,降低合规风险,并支持有效的决策制定。

12.3.6　提供实时业务洞察

提供实时业务洞察对于企业快速响应市场变化、优化决策和提高竞争力至关重要。为此,建议企业:

12.3.6.1　部署实时数据分析平台

(1)投资于能够处理和分析实时数据的高级数据分析平台,如数据仓库、数据湖和实时处理系统。

(2)确保这些平台能够与现有的业务系统和数据库无缝集成。

12.3.6.2　利用云计算能力

(1)利用云计算的可扩展性和弹性,以支持数据的实时处理和分析。

(2)使用云服务提供商的服务,来增强数据分析能力。

12.3.6.3　采用大数据分析技术

(1)使用大数据分析工具来处理和分析大规模数据集,以识别模式、趋势和关联。

(2)应用机器学习和人工智能算法来预测业务结果和识别潜在的业务机会。

12.3.6.4　实施数据可视化工具

(1)使用数据可视化工具,如 Tableau、Power BI 或 QlikView,将复杂数据转化为直观的图表和仪表板。

(2)确保决策者能够轻松访问和理解这些可视化工具,以便快速做出决策。

12.3.6.5　集成移动分析解决方案

(1)提供移动应用,使决策者能够在任何地点、任何时间访问关键业务指标和分析结果。

（2）确保移动解决方案提供实时数据更新和警报功能。

12.3.6.6 建立跨部门数据共享机制

（1）促进不同部门和业务单位之间的数据共享，以支持全面的业务洞察。

（2）确保数据共享机制遵守数据隐私和安全规定。

12.3.6.7 建立实时业务洞察流程

（1）制定流程，确保从数据收集、处理、分析到报告的各个阶段能够快速实现业务洞察。

（2）确保业务洞察流程能够适应业务需求的变化，并能够快速响应新的数据源和分析需求。

12.3.6.8 与业务战略相结合

（1）将实时业务洞察与企业的战略目标和业务计划相结合，确保数据分析支持企业的整体方向。

（2）定期评估业务洞察的有效性，并根据业务战略的调整进行优化。

通过这些措施，企业可以确保决策者能够及时获得关键的业务洞察，支持其快速、明智地做出决策，并为战略性规划提供坚实的数据支持。

12.4 本章总结与探索思考

12.4.1 本章总结

本章探讨了企业在财务管理领域所面临的挑战，并针对这些挑战提出了具体的建议和解决方案。通过分析当前的经济环境、技术变革、市场竞争以及法规政策，从战略、技术、安全、成本、风险、人才、数据、投资者关系、债务和业务洞察十个维度提出了企业面临的主要挑战，并针对这些挑战为企业的财务管理工作提出了一些有效的建议。

建议强调了数字化转型的重要性，指出企业必须采用先进技术来提高财务管理的效率和效果。随着人工智能、大数据分析和云计算的兴起，企业有机会通过这些工具优化决策过程、增强数据安全性，并提高对市场变化的响应速度。

风险管理被突出为一个核心领域，需要企业建立全面的风险识别、评估和缓解措施。这包括对市场风险、信用风险、操作风险等的深入理解，并制定相应的策略来减轻潜在的负面影响。

环境、社会和治理（ESG）因素的整合也被视为提升企业财务管理的关键。ESG不仅有助于企业在资本市场上建立良好的声誉，还能促进长期的可持续发展。

企业被鼓励将 ESG 标准纳入财务战略和决策中,以提高透明度和问责性。

此外,建议提倡构建学习型财务管理团队,以适应快速变化的市场环境。通过持续学习和技能提升,财务团队能够更好地应对新的法规、技术和市场变化,从而提高企业的财务表现和竞争力。

最后,根据未来的发展趋势,强调了在财务管理中实时业务洞察的重要性,建议企业部署实时数据分析平台,利用云计算和大数据分析技术,以便快速做出基于数据的决策。这有助于企业在全球市场中把握机遇、应对挑战,并实现可持续的财务健康和增长。

12.4.2　探索思考

(1)企业如何通过数字化转型提高财务管理的效率和效果?

(2)面对网络安全威胁,企业应如何保护其财务数据?

(3)企业如何通过风险管理提高决策质量?

(4)将 ESG 因素纳入财务战略与决策对企业有何长远影响?

(5)企业如何构建一个学习型的财务管理团队?

参 考 文 献

期刊文章:

[1]王化成,胡杰,2010. 企业内部控制与风险管理:基于案例研究的分析[J]. 会计研究(3):58-64.

[2]李心合,2012. 企业财务战略研究综述[J]. 会计研究(2):34-39,96.

[3]陈信元,2012. 企业财务战略与政策研究[J]. 财经理论与实践(5):65-72.

[4]吴世农,2012. 公司财务治理与企业绩效[J]. 经济研究(7):104-119.

[5]王化成,陈宋生,2013. 企业财务战略与企业绩效关系的实证研究[J]. 管理世界(4):117-130.

[6]刘峰,2013. 企业财务报告与分析研究综述[J]. 财经理论与实践(2):54-61.

[7]吴育华,2013. 企业财务决策研究综述[J]. 财经科学(2):74-81.

[8]刘俊海,2014. 企业财务风险管理研究综述[J]. 财经理论与实践(3):76-82.

[9]李晓慧,2014. 企业财务风险管理研究[J]. 财经理论与实践(6):75-82.

[10]张玉利,2014. 创业企业财务管理研究综述[J]. 财务科学(6):85-92.

[11]张先恩,2015. 企业财务战略与管理研究[J]. 财务科学(3):83-90.

[12]张新民,2015. 财务报表分析与企业价值评估[J]. 会计研究(5):45-52,95.

[13]胡玉明,2015. 财务管理案例研究方法论[J]. 会计研究(4):49-56,95.

[14]李维安,曹廷求,2006. 企业并购绩效的案例研究[J]. 管理世界(11):128-135.

[15]张继勋,陈志军,2009. 家族企业成功传承的关键因素:基于国内外案例的比较研究[J]. 管理世界(9):128-136.

[16]陈汉文,2016. 企业财务战略与政策研究[J]. 财经理论与实践(4):60-67.

［17］王斌会,2016. 企业财务危机预警与防范研究［J］. 财经理论与实践(1):56-63.

［18］姜宏, 张晓辉,2020. 数智化背景下企业财务转型策略研究［J］. 财务与会计(12):40-43.

［19］黄辉, 李明,2021. 数智化时代企业财务管理创新与发展［J］. 中国市场(3):20-23.

［20］陈信元,2021. 企业财务战略与政策研究［J］. 财经理论与实践(3):58-65.

［21］胡玉明,2021. 财务管理案例研究方法论［J］. 会计研究(3):48-55, 95.

［22］全华强,2023. 建设世界一流财务管理体系的 HR 实践［J］. 国资报告(2).

书籍:

［1］陈世敏,2016. 企业财务管理与价值创造［M］. 上海:上海财经大学出版社.

［2］李焰,2016. 企业财务决策与分析研究［M］. 北京:清华大学出版社.

［3］吴育华,2016. 企业财务决策［M］. 北京:中国财政经济出版社.

［4］胡玉明,2016. 财务管理案例［M］. 北京:中国人民大学出版社.

［5］王德宏, 张新民,2018. 世界一流企业财务管理体系构建与运行［M］. 北京:经济管理出版社.

［6］王化成,2017. 企业财务报表分析［M］. 北京:中国人民大学出版社.

［7］吴世农,2017. 公司财务管理［M］. 厦门:厦门大学出版社.

［8］杨雄胜,2018. 财务管理学［M］. 北京:中国人民大学出版社.

［9］张新民,2017. 财务报表分析［M］. 北京:中国财政经济出版社.

［10］陈信元,2018. 企业财务战略与政策［M］. 上海:上海财经大学出版社.

［11］张玉利,2018. 创业企业财务管理［M］. 北京:清华大学出版社.

［12］王斌会,2017. 企业财务危机预警与防范［M］. 北京:中国人民大学出版社.

［13］陈汉文,2018. 财务管理学［M］. 北京:中国财政经济出版社.

［14］李心合,2018. 公司财务战略研究［M］. 北京:中国人民大学出版社.

［15］刘志远,2019. 企业财务分析与评价［M］. 北京:中国财政经济出版社.

［16］刘峰,2019. 企业财务报告与分析［M］. 北京:中国财政经济出版社.

［17］刘俊海,2019. 企业财务风险管理［M］. 北京:中国财政经济出版社.

［18］张瑞敏,2019. 数字化转型:企业生存之道［M］. 北京:中信出版社.

［19］谢康, 邓胜蓝,2020. 数字化赋能与企业转型［M］. 北京:经济科学出版社.